基督教文化研究丛书

主编　何光沪　高师宁

七编　第 **6** 册

基督教"山东复兴"运动研究
（1927～1937）（下）

赵建玲 著

花木兰文化事业有限公司

国家图书馆出版品预行编目资料

基督教"山东复兴"运动研究（1927～1937）（下）／赵建玲
著 －－ 初版 －－ 新北市：花木兰文化事业有限公司，2021〔民
110〕
目 4+210 面；19×26 公分
（基督教文化研究丛书 七编 第 6 册）
ISBN 978-986-518-377-6（精装）
1. 基督教史 2. 中国
240.8   110000572

ISBN-978-986-518-377-6

基督教文化研究丛书
七编 第六册   ISBN：978-986-518-377-6

基督教"山东复兴"运动研究
（1927～1937）（下）

作　　者 赵建玲
主　　编 何光沪 高师宁
执行主编 张　欣
企　　划 北京师范大学基督教文艺研究中心
总 编 辑 杜洁祥
副总编辑 杨嘉乐
编　　辑 许郁翎、张雅淋　美术编辑 陈逸婷
出　　版 花木兰文化事业有限公司
发 行 人 高小娟
联络地址 台湾 235 新北市中和区中安街七二号十三楼
　　　　 电话：02-2923-1455 ／传真：02-2923-1452
网　　址 http://www.huamulan.tw 信箱 service@huamulans.com
印　　刷 普罗文化出版广告事业
初　　版 2021 年 3 月
全书字数 396585 字
定　　价 七编 9 册（精装）台币 22,000 元

基督教"山东复兴"运动研究
（1927～1937）（下）

赵建玲 著

目次

第三章 真耶稣教会——复兴使徒教会

　　"山东复兴"运动不仅限于西方差会和外国传教士范畴，更包括中国本土教会和本土教会领袖的参与。英国白金汉大学的克利夫（Norman Howard Cliff）博士对 1859-1951 年间山东新教运动进行了研究，认为"山东复兴"运动有"西方式"和"本土化"两个中心。"西方式"复兴是指在西方差会中兴起、主要由外国传教士主导的复兴运动，发端于 1927 年的山东烟台，主要参与者是美南浸信会。"本土化"中心主要指中国本土教会和本土基督教领袖的崛起，特别是五旬节派的兴起，以真耶稣教会、耶稣家庭、灵恩会等为代表。随着时间的推移，"本土化"中心的规模和影响都远远超过了"西方式中心"。[1]此外，美国东南浸信会神学院的卫斯理·汉迪（Wesley L. Handy）博士通过对 1927-1937 年间美南浸信会系统"山东复兴"运动的专题历史分析，认为"山东复兴"运动包括三股复兴势力，分别是美南浸信会的复兴、山东本土教会的兴起和宋尚节及伯特利布道团所带领的奋兴热潮。[2]其中山东本土教会的兴起无疑是"山东复兴"运动中最核心、最重要的组成部分。

　　真耶稣教会（The True Jesus Church）1917 年成立于中国北京，是在基督教本土化运动中涌现出来的、由中国人自行创办的时间较早、规模较大、发展较快的教会之一，美国学者张格物（Murray A. Rubinstein）称其为"第一个

---

1 Norman Howard Cliff, "A History of the Protestant Movement in Shandong Province, China, 1859-1951," Ph.D. diss.,The University of Buckingham [United Kingdom], 1995.

2 Wesley L. Handy, "An Historical Analysis of the North China Mission (SBC) and Keswick Sanctification in the Shandong Revival, 1927-1937," Ph.D. diss., Southeastern Baptist Theological Seminary, 2012.

纯粹的中国教会"[3]，加拿大学者大卫·瑞德（David A. Reed）称之为"二十世纪初最大、最成功的中国本土教会"[4]。真耶稣教会自称"复兴使徒教会的末世真教会"[5]，是"圣经定义的'唯一得救的教会'，是'应许圣灵'亲自建设和带领的末世方舟"[6]，它吸取了使徒信心会、神召会、基督复临安息日会等教派的部分教义，如圣经无误、遵守十诫、守星期六为安息日、行圣餐和信徒彼此之间相互洗脚等礼仪。[7]对超自然崇拜的五旬节信仰、圣经无误的基要主义、复兴初期教会的复原主义使得真耶稣教会独树一帜，发展了不少新皈依信徒。[8]真耶稣教会还向国外派出传教人员，建立海外传教机构，影响力远至日本、韩国、马来西亚、新加坡、印度尼西亚等东亚、东南亚地区，甚至部分欧美国家。1948 年该会出版的《真耶稣教会卅年纪念专刊》报道，抗日战争胜利后国内外教会及祈祷所达 1,000 多所，信徒达 8 万多。[9]据外国学者估计，截至新中国成立真耶稣教会大约有 700 多间教会和 12 万信徒，分布范围遍布全国[10]；是中国仅次于中华基督教会（ Church of Christ in China, CCC ）和内地会（ China Inland Mission, CIM ）的第三大基督教会[11]。

3　Murray A. Rubinstein, *The Protestant Community on Modern Taiwan: Mission, Seminary and Church*, p. 138.

4　David A. Reed, "Missionary Resources for an Independent Church: Case Study of the True Jesus Church," Presented at the KIATS (Korean Institute for Advanced Theological Studies) Conference, "*Revival Movement and Christianity: Then and Now*," University of Birmingham, UK, June 30, 2007, p.2.

5　郑家政：《认识真耶稣教会：百年灵恩世纪传承纪念专文》，真耶稣教会内部资料，2017 年 9 月，第 59 页。

6　《真耶稣教会简介》《真耶稣教会赞美诗——真耶稣教会传教百年(1917-2017)》，真耶稣教会内部资料，2017 年，第 2 页。

7　罗伟虹：《基督教与中国文化的相遇——本色教会运动与土生土长教派》，卓新平、许志伟：《基督宗教研究》(第 5 辑)，北京：宗教文化出版社，2002 年，第 485 页。

8　高瑜：《从本土视角理解——读〈浴火得救：现代中国民间基督教的兴起〉》，《西北民族研究》，2014 年第 3 期，第 162-166 页。

9　段琦：《奋进的历程：中国基督教的本色化》，北京：商务印书馆，2004 年，第 130-131 页。

10　Alan Hunter and Kim-Kwong Chan, *Protestantism in Contemporary China*, Cambridge: Cambridge University Press, 1993, p. 121.

11　Norman Howard Cliff, "A history of the Protestant Movement in Shandong Province, China, 1859-1951," p. 336.

第一节　"山东复兴"运动之前的真耶稣教会

　　真耶稣教会是源自于山东、蔓延至全国的"山东复兴"运动的重要参与者和积极推动者，是中国五旬节运动和教会本土化运动相结合的产物。山东真耶稣教会是成立较早、影响较大的地方教会之一，且山东是真耶稣教会早期两位重要代表张灵生和张巴拿巴的家乡，他们在真耶稣教会内部享有广泛的影响力。山东真耶稣教会正式成立于 1919 年 5 月，见证和参与了"山东复兴"运动的全过程。

一、魏保罗发起成立真耶稣教会

　　真耶稣教会的创始人是魏恩波（1876-1919），乳名大山，"圣名"保罗，光绪二年（公元 1876 年）出生于河北省容城县南三里之午方村，幼时聪明果决，可惜父亲早逝，家贫失学。十六岁到北京一家纸行当学徒，三年期满返乡。1896 年，二十岁的魏恩波娶本县东庄村李氏为妻，逾年再到北京发展，改行卖布，开始赚钱。[12]不久自称"性情暴烈、好打架"[13]的魏恩波在街头与人打斗，巧遇伦敦会信徒王得顺出手相助，后在其影响下，开始接触基督教。1904 年，魏恩波一家四口在双旗杆伦敦会传教士密志文的主持下受点水礼入教。魏恩波热心参与宗教活动，每逢礼拜日必然停业，率领全铺伙计和学徒三十多人去做礼拜。[14]皈依基督教与生意兴隆的巧合使得魏恩波信仰热情高涨。

　　1912 年，魏恩波将变卖房产所得的三千元大洋用于支持教会自立，在伦敦会传教士密志文的支持下，发起成立了华人自立教会"中华基督教会"[15]，号称"北方最早之完全自立会"[16]，并担任副会长。大约半年之后，因娶寡妇刘爱[17]为妾，"犯了奸淫七条诫，又犯贪财大罪"，[18]被自立会逐出。因其交际广泛，热心慈善，魏恩波名声大振，在皈依基督教后的短短十年内已跻身

---

12 吴贤真：《使徒魏保罗略传》，1929 年 5 月 19 日，真耶稣教会台湾总会图书馆藏。
13 魏保罗：《圣灵真见证书》（上册），第 1 页。
14 谢顺道：《圣灵论》（再版），真耶稣教会内部资料，1985 年 4 月 8 日，第 96 页，真耶稣教会台湾总会图书馆藏。
15 唐红飚：《真耶稣教会历史史迹考》，北京：中国文化出版社，2006 年，第 14 页。
16 吴贤真：《使徒魏保罗略传》，1929 年 5 月 19 日，真耶稣教会台湾总会图书馆藏。
17 后来又有魏马利亚、魏刘马利亚、刘马利亚魏太太、刘马利亚、魏马利亚爱等各种不同称谓。
18 魏保罗：《圣灵真见证书》（上册），第 1 页。

北京名流，由"家贫失学"一跃成为京城富豪。河南省上蔡县的吴贤真在《使徒魏保罗略传》中曾用"北京各界少有不知魏恩波三字者"[19]来描述当时无限风光的魏恩波。

如果说皈依基督教是魏恩波有限生命[20]中的第一个重要转折点的话，那么，接受五旬节教义，并随后发起创办五旬节教会则是另一个重要转折点。1915年，一向慷慨热心的魏恩波在家里接待了来自上海安息日会的施列民和苏殿卿，接受了星期六为安息日的道理。1916年，魏恩波因肺结核结识了五旬节派教会使徒信心会的新圣民长老[21]，经后者按手祷告数日后病情好转。[22]新圣民还将魏恩波介绍给京冀地区使徒信心会的负责人贲德新，他也是将美国"阿苏萨街复兴"的五旬节福音传到华北地区的第一人。在贲德新的主持下魏恩波接受了浸水礼（面向上），加入五旬节派使徒信心会，成为一名五旬节派"活跃分子"。1916年12月12日，魏恩波在恩信永布庄聚会祷告时，终于说出方言，受了圣灵的浸。[23]截至此时，魏恩波已先后接受了守安息日、受大水洗、追求"圣灵的洗""说方言"[24]是灵洗的凭据、信心医治等发端于美国的五旬节派教义。

随着各方面条件的逐渐成熟，魏恩波最终于1917年5月自立门户，发起真耶稣教会。在魏恩波看来，当时由外国差会和外国传教士主导的各大公会充斥着假牧师、假道学家、假道理，不能引人真正得救。为此他自1917年5月23日开始禁食39天[25]，期间终日祷告和写作《圣灵真见证书》，并利用各种机会传教布道。5月25日，魏恩波声称在圣灵的引导下来到永定门外大红门河，接受了由耶稣本人亲自主持的面向下的大水洗，并获赐"圣名"保罗。

---

19 吴贤真:《使徒魏保罗略传》，1929年5月19日，真耶稣教会台湾总会图书馆藏。

20 魏恩波因病逝世于1919年，即真耶稣教会创办之后的第三年，享年43岁，可谓"英年早逝"。

21 魏保罗:《圣灵真见证书》（上册），第3页。

22 《述说主的大能以彰主的荣耀》，《通传福音真理报》第13回，1916年11月，第1页。

23 王子明:《王子明见证》，《通传福音真理报》第12回，1916年8月，第5页。

24 对于真耶稣教会而言，"说灵言"是比"说方言"更为普遍的用法，但是为了行文的连续性，涉及真耶稣教会的部分也统一用"说方言"。

25 《圣经》中至少出现过三次"禁食40天"的例子，分别是耶稣基督、神人摩西和先知以利亚，通过禁食祷告以明白神的旨意，胜过试炼。魏恩波自认为不能超过上述三位伟人，所以禁食39天。

这是魏氏接受的第三次洗礼，先后为点水礼（伦敦会）、面向上的浸水礼（使徒信心会）、面向下的浸水礼（真耶稣教会），而面向下的浸水礼是真耶稣教会的核心教义之一，也是与其他教会相区别的极为显著的身份标签。5 月 30日，魏保罗听到"圣灵明明的说"了十一条教规，并要用这些"真道"去"更正"所有其他教会所宣称的"假道"。根据《圣灵真见证书》，这十一条更正教规可以归纳总结如下：[26]

（1）必须求受圣灵的圣洗，因为不是从圣灵生的，不能进神的天国；

（2）必须受全身的大洗，因为主耶稣和众使徒是如此的；

（3）要奉主耶稣基督的名施洗，不可奉圣父圣子圣灵的名；

（4）有病不可找医生治，应当求圣主耶稣治，这才证明是真心信靠主的；

（5）应当求赶鬼的大权柄，方能胜过魔鬼、离开罪恶、进天国；

（6）应当切切实实的遵守真安息圣日，不可将礼拜日当作安息日；

（7）应迅速取消各公会分门结党的名目，全都改成统一的名称，即均改"更正耶稣教会"，这是极正大的会名，存到永远；

（8）应迅速取消牧师、教师的名称，取消"师"字，因为只有一位师尊就是基督，圣灵才称保惠师，人万不可受师尊的称呼；

（9）永不可称"上帝"或"天主"，应称为"神"或"真神"；

（10）聚会时不可一人讲论或祈祷，每个人可随圣灵的感动、启示而发言、祷告、祈求；

（11）教会和作首领的不可为贪财而设立各种捐项，聚会不可收捐钱，应效法耶稣基督和众使徒，变卖一切财物，帮补真正的贫苦信徒。

以上十一条更正教规大致可分为三类，即关乎得救的教义、关于教会组织与建设的规定以及关于信仰生活的基本规范等，成为真耶稣教会的立教之本和信仰之基。[27]从教义和实践的内容来看，大部分核心教义如追求水灵重

---

26 魏保罗：《圣灵真见证书》（上册），第 16-19 页。

27 郑家政：《真耶稣教会及其教义思想简介》，真耶稣教会内部资料，2015 年 7 月，第 62 页。

生、守礼拜六为安息日、否定三位一体之说法、坚持独一神观、追求医病赶鬼的灵恩等，我们都可以在美国二十世纪初百家争鸣般的宗教改革思潮中找到出处。此外，魏保罗也进行了教义创新与探索，比如"面向下"的浸礼，以监督、长老、执事等替代"牧师"称谓，称呼"上帝"为"真神"等，都体现了一定程度的创新性，也使得真耶稣教会有了独树一帜的独立性。在接下来百余年的历史发展中，虽然真耶稣教会内部特别是南北教会关于得救教义的阐释和归纳出现了分歧，比如产生了"三个礼仪"[28]的意义与办理之不同，"五大教义"与"五义救恩"归纳之不同，"十大信条"和"十二标准"的共信之道不同等，[29]但是十一条更正教规的基本原则和核心要道均得以传承，至此魏保罗已完成真耶稣教会的初创和奠基工作。

二、山东潍县五旬节运动的发端

早在魏恩波创建真耶稣教会之前，山东潍县（今山东省潍坊市）就兴起了五旬节运动。潍县是山东大县，位于济南与青岛之间，物产丰富，商业发达，当地出产的银丝手杖、假古董名震全国。[30]当兴起于美国的五旬节福音刚落地中国不久，即有充满好奇和心生向往的潍县信徒不远千里主动寻求。其中最早被"圣灵充满"并说出方言的信徒之一就是张灵生，他也是真耶稣教会早期先驱中最早得"灵洗"、守星期六为安息日之第一人[31]，也是真耶稣教会在山东的起点人[32]。《真耶稣教会卅年纪念专刊》对其评价"好名而不肯牺牲，求道而不能固守者"[33]，可谓一语中的，特别是"求道而不能固守"，频繁变更自己的信仰体系，在他身上表现得极为明显。

张灵生原名张彬（1863-1935），1863年出生于山东潍县，自幼长期接受以儒学为主的私塾教育，成年后以贩卖书籍、古董等为生，家道殷实。1900

---

28 "三个礼仪"分别指圣餐、洗脚和蒙头。

29 郑家政：《认识真耶稣教会：百年灵恩世纪传承纪念专文》，第46页。

30 《山东真教史略》，真耶稣教会总部编：《真耶稣教会卅年纪念专刊》，1947年12月，第C8页。

31 《山东新堂献主》，《真耶稣教会圣灵报》第4号，1925年10月18日，第6页；真耶稣教会总部编：《真耶稣教会总部十周年纪念专刊》，1937年4月1日，第86页。

32 《真神在山东特选一位监督真耶稣教会起点皆赖此人云云》，《万国更正教报》第2期，1919年7月27日，第2页。

33 《圣徒传记：贰叁 张灵生先生》，真耶稣教会总部编：《真耶稣教会卅年纪念专刊》，第M21页。

年，37 岁的张彬加入美北长老会，在潍县传教站接受了点水礼（第一次受洗，点水礼）。皈依时曾作诗云："十年教馆十年商，一事无成两鬓霜，而今始醒黄粱梦，识得天家是故乡。"[34]1907 年被长老会按立为执事。1909 年 11 月 21 日（农历九月底），张斌至上海使徒信心会求"圣灵充满"，住 20 多天未受圣灵而返鲁。他宣称自己于 1910 年 1 月 31 日（农历 1909 年 12 月 21 日）清晨在潍县教堂独自祷告时，受圣灵"说方言"，蒙主启示改名为"灵生"。1910 年南下苏州，在苏州使徒信心会传教士[35]的主持下在湖中接受浸礼（第二次受洗，面向上的浸礼）。1901 年来华传教的基督复临安息日会（Seventh-Day Adventist Mission Board）的影响业已到达山东潍县。[36]张灵生在潍县棋盘街偶遇有人售卖安息日会的宣传册，于是花 1.5 元购得一本，对书中宣传的守星期六为安息日的教义主张深表认同。[37]然而，张灵生追求"灵洗""说方言"、施浸礼、守星期六为安息日等宗教实践被潍县美北长老会传教士视为"异端"而加以禁止，因此张灵生于 1910 年离开长老会在潍县西庄头自立"耶稣真教会"，该教会或为有据可考的山东省第一个自立自传自养的五旬节派教会。

张灵生自立教会之后，凭借华人自立教会的民族主义旗号和生动活泼的宗教仪式与体验，逐渐吸引了数以百计的追随者，其中，"得主特别恩赐，合乎主用的，首推巴拿巴一人"[38]。事实上，张灵生不仅是张巴拿巴启蒙时代的导师，而且是五服以外的族人。[39]张灵生在张巴拿巴自传体布道书《传道记》序言说"真耶稣教会的巴拿巴，为本会的第一伟人，且不止为山东第一人，更可为全国第一伟人"[40]，可见张灵生对张巴拿巴评价之高。就连张巴拿巴之

34 张灵生：《张灵生调查口述》，1929 年，真耶稣教会台湾总会图书馆藏。

35 该传教士姓名不详，根据时间和地点推测，可能是美国传教士慕淑德。

36 基督复临安息日会 1901 年来华，1913 年传教士斯塔福德开始在山东烟台传教，后在泰安建立基督复临安息日山东区会。山东省地方史志编纂委员会编：《山东省志·少数民族志·宗教志》，第 748 年。

37 张灵生：《张灵生函复上海总部询》，1929 年 8 月 29 日，真耶稣教会台湾总会图书馆藏。

38 张灵生：《中国真耶稣教会历史纪略》，《真耶稣教会圣灵报》第 1 号，1925 年 3 月 24 日，第 1 页，北京大学图书馆藏。

39 张石头：《真耶稣教会历史》，真耶稣教会内部资料，1987 年，第 3 页，真耶稣教会台湾总会图书馆藏。

40 张巴拿巴：《传道记》，上海：真耶稣教会总部，1929 年出版，1948 年再版，序二，第 5 页。

宿敌魏保罗独子魏以撒[41]也不否认张巴拿巴对真耶稣教会的历史功绩，说他"立会数处，施洗多人"，"兴旺湖南本会，又兴旺福建本会，直到民国十五年（1926年），还得算万国更正教真耶稣会的忠心布道员"[42]。1926年代张巴拿巴因自称"真耶稣教会"创始人引发极大争议，在随后的真耶稣教会领导权力之争中败北而被革职开除，造成真耶稣教会历史上最为严重的分裂事件，其复杂影响直至今日都难以消除。

张巴拿巴原名张殿举（1882-1961），1882年3月29日（阴历1882年2月11日）出生于山东潍县庄头村，4岁丧母，父亲续弦后后母凶悍，主要由祖父母抚养长大，15岁弃读务农，20岁结婚，岳父家颇为宽裕，21岁与胞弟分家，以贩卖金石为业。[43]识字不多，学问不深，秉行耿直，偏急而躁，被其独子张石头描述为"粗憨村夫"[44]。根据张殿举自己的回忆，最初加入基督教并非出于长期渴慕，而是受到了张灵生的影响。1911年4月14日，张殿举受"灵洗"并"说方言"。张灵生向当时在中国发行的两份中文五旬节报刊，即莫礼智主办的《香港五旬节真理报》和贲德新主办的《通传福音真理报》都写信报告了这一事件。以时间较早的《香港五旬节真理报》为例，张灵生于1912年8月10日（农历1912年6月28日）写到：

> 现在又是五旬节的时代，各地圣灵降临，如同秋雨一样。……尤有奇者，潍西南乡八里之村名庄头，姓张名殿举者，自闻悔改赦罪的福音，并行传（《使徒行传》）一章五节的妙音，即按理恒心而求，实行悔改认罪。赞美耶稣，于去年三月十六日（公历1911年4月14日），先受了圣灵的施洗，有方言为证，后又受了本会的洗礼。此事与行传十章哥尼流相同。[45]

1912年，张殿举在张灵生家祷告时得到圣灵启示，要在自己所在的庄头村建立教会[46]。为此，家道殷实的张灵生出资帮助，典下张殿举胞弟的房子（与

---

41 魏以撒，原名魏文祥，又有魏安得烈，魏再造等称谓，常自称"小羊"。

42 魏以撒：《再造真——真耶稣教会宣言》，1929年11月10日，真耶稣教会台湾总会图书馆藏。

43 张巴拿巴：《传道记》，第1页。

44 张石头：《真耶稣教会发源历史研究报告（修订本）》，真耶稣教会第四届国际大会发言稿，1985年8月25日，真耶稣教会台湾总会图书馆藏。

45 张彬：《为圣灵施洗作证》，《香港五旬节真理报》第35期，1912年10月，第3页。

46 关于教会的名称众多纷纭，张巴拿巴在后来自称教会发起人的时候说，自己得到圣

张殿举家共院，由同一大门出入）作为聚会地点，吸引对五旬节教义感兴趣的乡邻信徒。当时他们宣讲的福音讯息包括追求灵洗、大水洗、守安息日、遵诫命、守圣餐、行洗脚礼、禁食祷告、不念主祷文、不守耶稣诞、不称三位一体而称独一真神等，以切求圣灵为生命要道，以耶稣言行、使徒榜样为守道原则，凡事谨遵圣经教训，热切盼望基督再临等。[47]这些教义受到山东潍县中下层民众的认可和欢迎，仅用了一年左右就陆续建立起四处类似的聚会点，除了张灵生带领的城内南门大街教会和张殿举带领的城外西南乡庄头村教会之外，另在潍县城外伊家庄和安邱县（今山东省潍坊市安丘市）林河镇设有两处教会[48]，影响力不断扩大。1916 年 4 月 3 日张殿举经过禁食祷告，被张灵生按立为长老，改名为张巴拿巴。[49]

山东潍县的五旬节运动在张灵生与张巴拿巴的推动下，得到了初步发展，并与全国范围内的其他五旬节派群体建立联系。张灵生长子张溥泉因德语流利被聘为青岛火车站站长，由此"二张"可享免费或半价乘坐火车之便利，经常搭伴至上海、苏州、南京、北京、泰安[50]、济宁等多地参加灵恩会。比如1913 年秋，"二张"收到山东省泰安真神会发来的灵恩会邀请函，前往聚会三天，尽兴而归。1914 年，张灵生首次到北京使徒信心会与美国传教士贲德新见面，加入使徒信心会，并被贲德新按立为长老。1915 年春，北京使徒信心会的贲德新和中国信徒赵得理来山东潍县与"二张"同住数日，讨论合小教会事宜。1915 年冬，泰安神召会的美国传教士安临来和中国信徒马秀一也

灵启示，得到"真耶稣教会"之会名，与张灵生的"耶稣真教会"并列。但山东潍县的丁育民、王来祥和丁得真均曾作证说，"二张"所立会名均为"信心会"。此说恐怕有误，至少张灵生当时自立的教会名称的确为"耶稣真教会"，有《耶稣真教会赞美诗》为证。第三种说法是，张巴拿巴的西庄头村教会与张灵生一样，都是"耶稣真教会"。第四种说法是，当时张巴拿巴家里的教会没有会名，也没有招牌。《山东真教史略》，真耶稣教会总部编：《真耶稣教会卅年纪念专刊》第 C10 页；《圣徒传记：贰叁 张灵生先生》真耶稣教会总部编：《真耶稣教会卅年纪念专刊》第 M22 页；《耶稣真教会赞美诗》，1912 年，真耶稣教会台湾总会图书馆藏。

47 张石头：《真耶稣教会历史》，第 8 页。

48 张巴拿巴：《传道记》，第 17 页。

49 张巴拿巴：《传道记》，第 23 页；谢顺道：《圣灵论》（再版），第 95 页；陈光藻：《教会成立》，真耶稣教会内部资料，年份不详，第 49 页。

50 马秀一：《山东泰安府马秀一达潍城张灵生书》，《通传福音真理报》第 12 回，1916年 8 月，第 7 页。

到山东潍县考察交流，亦提出合办教会之议。截至1917年5月魏恩波创建真耶稣教会之前，"二张"的布道足迹已遍及安丘、诸城、高密、青岛、景芝、广饶、博昌（今滨州博兴）等山东省内多地，到处播撒五旬节信息的种子，建立了十数个聚会点，发展了数以百计的五旬节派信徒。

三、真耶稣教会传入山东

真耶稣教会传入山东的缘起可追溯至张灵生与魏保罗的首次见面。1917年底[51]，张灵生前往天津看望儿子，顺道回访使徒信心会的贲德新（贲德新曾于1915年春到山东潍县拜访张灵生），而贲德新恰是张灵生与魏保罗之间的介绍人。此时，魏保罗刚刚发起成立真耶稣教会，正忙于一边写作《圣灵真见证书》，一边更正其他教会所传的"假道"。因立志全职布道，疏于打理布庄生意，收入锐减。同时，因四处布道并印发传教资料，支出陡增。在这之前魏保罗因开设恩振华绸缎布庄分号，借了贲德新二千多银元，并约定每月二分利息。[52]因魏保罗无法按期向贲德新支付利息，二人关系恶化，甚至对簿公堂。恰在这时张灵生找贲德新讨论安息日事宜，听闻贲魏纠纷，便极力在二人之间劝和，此为二人结识的机缘。[53]张灵生与魏保罗同住数日，相谈甚欢。对于魏保罗所传教义，特别是守星期六为安息日、面向下的浸礼、圣徒有无相通、至少也得什一捐等教义主张，[54]张灵生深以为然，故决定接受"更正"，并入魏保罗发起的"更正耶稣教会"[55]，被魏保罗按立为第五

---

51 一说为1918年春。张灵生：《北京真耶稣教会监督万国更正教报总经理耶保罗恩波行述》，《万国更正教报》第3期，1919年11月22日，第7页。

52 魏保罗：《圣灵真见证书》（上册），第121-122页。

53 关于张灵生与魏保罗首次见面的地点，有天津和北京两种说法。张灵生自述说的是天津，见张灵生：《张灵生调查口述》，1929年，真耶稣教会台湾总会图书馆藏；而张巴拿巴的《传道记》认为是北京，见张巴拿巴：《传道记》，第37页。

54 《真耶稣教会的教规》，《万国更正教报》第1期，1919年2月1日，第1页。

55 此时的魏保罗尚未使用"真耶稣教会"的会名，经常使用的会名有"耶稣教会""更正教会""更正新教会""更正耶稣教会""更正教""真正的更正耶稣教""真教会""耶稣教会敬拜主的圣堂""耶稣教会福音堂"等。根据真耶稣教会史学家郑家政的考证，"真耶稣教会"会名大约于1918年年初才开始对内使用，对外布道旗帜则未确定，因为同时使用"耶稣真教会""万国更正教""万国更正教真耶稣教会"等为会旗。1919年2月1日出版的首期《万国更正教报》已大量使用"真耶稣教会"会名，并在《各公会当更正的教规》中明确

长老[56]。1918 年秋，张灵生再赴北京与魏保罗见面，参加北京真耶稣教会的聚会，并邀请魏保罗到山东传道，[57]指导潍县教务。可见，潍县乃至山东省真耶稣教会的起源是基于原有五旬节派教会基础上的"改宗"，而非从无到有的开拓。

（一）魏保罗来鲁之前

1918 年，张灵生与魏恩波首次会晤返回山东潍县之后，马上将魏保罗的"更正教规"传达给张巴拿巴，并由他们传给已有的信徒。换句话说，"二张"在魏保罗亲自来山东潍县布道之前就已经接受了魏保罗的教义主张，并将之付诸实践。《万国更正教报》第二期第二面记载了张巴拿巴初次闻说魏保罗及其教义的时间和态度，文中提到张巴拿巴是 1917 年初次从张灵生那里听到魏保罗的名字，了解到他在北京自办报纸，自印传单，心生敬佩，并"有意跟从魏监督同生同死，游历天下，传真道救万民"[58]。

虽然后来张巴拿巴及其儿子张石头都声称真耶稣教会的创始人是张巴拿巴而非魏保罗，教会发源地是山东潍县而非北京，但是这份刊发于 1919 年 7 月 27 日（农历 1919 年 7 月 1 日）的报道明确无疑地揭示了张巴拿巴自 1917 年（民国六年）开始，传的即是魏保罗的更正教义，张巴拿巴是真耶稣教会的传道人而非创始人。该报刊出版时间远远早于张巴拿巴争夺教会发起人头衔的 1920 年代中后期，因此具有很高的可信度。当然"二张"之前皈信的五旬节派教义主张与魏保罗所声称的"圣灵明明的说"的更正教规具有高度一致性甚至重合性，这使得"二张"更容易接受"更正"，也是难以否认的客观事实。

当然还有更多的证据都显示，在 1917 年张灵生与魏保罗首次见面至 1919 年 3 月魏保罗亲临山东潍县之间的将近两年时间里，潍县地区已经广泛践行

提出"当取消各公会之名称，应统一真耶稣教会之名称"。郑家政编：《真耶稣教会历史讲义》，台中：真耶稣教会国际联合总会，2015 年，第 35-42 页；《各公会当更正的教规》，《万国更正教报》第 1 期，1919 年 2 月 1 日，第 1 页；魏以撒：《魏以撒对于本会发源之见证》，1930 年 5 月 5 日，真耶稣教会台湾总会图书馆藏。

56　张巴拿巴：《传道记》，第 38 页。

57　《圣徒传记：贰叁　张灵生先生》，真耶稣教会总部编：《真耶稣教会卅年纪念专刊》，第 M21-M22 页。

58　《山东潍县西南乡庄头村张巴拿巴传》，《万国更正教报》第 2 期，1919 年 7 月 27 日，第 2 页。

了魏保罗创办真耶稣教会初期所坚持的若干主张。比如张灵生、陈为俞、丁承恩在《万国更正教报》第 1 期上第 6 页报告称，山东安邱东南乡的教友孙芳名于 1918 年 10 月底请张巴拿巴前去讲道，受了面向下的大洗，禁食 39 昼夜且安然无恙。[59]而张灵生后来在函复真耶稣教会总部关于历史起源的调查函中明确承认，"论本会面向下的洗礼，实在是出于魏保罗"[60]，而且魏保罗也曾禁食 39 昼夜，安邱孙芳名的禁食显然带有魏保罗的影子。《万国更正教报》第 2 期第 1 页对于山东博昌县唐家庄真耶稣教会的起源进行了追溯，张灵生和张巴拿巴同证："民国八年阴历正月十八日（阳历 1919 年 2 月 18 日）有潍县受过灵洗的二人，蒙圣灵宣召引至唐家庄传灵洗更正福音。……乃于本月二十七八日二次到乌河中，各受了面向下的大洗，男女老幼共三十一人。张灵生先作了榜样，又回堂行了彼此行洗脚的礼，二十九安息日，下午同吃了圣餐。"[61]这一事件，张灵生后来向总部的报告中也有提及，可以相互印证："民国八年正月廿七日，我与巴拿巴在潍县西二百里外的唐家庄传道时，有多人先受了灵洗，有三十多人要受水洗，我们将给他们施洗时，我们二人彼此又先行了面向下的大洗。"[62]两份不同时期的报告（一份在张巴拿巴自称教会发起人"疑案"之前，一份在"疑案"之后）都承认，"二张"是按照魏保罗传给他们的道理和样式，彼此进行了面向下的大水洗（张灵生的第三次受洗，面向下的浸礼），另有洗脚礼、圣餐礼、守安息等真耶稣教会的核心教义体现，这足以说明潍县教会受魏保罗影响之深刻，可谓"未见其人，先行其道"。

（二）魏保罗来鲁之后

1919 年春[63]，魏保罗应张灵生邀请来到山东潍县，布道四个月有余，推

---

59 张灵生、陈为俞等：《为禁食三十九昼夜并各样灵恩作证》，《万国更正教报》第 1 期，1919 年 2 月 1 日，第 6 页。

60 张灵生：《张灵生函复上海总部询》，1929 年 8 月 29 日，真耶稣教会台湾总会图书馆藏。

61 张灵生、张巴拿巴：《山东博昌县唐家庄真耶稣教会发现》，《万国更正教报》第 2 期，1919 年 7 月 27 日，第 1 页。

62 张灵生：《张灵生函复上海总部询》，1929 年 8 月 29 日，真耶稣教会台湾总会图书馆藏。

63 关于魏保罗第一次也是最后一次来山东潍县的确切时间尚无法确定，不同史料给出了不同的记载。1919 年 11 月 22 日出版的《万国更正教报》第 3 期第

动了潍县真耶稣教会的教务发展。魏保罗与李雅各一道，从天津乘车到了潍县，初时住在潍县城内北门大街张灵生的家中。先后在张灵生家的城里北门大街教会、张巴拿巴家的城外西庄头村教会、安邱县张家庄子教会、毕家庄教会、博昌县唐家庄教会等讲道领会，掀起了潍县地区五旬节复兴运动的高潮，被《真耶稣教会卅年纪念专刊》誉为"鲁省本会之黄金时代"[64]。魏保罗在潍期间的布道成效，大致可以从以下几个方面进行总结：

1. 完善组织架构

魏保罗来到潍县之后，首要任务就是巩固教会、按立圣职、完善架构，通过"更正"和接收现有教会的方式，将它们纳入真耶稣教会的组织体系。1919 年 5 月 3 日（民国八年阴历四月初四日），魏保罗携李雅各来到张巴拿巴所在的西庄头村开会两天，受洗 21 人[65]，受洗人中包括张灵生（第四次受洗，面向卜的浸礼）和张巴拿巴[66]；按立张灵生为山东监督[67]；"立张殿举为

---

7 页张灵生撰《北京真耶稣教会监督万国更正教报总经理耶保罗恩波行述》说是"八年夏"，见张灵生：《北京真耶稣教会监督万国更正教报总经理耶保罗恩波行述》，《万国更正教报》第 3 期，1919 年 11 月 22 日，第 7 页；张灵生后来又说"八年二月魏到山东"，见张灵生：《张灵生函复上海总部询》，1929 年 8 月 29 日，真耶稣教会台湾总会图书馆藏；1929 年张巴拿巴的《传道记》说是"民国八年二月间"，张巴拿巴：《传道记》，第 39 页；1947 年 12 月出版的《真耶稣教会卅年纪念专刊》至少出现了两种说法，C8 页《山东真教史略》说是"民八年三月间"，C2 页《本会传至各省年次概况统计表》说是"一九一九年二月初"。综合上述各种说法，魏保罗来潍时间大致在 1919 年春，农历二月阳历三月。

64 《圣徒传记：贰叁 张灵生先生》，真耶稣教会总部编：《真耶稣教会卅年纪念专刊》，第 M22 页。

65 《山东潍县城里北门大街万国更正教真耶稣教会灵恩大会真见证》，《万国更正教报》第 2 期，1919 年 7 月 27 日，第 2-3 页。有一种说法是，被魏保罗施洗的 21 人中含张灵生全家和张巴拿巴全家，但是张巴拿巴及张石头坚决予以否认，因为这涉及教会发起人之争。《山东真教史略·丁育民达郭文俊函》，真耶稣教会总部编：《真耶稣教会卅年纪念专刊》，第 C10 页；《山东潍县南关真耶稣教会联欢会志盛》，《真光报》（鲁潍专号）第 2 期，1926 年 12 月 1 日，第 1-2 页。

66 《山东真教史略》，真耶稣教会总部编：《真耶稣教会卅年纪念专刊》，第 C10 页。

67 《圣徒传记：贰叁 张灵生先生》，真耶稣教会总部编：《真耶稣教会卅年纪念专刊》，第 M22 页。

长老[68]，改名巴拿巴，其妻立为女执事，改名马利亚"[69]。1919 年 5 月 13 日至 19 日，魏保罗、李雅各、张灵生、张巴拿巴等人一起来到博昌县唐家庄召开灵恩大会，至少 82 人接受了面向下的大水洗。[70] 截至 1919 年 7 月 27 日魏保罗返回天津印刷发行《万国更正教报》第 2 期之时，山东真耶稣教会已设有五处，按立圣职人员 28 余人。详见表 3-1[71]。魏恩波在潍县"更正"教会，任命神职人员的举动，使潍县以张灵生、张巴拿巴为核心的五旬节派团体实现了由"耶稣真教会"到"真耶稣教会"的转变，正式进入北京魏保罗发起的"真耶稣教会"组织序列。

表 3-1　山东省真耶稣教会统计表（1919 年 7 月）

教会地点	圣职人员
潍县城关	监督：张彼得（灵生）；长老：郭约翰；女执事：于撒拉、丁得真
潍县西庄头村	长老：张巴拿巴；执事：张复明、张希伯来、张马太；女执事：张马利亚等
博昌县唐家庄	长老：郭司提反、梁巴比伦；执事：李提摩太、李路加、李复生、任得真；女执事：李马大、任得真、李爱德、郭马利亚等
安邱县张庄子	长老：华维恭、毕蒙召、李自兴；女执事：马大、马利亚等
广饶县贾庄村	执事：韩保罗；女执事：韩爱德、焦翠云等

---

68 关于张殿举被立为长老并改名巴拿巴的时间，不同史料有不同的记载。张巴拿巴自传《传道记》和其子张石头的《真耶稣教会历史》都坚称按立的时间是 1916 年 4 月 3 日，早于魏保罗发起创建真耶稣教会的 1917 年 5 月份，由张灵生按立；《万国更正教报》第 2 期第 3 页说"又有张巴拿巴，神立他为长老"，并没有注明按立的时间和人物；《真耶稣教会总部十周年纪念专刊》和《真耶稣教会卅年纪念专刊》都声称，张巴拿巴由魏保罗按立，时间是 1919 年 5 月 3 日，即魏保罗在山东潍县西庄头村布道期间。笔者认为，这两次按立都是有可能的，1916 年由张灵生按立长老是在"耶稣真教会"系统之内，1919 年由魏保罗按立长老是在"万国更正教真耶稣教会"系统之内，基于对真耶稣教会发起人和发起地点的不同认识，不同方面对于两次按立的合法性和有效性有着不同认定。

69 《张巴拿巴略史》，真耶稣教会总部编：《真耶稣教会总部十周年纪念专刊》，第 86 页。

70 《今报告万国各省各城诸信徒大喜之信息，五旬节的圣灵复发现于山东博昌县唐家庄》，《万国更正教报》第 2 期，1919 年 7 月 27 日，第 2 页。

71 《万国更正教报》第 2 期，1919 年 7 月 27 日，第 3 页。

2. 确定信仰规范

以教义教规为核心的信仰规范是一个教会区别于另外一个教会的显著标签，有助于信徒确立自己的身份认同和群属边界。与主流大公差会相比，魏保罗发起的真耶稣教会具有独树一帜、特立独行的信仰规范，几乎被视为"异端"而频频遭到排斥。实际上，魏保罗所传的教义教规也并非一成不变，而是经常处于动态微调之中。对照魏保罗 1919 年 2 月 1 日刊登在《万国更正教报》第 1 期的真耶稣教会教规与他 1917 年听到"圣灵明明的说"所传达的"十一条更正教规"，很容易发现至少有两处明显变化，第一处是关于会名的规定，"应迅速取消各公会分门结党的名目，全都改成统一的名称，即均改'更正耶稣教会'，这是极正大的会名，存到永远"[72]，变为"当取消各公会之名称，应统一'真耶稣教会'之名称"[73]，即会名由"更正耶稣教会"变为"真耶稣教会"；第二处是关于信徒财产的倡议，将"不可勉强人捐钱，应效法耶稣基督和众使徒，变卖一切财物，帮补真正的贫苦信徒"[74]变为"圣徒有无相通，至少也得十分之一献给主"[75]。可见，真耶稣教会在形成与发展早期阶段一直处于变与不变的动态辩证关系中。

3. 发掘宣教骨干

发掘得力能干的宣教骨干、扶持坚定虔诚的教会骨干是魏恩波潍县之行的重要成果。真耶稣教会的对外传教属性非常突出，正如《神命万国更正教真耶稣教会约章》中提到的"以耶稣的言行为榜样，以使徒传道为模范"，"不达到完全底目的不止"。[76]魏保罗在山东潍县发掘了数位宣教骨干，能力最突出、名号最响亮的有张灵生、张巴拿巴、郭长恺、梁明道等人。张灵生先后被魏保罗按立为长老和监督，并在魏保罗去世后接过真耶稣教会的接力棒，为过渡时期的真耶稣教会的稳定运行发挥了重要作用。张巴拿巴则是真耶稣教会历史上首屈一指的优秀传道人，在魏保罗的影响下，"有意跟从魏监督

---

72 魏保罗：《圣灵真见证书》（上册），第 17 页。

73 《各公会当更正的教规》，《万国更正教报》第 1 期，1919 年 2 月 1 日，第 1 页。

74 魏保罗：《圣灵真见证书》（上册），第 18-19 页。

75 《真耶稣教会的教规》，《万国更正教报》第 1 期，第 1 页。

76 潍县真耶稣教会：《神命万国更正教真耶稣教会约章》，1923 年 1 月印行，《真耶稣教会卅年纪念专刊》，第 H4 页。

同生同死，游历天下，传真道救万民"[77]，将真耶稣教会传播到南方多个省份，甚至东南亚多个国家和地区。郭司提反（原名郭长恺）和梁巴比伦（原名梁明道）都曾是美北长老会的执事，1919年魏保罗访问唐家庄期间，郭司提反表示"愿意为主舍命帮办更正教"，而梁巴比伦则表态"愿为主的更正教舍命"[78]，被魏保罗按立为真耶稣教会长老。魏保罗回到北京以后，差遣张巴拿巴、郭司提反和梁巴比伦三人南下旅行布道，这就是真耶稣教会历史上有名的"三人布道队"[79]。可见，真耶稣教会南方事工的拓展与魏保罗知人善任、合理谋划的"先见之明"有重大关系。

4. 坚持文字宣教

魏保罗向来重视文字宣教工作。来山东潍县布道之前，魏保罗就找人抄写或印刷其自传体布道书《圣灵真见证书》更正教规单张等福音宣传资料，并借助邮政网络系统在全国范围内广为赠阅，为"印刷更正教的章程单子、《圣灵真见证书》之大举"[80]不惜卖地卖房，多方筹措经费，足见魏保罗对文字宣教之用心。不少教会和基督徒都是先接触了真耶稣教会的文字宣传资料，然后请人前来传教释道，最后接受"更正"或加入真耶稣教会的。魏保罗来到山东潍县之后亦没有放松文字宣教工作，当时的真耶稣教会机关报《万国更正教报》第2期正是在山东潍县张灵生家中完成编辑定稿工作，后由魏保罗带到天津春秋书局，于1919年7月27日（农历1919年7月1日）印刷出版的[81]。潍县信徒还主动捐款，助其印刷出版。安邱县张家庄子村的华维恭长老捐洋三十元，其同伴教友李子兴捐洋七元，[82]用于分担印刷费用。

---

77 《山东潍县西南乡庄头村张巴拿巴传》，《万国更正教报》第2期，1919年7月27日，第2页。

78 《今报告万国各省各城诸信徒大喜之信息，五旬节的圣灵复发现于山东博昌县唐家庄》，《万国更正教报》第2期，1919年7月27日，第2页。

79 郑家政编：《真耶稣教会历史讲义》，第51页。

80 魏保罗：《圣灵真见证书》（上册），第115页。

81 魏以撒：《本会发源见证：魏以撒在第六次临时全体大会席上述说》，真耶稣教会总部编：《真耶稣教会总部十周年纪念专刊》，第91页。

82 《山东潍县城里北门大街万国更正教真耶稣教会灵恩大会真见证》，《万国更正教报》第2期，1919年7月27日，第3页。

这次潍县之行，是魏保罗有生以来第一次也是最后一次来山东传教，同时也是魏保罗除京津冀以外最远的一次布道之旅。1919 年 7 月，魏保罗离开潍县返回北京，由于劳累过度，兼经常禁食，致肺结核恶化，开始卧床不起。1919 年 10 月，张灵生第三次来到北京向魏保罗述职，[83]恰遇河北元氏县的梁钦明（耶可心）、湖南长沙的李晓峰（李腓力）同来求道，总监督魏保罗为张灵生按手，命代其至北京城南清水河为梁钦明、李晓峰施面向下的浸礼，并为他们洗脚，返回后二人被魏保罗立为长老，张灵生被立为全国监督，继任魏氏职务；同时由张灵生、李晓峰、梁钦明共同负责《万国更正教报》第 3 期的编辑工作。[84]根据魏保罗独子魏以撒的回忆，魏保罗于 1919 年 10 月 29 日（农历 1919 年 9 月 6 日）下午五点左右，在大笑中气绝而逝，享年 43 岁。[85]由此，真耶稣教会进入"后魏保罗"时代。

（三）"后魏保罗"时代的山东真耶稣教会（1919-1927）

"后魏保罗"时代的山东省真耶稣教会在多方力量的共同推动下，获得了持续的发展，虽然在发展速度、发展规模方面逐渐落后于其他省份，特别是与南方多省差距拉大，但因起步较早、根基较深、民众虔诚等多种有利因素，依然是真耶稣教会系统内一支不可忽略的地方力量，同时也是山东本土教会崛起的重要代表，在二十世纪二三十年代的"山东复兴"运动中发挥了重要作用。

1. 发展与壮大

自魏保罗 1919 年 7 月离开至 1927 年"山东复兴"运动之前的八年间，山东省真耶稣教会获得持续发展与壮大。特别是魏保罗去世后的最初几年，山东省真耶稣教会在北京总会领导下发展较快，至 1920 年 12 月 10 日第 6 期《万国更正教报》发行时，教会数量已由魏保罗初立的五处增长为八处，包括潍县城内、南关、城外西庄头、博昌县唐家庄、安邱县张家庄子、广饶县贾庄村、殷家庄和华疃庄教会，男女受大水洗 300 余人，受受灵 100 多人。[86]教会增长

---

83 《圣徒传记：贰叁 张灵生先生》，真耶稣教会总部编：《真耶稣教会卅年纪念专刊》，第 M22 页。

84 吴贤真：《使徒魏保罗略传》，1929 年 5 月 19 日，真耶稣教会台湾总会图书馆藏。

85 《使徒魏保罗最后之一日的启示》，真耶稣教会总部编：《真耶稣教会卅年纪念专刊》，第 M8-M10 页。

86 郑家政：《真耶稣教会及其教义思想简介》，第 20 页。

方式既有对现存五旬节派/灵恩派倾向教会的"更正"，也有新建教会，比如华疃庄教会。教会数量的增加和信徒人数的增长主要基于以下几个方面的原因：

首先，山东省真耶稣教会领导队伍的稳定和得力是本地教会得以持续发展的重要原因。最有号召力和领导力的本地人当属张灵生和张巴拿巴，此外郭司提反、梁巴比伦、耶复生（原名李树棋[87]）、李提摩太（原名李长生）、华维恭、毕蒙召、丁得真（张灵生的十姑母）等长老执事团队相对变动不大，有助于权力更替时期的教会稳定和顺利过渡。教会元老张灵生监督在魏恩波去世后的几个月里，临时担任起真耶稣教会北京总部的领导职务。[88]1920年初，张灵生辞去监督之职，返回山东主持潍县教会，[89]此后一直是山东省真耶稣教会的重要核心，直到1935年前后去世。山东省真耶稣教会的另一个核心人物张巴拿巴逐渐将传教重心放在南方，但是对潍县教会的影响力仍在，在一定时期推动了山东省真耶稣教会的发展。

其次，北京总会对山东教会的重视和支持也推动了山东省真耶稣教会的快速发展。为满足全国各地真耶稣教会快速发展的需要，真耶稣教会最高领导层愈发感受到成立全国统一的领导和议事机构的必要性和紧迫性。1920年5月1日至10日，真耶稣教会在北京召开了第一次全体代表大会，张灵生、高大龄、梁钦明担任主持，魏以撒被选为总务。[90]在这次会议上山东共派出六位代表，包括郭长恺、梁明道、李长生、李树棋、华维恭、华子兴。[91]北京总会对于山东真耶稣教会的发展高度重视，会议结束后马上派梁钦明、高大龄、魏刘马利亚来鲁调查指导。[92]梁钦明先行到达，[93]随即高大龄监督、魏马利亚

87 也作"李树琪"。

88 张灵生：《中国真耶稣教会历史纪略》，《真耶稣教会圣灵报》第1号，1925年3月24日，第1页。

89 《圣徒传记：贰叁 张灵生先生》，真耶稣教会总部编：《真耶稣教会卅年纪念专刊》，第M22页。

90 《本会第一次全体大会》，真耶稣教会总部编：《真耶稣教会卅年纪念专刊》，第D1-D2页。

91 《圣徒传记：贰叁 张灵生先生》，真耶稣教会总部编：《真耶稣教会卅年纪念专刊》，第M22页。

92 《异教之风：耶复生》，真耶稣教会总部编：《真耶稣教会卅年纪念专刊》，第I1-I2页。

93 《与主同在的耶可心亚门山东布道书》，《万国更正教报》第6期，1920年12月10日，第2-3页。

刘爱女监督、魏保罗之女魏惠英也一同来到山东潍县。[94]这一次布道前后共两月有余，促进了潍县周边真耶稣教会的发展。1921 年 12 月，魏以撒到山东讲道，在张灵生家住了五六天。[95]可见，北京总会对山东真耶稣教会的重视和支持。

最后，山东省真耶稣教会的日益规范化为教会长期稳定发展提供了制度支持。1923 年 1 月潍县真耶稣教会印发了《神命万国更正教真耶稣教会约章》，提出了十条教会约章。[96]值得注意的是，该《约章》除了延续魏保罗提出的"奉主耶稣的名受面向下全身浸礼""求圣灵的洗""守真安息日""全备福音"等教义主张外，还出现了若干新的提法，体现了潍县教会在完善神学教义、加强组织管理、践行教义主张等方面的积极性和创新性。

2. 波折与动荡

山东省真耶稣教会在"后魏保罗"时代的最初十年间，因为教会内部对领导权的争夺、对教会起源看法的分歧以及教义方面的混乱，经历了严重的分裂与挫折。西庄头村教会的张巴拿巴举家南下，使山东潍县教会失去一员得力干将。唐家庄教会的李树棋传出异端，最终归于消沉，山东真耶稣教会教会元气大伤。

张巴拿巴分裂教会是真耶稣教会历史上的重要事件，对山东省真耶稣教会发展带来了长期不利影响。1921 年 6 月 13 日张巴拿巴一家六口[97]全部迁至湖南长沙[98]，此后在真耶稣教会内部的地位日益提高。1922 年 4 月 17 日至 26 日在武昌召开的第二次真耶稣教会大会上，张巴拿巴正式位列真耶稣教会总部机构领导班子[99]。1926 年张巴拿巴公然宣称自己是真耶稣教会的发起人[100]，

94 《与主同在的耶可心亚门、耶高天大龄、耶马利亚爱、耶马利亚惠英山东布道行传》，《万国更正教报》第 6 期，1920 年 12 月 10 日，第 3-4 页。

95 《山东真教史略》，真耶稣教会总部编：《真耶稣教会卅年纪念专刊》，第 C11 页。

96 潍县真耶稣教会：《神命万国更正教真耶稣教会约章》，1923 年 1 月印行，《真耶稣教会卅年纪念专刊》，第 H4 页。

97 全家六口包括张巴拿巴及妻子张马利亚，两个女儿张灵真和张守真，儿子张石头和岳母。

98 张石头：《真耶稣教会历史》，第 34 页。

99 《真耶稣教会简史与信念目的·本会之沿革与进展》，真耶稣教会总部编：《真耶稣教会卅年纪念专刊》，第 L8 页。

100 张巴拿巴：《创办真耶稣教会之历史》，《神恩报》，1926 年 6 月 1 日，第 1 页。

在南京成立"总本部"；1928 年 10 月 20 日以真耶稣教会总负责的名义向上海市政府提交真耶稣教会立案文书[101]，获得中华民国内政部批准，[102]张氏随即成为政府认可的真耶稣教会总负责人，同时也是南方教会的领导核心。以高大龄、魏以撒一老一少为核心的北方教会不甘示弱，他们以天津总会为主要依靠，以《更正万国教报》《真光报》为舆论阵地，与南方总会进行了针锋相对的反击，双方势同水火、势不两立。

真耶稣教会出现了一南一北两个总部和两个领导中心，与此相对应，各地方教会也出现了一分为二的对立局面。山东省真耶稣教会一方面是南方教会头领张巴拿巴的家乡，另一方面在地理位置上又更加靠近北方总会，因此处于南方权力斗争的漩涡中心，也是双方势力都极力拉拢和团结的对象，因此引发了山东真耶稣教会内部的分裂，也形成了"拥张"[103]与"反张"[104]两派对立的局面。两派分立、缺乏团结显然不利于山东省真耶稣教会的持续稳定发展。

唐家庄异端事件是引发山东省真耶稣教会波折与动荡的又一重要事件。山东省博昌县唐家庄教会在真耶稣教会传入山东初期曾是教务兴盛的优秀代表，[105]魏保罗访鲁期间曾任命李树棋为唐家庄真耶稣教会的执事，与李长生共同管理教会。[106]魏氏去世不久，唐家庄因李树棋传出异端。李树棋原是唐家庄的一名农民，四十多岁，大字不识，敬畏鬼神，自己起名"耶复生"，宣称自己是"活耶稣"，大搞预言、驱鬼、招魂等封建迷信活动，引发真耶稣教会总会的警觉和关注。第一次全体代表大会闭幕后，曾专门派出梁钦明、高大龄、魏刘马利亚等前来巡视"更正"，但实际效果有限。[107]

---

101 魏保罗曾于 1917 年七八月间向北京政府有关部门申请立案，不过当时申请立案的会名是"耶稣教会"。魏保罗：《圣灵真见证书》（下册），1918 年，第 4 页，真耶稣教会台湾总会图书馆藏。

102 内政部：《寺庙管理条例、真耶稣教会之组织严格及现状》，291-12-2-2386，1929 年 1 月，南京：中国第二历史档案馆藏。山东潍坊诸城慕义堂的姜暖牧师于 2019 年 8 月访问南京期间，专门抽时间至第二历史档案馆帮忙查档并全文录入，特表示感谢！

103 张灵生：《张灵生函复上海总部询》，1929 年 8 月 29 日，真耶稣教会台湾总会图示书馆藏。

104 《山东真教史略》，真耶稣教会总部编：《真耶稣教会卅年纪念专刊》，第 C10 页。

105 张巴拿巴：《传道记》，第 30-31 页。

106 《异教之风：耶复生》，真耶稣教会总部编：《真耶稣教会卅年纪念专刊》，第 I1 页。

107 《异教之风：耶复生》，真耶稣教会总部编：《真耶稣教会卅年纪念专刊》，第 I2 页。

虽然唐家庄异端仅仅维持了三月有余，为首者李树棋最终被清除出真耶稣教会，但是其以信仰之名行骗奸女性之实的荒谬行为，在当地造成了无可挽回的恶劣影响。实际上，"异端"问题一直是困扰真耶稣教会发展的一大难题，而教会总部的主动巡查和自我纠错机制本应起到统一规范、避免分化、纠正异端的作用。可惜真耶稣教会因为种种条件的限制，未能建立起切实有效的"异端"防范机制。

第二节　"山东复兴"运动之后的真耶稣教会

随着五旬节主义在山东地区的广泛传播和山东基督教界对五旬节教义接受度的进一步提高，山东省多个地市、多个教会都出现了受"灵洗""说方言"、见异象、做异梦、唱灵歌、跳灵舞、医病赶鬼等神迹奇事，在山东传教的美南浸信会、美北长老会、美以美会等西方主流差会都概莫能免，山东省逐渐迎来了五旬节运动的高潮。在1927-1937年这段被中外基督教界称为"山东复兴"运动时期，山东省兴起了多家具有五旬节色彩的本土教会，最有代表性的是真耶稣教会、耶稣家庭、灵恩会和基督徒聚会处（"小群"）[108]。山东省真耶稣教会获得了前所未有的发展，与"复兴"之前相比，教会的数量增加，教徒的人数增多，分布的地域范围更广，除之前的潍县、博昌县、安邱县之外，还拓展到省会济南，信徒来自青岛、高密、泰安、临沂等全省各地。但事实上，如果与本省内耶稣家庭和灵恩会相比，真耶稣教会所建立的教会数量不算多，信徒增加不算快，地域分布不算广；如果与全国其他省份的真耶稣教会相比，山东省真耶稣教会的发展状况亦不兴旺，远远落后于湖南、湖北、福建、江苏、河南、河北等地的发展，有"北方落伍之俗称"[109]。即便这样，山东省真耶稣教会依然是"山东复兴"运动中不可或缺的参与者和推动者。通过对山东省真耶稣教会该段发展历史的深入研究，一方面可以从教会史的角度，增加关于教会发展规律的认识；另一方面可以从真耶稣教

---

[108] 有学者认为，基督徒聚会处受"凯锡克主义"和"圣洁运动"影响更大，不是严格意义上的五旬节派教会，其创办人倪柝声本人对五旬节主义的若干教义亦不甚支持。但从关于山东省基督徒聚会处的有关记载来看，其五旬节色彩还是非常突出的。山东省人民政府公安厅：《山东"基督徒聚会处"的情况综合通报》，1953年1月4日，A014-01-0015-4，山东省档案馆藏。

[109]《潍本会大奋兴》，《真耶稣教会圣灵报》第9卷第8期，1934年，第15页。

会与其他教会的互动中，了解更多山东省五旬节运动的发展过程及其产生的社会影响。

一、涨潮：1927-1933 年

1931 年，王来祥设立坊子区会，地点设在山东潍县坊子镇前张路院庄。[110]

1932 年 1 月 2 日，潍县北关教会中支持上海总部的"反张派"意欲另立北关教会[111]。为首者为解决聚会场所问题发起捐款倡议，"得捐款二百余元，即将该款每月所收之利息五元，租定会所一座计六间，乃在北关西头路北宅院地方"，[112]。1932 年 4 月 12 日新北关教会向上海总部致函，请求予以正式承认。上海总部接到申请后，要求北关教会按照 1930 年 5 月 10 日上海总部出台的《真耶稣教会细则》第 33 条之规定"各地欲成立教会时，信徒须有二十人以上，应选定长老执事作管理，并有一定之会所，而后报告支部，专请总部承认，方能挂起真耶稣教会之牌额。如未有以上所述者，则不能立为教会，只成为本会祈祷所"[113]进行组织完善。1932 年 5 月 13 日，东关教会再次致函上海总部进行后续报告，称经过三天的全体大会和职务会讨论，形成了以下决议：（1）选定林乐义执事为负责人，管理会务；（2）教友数目有六十余名，以规章 95 条请求赐下记名簿，以便抄录；（3）本会成立地址，系在山东潍县北关西头 114 号门牌。[114]大约一个月之后，东关教会派出代表吴雅各执事参加 1932 年 6 月 24 日至 7 月 3 日在上海召开的第八次[115]全体大会。[116]该会议的主题是进一步加强南北团结，清除张巴拿巴残余势力。可惜，吴执事 6 月 18 日于青岛搭乘前往上海的客轮时，因感染风寒未能通过医官查验，[117]未获准登船而缺席会议。但东关教会在 6 月 25 日写给上海总部的信中表态，

---

110 《真耶稣教会卅年纪念专刊》，第 O2 页。

111 旧的潍县北关教会由张灵生领导，是"拥张派"。

112 《各地本会来函续登》，《真耶稣教会圣灵报》第 7 卷第 8 期，1932 年，第 10 页。

113 《第三编：本会规章及细则·本会的细则》，真耶稣教会总部编：《真耶稣教会总部十周年纪念专刊》，第 60 页。

114 《各地本会来函续登》，《真耶稣教会圣灵报》第 7 卷第 8 期，1932 年，第 13 页。

115 当时称"第七次全体大会"，后追认为"八大"。

116 《第七次全体大会记录》，《真耶稣教会圣灵报》第 7 卷第 4-7 期第七次全体大会纪念号，1932 年，第 29 页。

117 当时上海疫病流行，所有前往上海的客轮都设置了医官查验，拒绝患病乘客登船。

"大会所决议各事，均表服从谨候遵行"[118]。1932 年山东济南的董锡安[119]致函天津真耶稣教会，请求来人协助立会。故此天津教会先后派出毕道生、范子贤和魏以撒三位长老，在董锡安家中建立祈祷所，此为济南教会之发端。[120]

　　1932 年最值得特书一笔的是真耶稣教会山东支部的正式成立，地点在山东潍县，最初有联属教会 7 处。[121]山东支部是在真耶稣教会上海总部的支持下发起组建的，对于增加各教会联络、团结各教会力量发挥了重要作用，在山东五旬节"复兴"运动中扮演了重要角色。正如山东支部在向上海总部的一份报告中总结的那样：

　　　　鲁省各本会，未立支部之前，如同散沙，各传其道，各理其会，
　　虽有数处教会，均衰微不振，软弱不堪，几乎消（销）声灭迹之惨
　　状。后得总部派人整理，立一中心机关——支部——选出专任负责
　　人，赖主引导，苦心浇灌，联络各会，就蒙主祝福，梢进一步之团
　　结，教会渐得活气。自此以后，本支部常得总部指导办事之机宜，
　　以爱为本处理一切会务，籍此支部之地位，略得坚固。[122]

　　1933 年山东省真耶稣教会揭开了"复兴"序幕。首先，南关教会人数持续增加，仅七八月份就有 30 余人受洗。[123]其次，北关教会继续发展，9 月 10 日施行四次洗礼，领洗者共 12 人，并有神医奇迹伴随。[124]第三，消沉已久的唐家庄教会出现"复兴"迹象，在郭长恺、梁明道、孙学智等人的努力下，

118《各地本会来函续登》，《真耶稣教会圣灵报》第 7 卷第 8 期，1932 年，第 18 页。

119 董锡安，原名董义山，祖上在济南市历城县城南 30 里许吴家庄，1912 年迁居济南，经商为生。成为基督徒之前，经常携子带女去商铺隔壁的救世军教会听道，先后进入安息会、灵恩会、神召会等会，是一名虔诚的基督徒。1932 年始听说真耶稣教会，故致函天津教会前来讲道，从此加入真耶稣教会。济南本会全体灵胞：《本会执事董公锡安事迹概述》，《真耶稣教会圣灵报》第 14 卷第 7 期，1939 年，第 107 页。

120 济南本会全体灵胞：《本会执事董公锡安事迹概述》，《真耶稣教会圣灵报》第 14 卷第 7 期，1939 年，第 107 页。

121 郑家政：《真耶稣教会百年历史沿革》，真耶稣教会内部资料，2017 年 3 月 20 日，第 11 页。

122 山东支部：《灵恩大会结果美满》，《真耶稣教会圣灵报》第 9 卷第 10 期，1934 年，第 18 页。

123《南关本会人数增加》，《真耶稣教会圣灵报》第 8 卷第 8 期，1933 年，第 19 页。

124《北关本会两则神迹》，《真耶稣教会圣灵报》第 8 卷第 11、12 期合刊，1933 年，第 41 页。

实现了恢复重建。[125]但与此同时，教会分派的情况依然存在，张巴拿巴于1933年5月下旬回到山东，在潍县停留两月有余，[126]结果就是张灵生领导的潍县大太平街教会和谭公田领导的东关教会均处于张巴拿巴的"受惑中"[127]，拒绝加入上海总部阵营。

二、高潮：1934-1935 年

1934年是山东省真耶稣教会发展最有成效的一年，也是真耶稣教会"山东复兴"运动的高潮。1934年6月下旬真耶稣教会上海总部先后召开"第五次代议员会议"[128]和"第八次临时全体大会"[129]（后来被追认为"九大"），山东支部派出代表岳雅各执事参会，并发表报告。报告称山东支部共有教会6处，信徒300多人，当年施洗90余人，收到捐款108元。在自己不敷其用的情况下仍然捐给总部70余元，用于负担总部的经常费和建筑捐。[130]大会确认了山东支部按立的长执六人，他们分别是北关教会的执事郭咸升和女执事郎跟主、刘得恩、于奉主，南关教会的执事酆传得（德）和女执事陈宝荣（容）[131]。除了潍县教务日渐兴旺之外，郭咸升执事、酆传得执事和于奉主女执事还积极开展外县传道工作，在青岛、高密等地发展信徒。[132]岳雅各执事此次参会被称为"鲁省振兴之开端"[133]。

第九次全体大会结束之后，上海总部特派酆荣光执事来鲁指导教务，推动了山东真耶稣教会的"复兴"与发展。其工作主要表现在两个方面：一是正式成立济南教会，二是在山东支部开创了以灵恩大会为形式推动五旬节复兴运动走向深入的传统。1934年8月下旬，总会代表酆荣光、济南教会的朱

125《唐家庄教会将复兴》，《真耶稣教会圣灵报》第8卷第6期，1933年，第20页。

126 唐红飚：《真耶稣教会历史史迹考》，第430页。

127《第四次代议员会纪要》，《真耶稣教会圣灵报》第8卷第3期，1933年，第12页。

128《第五次代议员会概要》，《真耶稣教会圣灵报》第9卷第6、7期合刊，1934年，第12页。

129《第八次临时全体大会记录》，《真耶稣教会圣灵报》第9卷第6、7期合刊，1934年，第17页。

130《第八次临时全体大会记录：山东支部代表岳雅各执事报告》，《真耶稣教会圣灵报》第9卷第6、7期合刊，1934年，第28页。

131《第八次临时全体大会记录》，第20页。

132《第八次临时全体大会记录：山东支部代表岳雅各执事报告》，第28页。

133 山东支部：《灵恩大会结果美满》，第18页。

约拿和董锡安、潍县教会的齐国莹连续致函上海总部，汇报济南教会复兴之盛况：

> 欣慕真道、领受合法洗礼者，单济市内，就有八九十人之多，他们就在大明湖内，受面向下水洗了。市外诸邻，尚有四百人之谱。俟济市本会基础稳当，即赴各处，按次成立教会。现济会已告正式成立，灵胞皆属热心，得圣灵者五分之二，职务人材皆有，赞美耶稣。近日来，因慕道者接踵而至，各老会信徒，归本会者居多，街谈巷议，震动一时。惹起中西牧师，就都害怕，各会堂咸抱不隐之势，奔走骇汗，钉稳信徒，免得偶像动摇，以应以赛亚所说的。惟望各处本会，代鲁各会祷告，求神多添力量，藉以扩展本会于鲁全境。[134]

济南教会最初的聚会地点设在乐山街董锡安执事家中，因位置偏僻，场所狭窄，不利于教会发展，不久就迁到了交通更为发达的经五路兆丰里。[135]在教派林立、基督徒众多的山东省会城市济南，真耶稣教会起步较晚，规模不大，但是发展较为迅速，并因其特立独行的教义主张和标新立异的敬拜方式引发其他大公差会的侧目，甚至恐慌。

1934年10月，山东省真耶稣教会召开了第一次灵恩大会，大有收获。灵恩大会是复兴运动的重要推手，也是真耶稣教会吸引会众、发展信徒的重要手段，其作用和功能主要有两个方面：一是给未受圣灵的信徒一个求得圣灵的机会；二是给已有信徒一针强心剂，挽回部分信徒的信心和热心，维持教会持续复兴的动力。[136]山东支部在向上海总部的汇报中，抑制不住激动与兴奋，对灵恩大会的重要性大加赞赏，声称"鲁支未成立以前以至正式成立之后，均未正式开过灵恩大会，或者因此，鲁境本会未能振兴"[137]。总部派遣鄞荣光执事来鲁之后，先开办了为期三个月的查经班，感动南关教会的丁得真执事乐捐土地六分，价值二三千元，用于建筑山东支部教会。[138]继而于10月8日（农历1934年9月1日）开始召开了为期五天的"第一次鲁省灵恩大

---

134 《济南成立本会》，《真耶稣教会圣灵报》第9卷第8期，1934年，第15页。

135 山东支部：《济会迁移》，《真耶稣教会圣灵报》第9卷第9期，1934年，第17-18页。

136 《灵恩大会与信徒的关系》，《真耶稣教会圣灵报》第10卷第10期，1935年，第220页。

137 山东支部：《灵恩大会结果美满》，第18页。

138 《潍本会大奋兴》，《真耶稣教会圣灵报》第9卷第8期，1934年，第15页。

会"，前四天每天参会人数均在二三百人，得灵洗者 20 余人，第五天排队施洗，获水洗者 26 人，洗后行洗脚礼，翌日举办圣餐，得教堂建筑捐款 1000 余元，[139]可谓盛况空前。1934 年冬，上海总部负责之一魏以撒带领韩约书亚再到济南传道，巩固教会。[140]

对于此次真耶稣教会的复兴，山东支部将其归功于上海总部的鼎力支持和因势利导，并旗帜鲜明地表示支持上海总部，间接表明自己归属"反张派"的基本立场。山东支部曾于 1934 年 10 月下旬致函上海总部称：

> 幸此次再蒙神感动总部差派传道人莅鲁，不但济南多增一所，原有各会，亦皆大奋兴，增多人数，收最美满之功效。据此观之，鲁省本会能得由荒芜变为芦苇丛生之处，由颓垒之城，变为巩固之城，由散漫而能集中团结，使各灵胞发荣欢喜，使外邦及各公会之羊，能醒悟至主大旗之下欢呼高唱主恩者，未始不是总部善导所致。
> 同人愈明拥护总部，实乃拥护主耶稣无异。[141]

1935 年，山东省真耶稣教会快速发展的势头越来越猛，吸引的信徒越来越多，自立自养的能力越来越强。1935 年 3 月底，山东支部在新教堂尚未建好但旧教堂已不敷其用的情况下，于潍县城内西北部人口稠密之繁华地段典租一处宽敞建筑，作为"鲁支圣殿"[142]，以容纳不断涌入的新教徒。1935 年 5 月，山东支部召开了第二次灵恩大会，每日参会人数均在二百以上，受水灵二洗者计四五十人，住堂昼夜祈祷者三四十人。[143]

山东省真耶稣教会在旺盛发达、高潮迭起的表面下，教会分裂势力也在暗流涌动，"拥张派"和"反张派"展开了激烈的争夺，战斗白炽化。从斗争的结果来看，"拥张派"教会阵营扩张明显，更多的支持者和追随者加入了"中华真耶稣教会"阵营。1935 年 5 月 25 日，张巴拿巴从南京北上，开始了有生之年的最后一次山东行，并在山东住了整整半年。[144]张氏此番回乡探访的影响是复杂的，既发展了新教徒，建立了新教会，也拉拢了部分旧相识，

---

139 山东支部：《灵恩大会结果美满》，第 18 页。

140 《山东真教史略》，真耶稣教会总部编：《真耶稣教会卅年纪念专刊》，第 C8 页。

141 山东支部：《灵恩大会结果美满》，第 18 页。

142 《鲁支圣殿行将典妥》，《真耶稣教会圣灵报》第 10 卷第 4 期，1935 年，第 84 页。

143 《鲁支灵恩会盛况》，《真耶稣教会圣灵报》第 10 卷第 5 期，1935 年，第 113 页。

144 张石头：《真耶稣教会历史》，第 177-178 页。

加速了山东教会的分裂。1935 年 6 月 14 日（农历 5 月 14 日），张巴拿巴先到济南，与"三人布道队"的老搭档郭长恺久别重聚[145]，然后一起返回潍县。首先，张巴拿巴回到庄头村看望了父亲张洪信（时年已届 90 岁，终年 96 岁），并为父亲、兄弟和本村的数十人施洗，[146]将庄头村教会拉入自己的阵营。其次，张巴拿巴与本家叔父张灵生、"三人布道队"的梁明道等老友畅谈叙旧，拉近感情。随后张巴拿巴将郭长恺所负责的博昌县唐家庄教会拉入自己的阵营。[147]6 月 25 日，张巴拿巴与郭长恺一起来到谭公田带领的东关教会，领会五天，轰动全城，隶属美北长老会的潍县乐道院都有人参会。[148]7 月 5 日，张巴拿巴一行来到南关教会，领会三天，五名灵恩会牧师前来参会。[149]在潍县停留两个月期间，张巴拿巴召开灵恩大会四次，办神学班次，团结和壮大了自己的阵营。截至 1935 年 7 月 31 日已有六处教会表达了对"中华真耶稣教会"南京总部的支持，另有潍县东北乡云彩庄子、夏庄教会、城北华疃教会、安固灵恩会、广饶县贾庄、博兴县唐家庄均致函张巴拿巴表达合作意愿。[150]八月份，张巴拿巴带领郭长恺、赵光汉、孙学志、张有声等来到省会济南，在南上山街和大瓦屋五间作为会堂，购置长凳 32 条，可容二百余人。又租小房四间，作为住宅。每日求道者，络绎不绝，达四月之久，发展教徒 100 余人。[151]九月上旬，张巴拿巴派郭长恺、孙学志至山东临清（今聊城）、河北赵县、河北元氏县、山西一带，争取和发展教徒。[152]

---

145 郭司提反：《山东郭司提反来信》，《中华真耶稣教会总会角声报》第 3 卷第 5 期，1936 年 5 月，第 23 页，中国国家图书馆藏。

146 《山东潍县庄头村本会来函》，《中华真耶稣教会总会角声报》第 2 卷第 6、7 期合刊，1935 年，第 23 页，中国国家图书馆藏。

147 张巴拿巴：《山东潍县来信》，《中华真耶稣教会总会角声报》第 3 卷第 5 期，1936 年 5 月，第 23-24 页，中国国家图书馆藏。

148 谭公田：《山东潍县本会来函》，《中华真耶稣教会总会角声报》第 3 卷第 5 期，1936 年 5 月，第 24 页，中国国家图书馆藏。

149 丁得真：《山东潍县南关本会来函》，《中华真耶稣教会总会角声报》第 3 卷第 5 期，1936 年 5 月，第 25 页，中国国家图书馆藏。

150 张巴拿巴、郭司提反、赵光汉：《山东潍县本会来函》，《中华真耶稣教会总会角声报》第 3 卷第 6、7 期合刊，1935 年，第 19 页，中国国家图书馆藏。

151 张石头：《真耶稣教会历史》，第 178 页。

152 郭司提反、孙学志：《为主奔跑者的佳音》，《中华真耶稣教会总会角声报》第 3 卷第 10、11、12 期合刊，1935 年 12 月，第 27 页，中国国家图书馆藏。

张巴拿巴 11 月 25 日离开济南返回南京，临行之前将济南教会托付殷纪见、侯长江、严先生等人负责。[153]此为张巴拿巴最后一次返鲁，之后两三年远赴南洋，永别祖国，1961 年去世于新加坡。虽然张氏背影逐渐远去，但在最后一次"山东行"期间及以后，其言行举止、举手投足都对山东省真耶稣教会产生了深远影响。

　　山东省真耶稣教会在"两个总部"的激烈争夺战中并非只有"反张"和"拥张"两种选择和归属，有的因左右为难而选择置身事外，有的因"反张"过度，反而被上海总部开除。正因如此，山东真耶稣教会历史上两处起步最早、规模较大的教会几乎同时离开了真耶稣教会队伍。最引人注目的是张灵生的退出。作为全国真耶稣教会的元老和前任监督，同时也是潍县真耶稣教会的负责人，其在张巴拿巴分裂教会、争权夺利的过程中一直立场不坚、犹豫不决。1930 年前后，张灵生长老因支持张巴拿巴而遭到教内非议。1932 年 4 月 1 日表示支持上海总部，并联合坊子、夏庄、杭埠三处本会，为总部捐款 15 元。[154]1932 年 4 月 19 日其所在的北关教会联合南关教会再给上海总部捐款 5 元。[155]但 1935 年张巴拿巴山东行之后，72 岁的张灵生带领老北关教会的教友脱离真耶稣教会重新独立，"再走原路回到一位神召会[156]"，[157]直至去世。安邱县张家庄子教会也是山东省成立最早的真耶稣教会之一，是 1919 年魏保罗访潍期间亲自"更正"创建的，教会中有一个名叫华鸣真的人，属于极端"反张派"，他认为凡是被张巴拿巴施洗的人，都需要奉真耶稣的名重新受洗，否则就不能得到纯正的圣灵。为此他自费出版了 32 开本的《鸣宣

153 侯长江：《山东济南本会侯长江来函》，《中华真耶稣教会总会角声报》第 3 卷第 2 期，1936 年，第 13-14 页，真耶稣教会台湾总会图书馆藏。

154《各地本会来函汇登》，《真耶稣教会圣灵报》第 7 卷第 4-7 期第七次全体大会纪念号，1932 年，第 90 页。

155《各地本会来函续登》，《真耶稣教会圣灵报》第 7 卷第 8 期，1932 年，第 10 页。

156 一位神召会是从真耶稣教会分化出来的独立组织，1928 年由原天津真耶稣教会的张应喜发起，倡导"面向上"的洗礼，得到众多信徒的支持，几至天津真耶稣教会全员改信，被真耶稣教会总部定性为异端中的异端。《异教之风：一位神召会》，真耶稣教会总部编：《真耶稣教会卅年纪念专刊》，第 J4 页。

157 由于"一位神召会"践行"面向上的洗礼"，与张灵生上次接受的"面向下"的浸礼不同，所以张灵生很可能会再次接受洗礼。如果事实如此的话，这应该是他第五次接受洗礼。《圣徒传记：贰叁 张灵生先生》，真耶稣教会总部编：《真耶稣教会卅年纪念专刊》，第 M22 页。

真耶稣名》一书，并在 1934 年第九次全体大会呈交给上海总部负责人，请求在全国范围内予以实行，然而被总会视为异端予以拒绝。1935 年，华鸣真带领百余名追随者脱离真耶稣教会，使山东支部蒙受重大损失。[158] 由此可见，真耶稣教会内部顶层领导的权力争斗使得部分地方教会和信徒或者无所适从、难以自处，或者彼此对立、相互斗争，从而丧失向心力和凝聚力，对地方教会发展带来严重的负面影响。

三、回潮：1936-1937 年

1936 年，"复兴"活动持续进行，但气势上开始呈现回落和平和，同时教会分裂进一步加剧，"拥张派"和"反张派"对山东教会和信徒的争夺持续进行。一方面，拥护上海总部和"反张"立场的山东支部因为所辖教会数量太少而被撤销，改回山东教会。上海总部先后派出朱恩光执事和张约书业长老来鲁带领灵恩大会，支持潍县教会和济南教会的发展；同时新增了阳谷教会（今山东省聊城市阳谷县）和昌乐毕都乡祈祷所（今山东省潍坊市昌乐县）两处组织。另一方面，"拥张派"活动也较为积极，张巴拿巴的妻子张马利亚和长女张灵真来潍领会，南关教会由"反张"变为"拥张"，重建之后的唐家庄教会也明确表态支持张巴拿巴，"拥张派"济南教会持续发展，临沂灵恩会发出与张巴拿巴合作倡议。种种迹象表明，这一时期的"拥张派"似乎略占上风，但随着张巴拿巴永久定居南洋，其对山东教会的影响力难以维持。"花开两朵，各表一枝"，该阶段"反张派"和"拥张派"教会的发展需分别进行介绍。

在"反张派"真耶稣教会发展方面，在上海总部的组织协调和人力援助下，山东真耶稣教会持续稳步发展。1936 年 7 月 24 日，上海总部派遣朱恩光执事来潍帮助山东支部，召开第三次灵恩大会，为期三天，盛况重演。因聚会人数太多，教堂容纳不下，只好在一空地临时搭建草棚。每次聚会人数均二三百人，晚间亦有二百余人，受灵洗者 20 人，受水洗者 40 人，筹得捐款 200 余元。[159] 济南教会也略有发展，首先在董锡安、朱约拿等人的推动

---

158 《异教之风：鸣宣真耶稣名》，真耶稣教会总部编：《真耶稣教会卅年纪念专刊》，第 I8 页。

159 《山东潍县本会开会近况》，《真耶稣教会圣灵报》第 11 卷第 6 期，1936 年，第 135 页。

下，济南真耶稣教会在政府部门立案注册，正式纳入国家监管范畴；[160]同年分别在经七纬五路和南关佛山街各成立一处分会，[161]分别由朱约拿、杨路得负责。进入 1937 年，山东各地的真耶稣教会继续发展，但是增速放缓，规模有限。1937 年 3 月，王雅各在昌乐县毕都乡潘槐林设立祈祷所；7 月，于彼得在阳谷县城北五里庙设立阳谷教会。1937 年 4 月 20 日起，上海总部举行了真耶稣教会第十次全体代表大会，各地代表踊跃参加，盛况空前。这也是真耶稣教会稳定发展期最后一次全体大会，下一次如此规模的盛会（"十一"大）将会是在十年后的 1947 年。此时的山东支部已改回山东教会，主要有潍县（可能是北关教会）、夏庄和坊子三处教会，他们联合派出了李书绅和陈宝荣作为山东代表参加了"十大"。[162]陈宝荣向大会报告了山东教会的发展情况，目前信徒人数最多的是潍县教会（北关教会），经常聚会的有 150 人，晚间亦有 20 余人，正在自建教堂；坊子教会有 57 人；夏庄教会有信徒 20 余人；过去三年累计受洗 80 人。[163]济南教会继续发展，董锡安执事向上海总部报告说，他们选举产生了负责人董锡安、庶务于彼得、会计孙书珍、书记张约伯，又有戴灵光女执事帮助妇女事务。济南教会还将张撒迦《东方闪电》一书中"现在基督教的谬误二十条"写在布上，张挂于教会门前，招致各教会传道、牧师的恨恶和辩论。不过也有经辩论之后反而接受真耶稣教会的，比如济南自立会的一名牧师。[164]1937 年 5 月 9 日至 11 号，上海总部派张约书亚长老来济南帮助带领灵恩大会，每天聚会两次，第三天施洗 3 人，医治 2 人，离会多年的老教友邱世光回心转意，重返教会。[165]总体来说，这一阶段山东省真耶稣教会进入缓慢发展期，复兴运动的高潮已逐渐退去。

与此同时，"拥张派"教会也在继续发展，地盘不断扩大，立场日趋坚定。在山东省真耶稣教会的发源地和大本营山东潍县，宣布"拥张"的教会至少有南关教会、东关教会两处，继续与"反张派"北关教会分庭抗礼。值

160 山东省地方史志编纂委员会编：《山东省志·少数民族志·宗教志》，第 621 页。

161 济南市史志编纂委员会编：《济南市志》（第七册），北京：中华书局出版社，2000年，第 36 页。

162《本会第十次全体代表大会记》，《真耶稣教会圣灵报》第 12 卷第 4、5 期合刊，1937 年，第 100 页。

163《本会第十次全体代表大会记》，第 104-105 页。

164《济南本会近况》，《真耶稣教会圣灵报》第 12 卷第 1 期，1937 年，第 17 页。

165《济南本会近况》，《真耶稣教会圣灵报》第 12 卷第 7 期，1937 年，第 172 页。

得一提的是，北关教会执事郭咸升倒戈"挺张"，加入南关教会。[166]他们在给《角声报》的信中称，上海总部派来的酆荣光"吞没公款，内起纷争……败坏教友信心"，致使"羊群日渐分散，捐项缺乏"，酆荣光"自觉无趣，遂弃羊而走"，随后张伯福、丁得真、张有立等人重新掌管南关教会。[167]这宣告着支持上海总部的"反张派"的失败和支持南京总部的"拥张派"的胜利。南关教会致函"中华真耶稣教会"南京总部，称1936年7月25日为五位新教友施洗，要求南京总部正式承认杜信主为女执事，同时已为张马利亚执事和张灵真（二人为张巴拿巴之妻女）来潍领会做好充足准备。[168]在博兴县[169]唐家庄，重新追随张巴拿巴的郭长恺带领信众建造教堂，重振教会[170]。在山东省会济南，在侯长江等人的努力下，南上街教会每周聚会两次，房东每月捐洋一元[171]；1936年，随着聚会人数越来越多[172]，聚会场所不敷其用，遂把会址迁至经四路。[173]此外，新辟祈祷所一处，设在济南城内人布司街的邱先生家中，聚会人数十余人，大部分都是前美南浸信会教友。[174]进入1937年，作为省会城市的济南"教会林立，分门别类，各树旗帜，各传其道"，真耶稣教会面临极大的竞争压力，[175]不得不想方设法积极拓展生存空间。其中，

---

166 丁得真、张有立、郭咸升、于光全：《山东潍县本会来函》，《中华真耶稣教会总会角声报》第3卷第1期，1936年，第21页，真耶稣教会台湾总会图书馆藏。

167 丁得真、张有立等：《山东潍县本会来函》，《中华真耶稣教会总会角声报》第3卷第5期，1936年，第10页，真耶稣教会台湾总会图书馆藏。

168 《山东潍县本会来函》，《中华真耶稣教会总会角声报》第3卷第8期，1936年，第8-9页，真耶稣教会台湾总会图书馆藏。

169 之前的"博昌县"此时改为"博兴县"。

170 郭司提反：《山东博兴唐家庄本会来函》，《中华真耶稣教会总会角声报》第3卷第8期，1936年，第9页，真耶稣教会台湾总会图书馆藏。

171 侯长江：《济南本会来函》，《中华真耶稣教会总会角声报》第3卷第1期，1936年，第21页，真耶稣教会台湾总会图书馆藏。

172 侯长江：《山东济南本会侯长江来函》，《中华真耶稣教会总会角声报》第3卷第2期，1936年，第13-14页，真耶稣教会台湾总会图书馆藏。

173 《山东济南本会来函》，《中华真耶稣教会总会角声报》第3卷第8期，1936年，第9页，真耶稣教会台湾总会图书馆藏。

174 《山东济南本会来函》，《中华真耶稣教会总会角声报》第3卷第9期，1936年，第8页，真耶稣教会台湾总会图书馆藏。

175 冯世和：《济南本会来函》，《中华真耶稣教会总会角声报》第4卷第6期，1937年6月，第14页，真耶稣教会台湾总会图书馆藏。

向麻风病人传讲教义，引人入教就是颇为有效的扩张方式。[176]1937 年 10 月 28 日，济南教会召开秋季灵恩大会，受洗入教者 48 人，选举执事四人，包括胡马可、胡重生、周挪亚、周永生。[177]截至 1938 年 10 月 1 日（农历 1938 年 8 月 8 日），济南教会有教友七八十名，加上孩子共 129 人，完全实现了自立和自养。[178]可见，"拥张派"教会虽然发展速度放缓，但人数规模依然在不断扩大。

特别引人注意的是，张巴拿巴不仅在山东真耶稣教会内部重得民心，重组团队，收复失地，而且获得了教外其他五旬节派团体的好感和欢迎。比如山东本土五旬节教会灵恩会的首领孙占尧致函张巴拿巴，表示已建立 50 个聚会点、拥有 2000 余教友的灵恩会愿意与张巴拿巴领导的真耶稣教会合作，共同对抗其他西方差会的排挤，壮大中国教会特别是五旬节派教会的势力。孙占尧在信中说：

> 弟查知神在中国，藉长老所立教会，千百余处，大多数是热心分子……弟先前对真耶稣教会的名字，我有点不谅解，现在真知道有些教会是假的；主若准我，愿与兄合作，为真理争战，把主应许的恩赐传开，对守安息日，我亦非常的赞成，请兄能否到临沂各地相见聚会，即先到沂州府去，设立教会为最好，因这地七县的自立会，沂州是个中心点。[179]

灵恩会的这一通合作邀请，既表明同为五旬节派团体的惺惺相惜和彼此认同，在以"说方言"受"灵洗"为共同核心追求的前提下，它们可以求同存异，和谐发展；同时也意味着战争、侵略、匪乱等不安定因素带来的"寒冬"即将到来，在急转直下和不断恶化的动荡时局中，年轻脆弱的中国本土教会需要抱团取暖、共渡难关。

---

176 年乃成：《济南本会来函》，《中华真耶稣教会总会角声报》第 4 卷第 8、9 期合刊，1937 年 9 月，第 7 页，真耶稣教会台湾总会图书馆藏。

177 张慕道：《济南本会李文元自证》，《中华真耶稣教会总会角声报》第 4 卷第 10、11 期合刊，1937 年 11 月，第 16 页，真耶稣教会台湾总会图书馆藏。

178 年乃成、张传海：《济南本会来函（二）》，《中华真耶稣教会总会角声报》第 6 卷第 1 期，1939 年，第 13 页，真耶稣教会台湾总会图书馆藏。

179 《山东费县自立教会首领孙瞻遥来函》，《中华真耶稣教会总会角声报》第 3 卷第 10 期，1936 年，第 10-11 页，真耶稣教会台湾总会图书馆藏。

四、尾声：1937-1959 年

1937 年 7 月 7 日的卢沟桥事变标志着日本侵华战争全面爆发。山东生灵涂炭，百姓流离失所，教会难以为继。日本占领山东后，组建了华北基督教团，高举爱国主义和民族主义旗帜的真耶稣教会拒绝加入，被迫停止聚会。[180]1945 年日本投降之后，各教会陆续开始活动。但受解放战争的影响，教会运作困难，教务不振。新中国成立初期，随着国内和平的真正到来，包括真耶稣教会在内的各基督教会恢复聚会。1959 年教会合一，山东真耶稣教会加入联合礼拜，[181]之后未再以真耶稣教会名义公开活动。

根据《真耶稣教会卅年纪念专刊》统计，截至 1947 年底，山东省真耶稣教会恢复"山东支部"建制，下辖潍县、济南、阳谷三个分会，坊子、昌乐两个区会（见下表），经常聚会人数有 316 人；另在昌乐毕都乡和青岛设两处祈祷所，累计聚会人数 44 人。[182]潍县和济南依然是山东省真耶稣教会的两个发展重镇，此外在青岛、聊城地区也获得了一定程度的扩展，但最终未能在更为辽阔的全省其他地市建立稳固的根据地。

表 3-2 山东省真耶稣教会统计表（1947 年 12 月）

名　　称	地　　址	设立年份	负责人	信徒数	开办人
潍县分会	潍县城里北门大街 42 号	1919 年 5 月	李成荣	85	张灵生
济南分会	济南经六路小纬六路 163 号	1934 年 8 月	董兆谱	50	董锡安
阳谷分会	阳谷县城北五里庙	1937 年 7 月	于彼得	127	于彼得
坊子区会	潍县坊子镇前张路院庄	1931 年	王安成	23	王来祥
昌乐区会	昌乐县时马乡苇沟庄	1942 年 3 月	王万全	31	王雅各

抗日战争全面爆发以后，为潍县中心的潍城、坊子、昌乐、济南、阳谷、青岛等地的真耶稣教会进入缓慢发展、艰难求存阶段。虽在战争初期有所增

---

[180] 潍坊市地方史志编纂委员会编：《潍坊市志》（下卷），北京：中央文献出版社，1995 年，第 1664 页。

[181] 山东省地方史志编纂委员会编：《山东省志·少数民族志·宗教志》，第 621 页。

[182] 《各地本会概况统计表：山东省》，真耶稣教会总部编：《真耶稣教会卅年纪念专刊》，第 O1-O2 页。

长，但随着战争的不断推进和日伪统治的不断强化，山东省真耶稣教会逐渐陷于停顿。

在潍县，1938 年 10 月 22 日教会遭到"不法被革之徒郭姓"[183]的扰乱和破坏，引来当地警察的介入，并因此得到官方庇护。"许久未开洗礼恩门"的潍县教会因祸得福，入教人数与日加增，施洗男女 30 人。[184]1939 年 3 月 19 日（不确定是阳历亦或阴历），潍县教会因之前租房合同到期，迁到西门里大街 66 号，计有房屋十间，比之前更为宽敞，交通也更加便利。在献堂大会之后的职务会上，重新选举了教会负责人，结果依然由前任各职员连任，即会务陈宝荣，财务李承荣，庶务刘书粜。[185]虽然外部局势和内部教务暂时稳定，信徒人数也日趋增多，但因"传道人才缺乏，经济又甚困难"[186]，潍县教会依然形势不容乐观，因此致函请上海总部派人莅潍指导。1940 年，上海总部派王得恩执事来潍坊带领春季灵恩大会，吸引了众多参与者，其中"计水洗者四十一人，灵洗者廿一人，病愈者十三人，狂鬼被赶者二人，举杯者百九十九人，乐捐银七十余元，得禁食能力者十余人，神迹异能不一而足"[187]，随后至阳谷、济南、昌乐、坊子等地布道。当年的秋季灵恩大会也取得了一定成绩，"水洗廿二人，灵洗十余人，得禁食能力二十余人，感恩捐一百余元，神迹奇事、异象、异梦、荣光，充满全堂，喜乐满足，笔墨所难形容"[188]。这是《真耶稣教会圣灵报》有关潍县教会的最后一篇报道，此后六年间没有继续更新，直到 1946 年抗日战争胜利结束。

在昌乐，真耶稣教会也略有发展。王雅各继 1937 年 3 月创办昌乐县毕都乡潘槐林祈祷所后，又于 1938 年在苇沟庄设立教会一处。潘槐林庄的常务负责人是潘廷梅，"热心为主"，忠心虔诚。苇沟主要由王发祥负责。王发祥

---

183 笔者推测可能是郭长恺（郭司提反），张巴拿巴的忠实追随者，在潍县、济南、聊城等多地布道，是张巴拿巴远走南洋之后山东地区的重要领导人物。

184《鲁会被扰蒙主施恩》，《真耶稣教会圣灵报》第 13 卷第 7 期，1938 年，第 110 页。

185《潍县本会之迁移》，《真耶稣教会圣灵报》第 14 卷第 5 期，1939 年，第 77 页。

186《山东本会函聘传道人》，《真耶稣教会圣灵报》第 14 卷第 7 期，1939 年，第 110 页。

187《潍县本会灵恩志盛》，《真耶稣教会圣灵报》第 15 卷第 5 期，1940 年 5 月，第 77-78 页。

188《各会本会灵恩会志盛》，《真耶稣教会圣灵报》第 15 卷第 11 期，1940 年 11 月，第 172 页。

是临朐县人，原耶稣家庭成员，因逃难来到昌乐县。经王雅各和王万利的引导，最终"受感归真"，加入真耶稣教会。1940 年 10 月苇沟庄教会开灵恩大会，受洗 60 多人；1942 年潘槐林也召开灵恩大会，亦有 60 多人受洗。在上述工作的基础上，王雅各于 1942 年 8 月创建昌乐区会。受到战争的影响，聚会人员数量下滑，也未能接受系统的教义培训，资料显示，昌乐区会的经常聚会信徒合计五十余人，"只知聚会祷告，秩序甚差，幼稚得很"。[189]

随着日本侵华战争的深入，中国大面积国土沦丧，日本在多地取得实际控制权，建立了伪政府。为了加强对华北地区基督教的监控和改造，1942 年 10 月 15 日，日伪政权成立了"华北中华基督教团"。[190]除了王明道的基督徒会堂等为数极为有限的基督教团体经抗争获批不参加教团且能继续活动之外，华北地区的其他所有教会机构只能选择加入，或者被取缔。潍县真耶稣教会虽然规模不大，亦收到相关通知。真耶稣教会上海总部也行文到潍县，征求该会的意见，该会全体信徒一致表示宁愿停止聚会，也决不向日本侵略者屈服，因而潍县教会被迫停止了宗教活动。[191]

1945 年日军投降以后，潍县真耶稣教会恢复活动，租北门大街 42 号厅房 12 间，作为教会活动点。[192]同年冬天，济南真耶稣教会派王明亮来潍县协助教务，指导该会选举产生执事刘树义、丁庆福、张凤仪、谭圣恩等，由济南省会发给执事证、传道证，领导管理教会工作。[193]

1947 年硝烟再起，潍县地区"炮火连天，四门紧闭"，潍县真耶稣教会在战事间歇中召开灵恩大会，每日聚会数百人，除真耶稣教会信徒踊跃参加外，还有耶稣家庭、基督复临安息日会的信徒和执事前来聚会，受大水洗 22 人，得灵洗 7 人，蒙神医者 4 人，见异象者 2 人，参加圣餐礼的 157 人，捐款 50 万元，教会再现复兴景象。[194]1947 年，齐裕民在青岛聊城路 36 号中正里设立祈祷所一处。[195]1948 年初南京总部[196]派范长老至青岛发展教务，入会

189 《山东真教史略》，真耶稣教会总部编：《真耶稣教会卅年纪念专刊》，第 C11 页。

190 胡卫清：《华北中华基督教团研究》，《文史哲》2014 年第 5 期，第 115-131 页。

191 潍坊市奎文区档案局编：《老潍县宗教》，第 58 页。

192 潍坊市奎文区档案局编：《老潍县宗教》，第 58 页。

193 山东省地方史志编纂委员会编：《山东省志·少数民族志·宗教志》，第 621 页。

194 《山东潍县灵恩会盛况》，《真耶稣教会圣灵报》第 1 卷第 5 期，1947 年，第 13 页。

195 郑家政：《真耶稣教会百年历史沿革》，第 9 页。

196 此南京总部为魏以撒等领导的"真耶稣教会"总部，非张巴拿巴领导的"中华真

人数不断增加。[197]1948 年，潍县解放时，北门大街所租房屋毁于炮火。次年，潍县教会又在北门大街 37 号买房 18 间作为聚会场作，教徒最多时近 200 人。传道点主要有坊子、夏庄、前姚家埠等。1959 年，各教派联合礼拜，潍县真耶稣教会停止聚会活动。[198]

　　济南真耶稣教会 1938-1949 年间的详情记录严重缺乏，信息残缺不全。已有的资料显示，济南真耶稣教会的起点和负责人董锡安执事于 1939 年 7 月 3 日（农历 1939 年 5 月 17 日）因肺病去世，享年 64 岁[199]。从 1948 年 1 月开始，各地教会因"处在不良情境中，受着内外之扰乱，会务不能按期报告"[200]。曾担任过山东省基督教"三自"爱国运动委员会副主任的韩德清牧师回忆，真耶稣教会曾在经七路纬五路和南关佛山街两处地方建立教会组织，1951年迁到道德一街，主要负责人有董兆谱（璞）、朱约拿和杨路得（女）等。[201]建国初期有信徒 100 余人。[202]联合礼拜之后，杨路得因孤身一人在济南市社会福利院安度晚年。

　　　　耶稣教会"总部。受战争影响，总部地址屡经搬迁。1937 年，真耶稣教会上海总部在"八·一三"事件中受损严重，由上海宝山路 850 号迁到极司非而路 43号。1942 年高大龄去世，魏以撒继任真耶稣教会理事长。1943 年 7 月总部由上海迁到重庆，改称"总会"，并报中华民国内政部及社会部备案。抗日战争胜利后，1946 年 9 月 1 日迁到南京，因场所狭窄又于 9 月 18 日迁回上海极司非而路 43 号，9 月 22 日正式办公。因上海办公地点比南京更为狭小，再于 1946年元月重新迁回南京，地址是北门桥鸡鹅巷 114 号，正是之前张巴拿巴设立的"中华真耶稣教会"总部所在地，此时张已迁居新加坡。1947 年 5 月 1 日真耶稣教会在南京召开第十一次全国代表大会，并请内政部及社会部指导，改选理监事，修订章程，同年 6 月 16 日提交内政部备案。内政部：《寺庙管理条例、真耶稣教会之组织严格及现状》，291-12-2-2386，1929 年 1 月，南京：中国第二历史档案馆藏。

197 《各地会闻汇报》，《真耶稣教会圣灵报》第 2 卷第 1 期，1948 年，第 13 页。

198 潍坊市奎文区档案局编：《老潍县宗教》，第 58 页。

199 济南本会全体灵胞：《本会执事董公锡安事迹概述》，《真耶稣教会圣灵报》第 14卷第 7 期，1939 年，第 107 页。

200 《各地会闻汇报》，《真耶稣教会圣灵报》第 2 卷第 2、3 期合刊，1948 年，第 17页。

201 韩德清：《我所了解的济南基督教》，济南市基督教三自爱国运动委员会、济南市基督教协会内部资料，2002 年，第 26 页。

202 济南市史志编纂委员会编：《济南市志》（第七册），第 36 页。

1959 年前后，随着山东全省的基督教会实现合一，不同门派的基督徒共同参加联合礼拜，[203]山东真耶稣教会经过整整四十年的曲折发展，最终落下帷幕。

第三节　真耶稣教会的组织特色

真耶稣教会是中国五旬节复兴运动中不可或缺的参与者和推动者，自 1919 年创建后很快获得了蓬勃发展，在全国各地建立了数百个教会，发展了数以万计的基督徒。其迅猛发展的原因，除了与其他教会共享的广义上的基督教扩张与宗教复兴之外，真耶稣教会独树一帜的组织特色和传播方式是更为主要、也更根本的因素。自诞生之日起，真耶稣教会就高举爱国主义和民族主义的大旗，猛烈鞭挞和批判西方列强对我国的军事侵略以及文化控制，以爱国忧民的情怀和自立自强的气节实现了教会的自治、自养、自传。在发展教徒时，它以极具进攻性和扩张性的布道方式，大胆闯入西方差会特别是主流宗派在中国建立的基督教会，直接向现有基督徒宣传自己的五旬节教义，在彼消己长的教徒争夺战中获得了快速发展。然而，五旬节主义鼓励人神直接沟通、无需神职人员作为中介的革命性敬拜方式，既是教会活力和信徒增长的动力，同时也是教会分裂和山头林立的动因。在预防教会分裂、加强统一团结、加快教会发展方面，真耶稣教会探索建立了若干机制，其中最有效的就是加强宣传工作。虽然以上描述并不是关于真耶稣教会组织特色的完整概括，但足以将真耶稣教会与其他基督教团体区别开来，并且正是这些独特性使得真耶稣教会获得了其他教会难以匹敌的快速发展。

一、坚持反帝爱国和民族主义的基本立场

回溯真耶稣教会起源的 1919 年前后，中国正是民族和阶级矛盾激荡、民族主义情绪高涨、爱国主义激情澎湃的历史时期。鸦片战争以后，西方列强借助坚船利炮强行进入中国，利用不平等条约不断攫取利益，激起了中国民众的强烈愤慨和激烈反抗。1900 年的义和团运动就是民族矛盾积累到临界点而爆发的产物。进入二十世纪以后，中国人的民族意识不断觉醒，不仅反对西方列强的军事侵略、政治干预和经济剥削，而且反对帝国主义文化侵略，

---

203 山东省地方史志编纂委员会编：《山东省志·少数民族志·宗教志》，第 621 页。

更屡次将矛头对准了西方差会和外国传教士。在此背景下，部分爱国基督徒扛起爱国主义和民族主义的大旗，重拾民族文化和历史传统，发起了教会自立运动和基督教本色化运动。[204]更有人将自立教会作为收回教权、维护国家和领土主权的重要象征。

真耶稣教会是最早提出"自立、自主、自养、自传、爱国"口号的教会之一，开宗明义地提出教会应由国人治理以夺回教权归国人为使命，并将这一使命付诸实践，[205]坚持自立与本色，因此被学者称为"本色化教会团体""比较激进的'三自'原则的实践者"[206]。与耶稣家庭、灵恩会等普通中国五旬节派教会不问政治、无涉国事的超然中性立场不同，真耶稣教会是言辞激烈的反帝派、旗帜鲜明的爱国派和感情热烈的民族派，坚持政教分离基础上的爱国爱民立场，[207]对于那些既不愿放弃基督教信仰，又不愿背负"二洋鬼子"骂名的中国基督徒来说，提供了理想的选择和归处。

真耶稣教会的创始人魏保罗，早年间就是朴素的爱国主义者和坚定的民族主义者。受洗加入伦敦会之后不久，就结识了颇有民族气节和自立精神的北京汇文大学校长陆完夫，并在他的鼓励下发起了华人自立教会"中华基督教会"[208]。及至1917年成立真耶稣教会时也延续了反帝爱国、独立自主这一基本立场。在向北京市政府递交的教会成立申请书中，魏恩波写到："耶稣教入华以来百年余矣，均是外国人来我国传教，失利权非浅。"[209]并且公开斥责西方列强对我国的侵略，对外国差会和外国传教士予以猛烈的抨击：

> 东欧各国这一场的血战就是证明他们传错了教，太无道德了，当初无非是因一点小事不和就生出嫉妒，于是生出死亡。先因藉词报私仇放纵骄傲，因贪心就起了战事，杀人流血残害民命！各国都因自能贪图人家疆土、财物，世界的虚名虚利，群起这样大战事，由战起死亡多少人命，大约杀害人民有几千万之多！……你们若是

---

204 中国大百科全书总编辑委员会《宗教》编辑委员会：《中国大百科全书·宗教》，北京：中国大百科全书出版社，1988年，第108页。

205 郑家政：《基督教中国化之我见》，真耶稣教会内部资料，福建省福清市真耶稣教会。

206 罗明嘉、刘若民等：《"后宗派"基督教可能吗？——中国基督教教会论》，《金陵神学志》2015年第4期，第10页。

207 《在事奉中学习长进》，台湾真耶稣教会内部资料，第22页。

208 唐红飚：《真耶稣教会历史史迹考》，第14，24页。

209 魏保罗：《圣灵真见证书》（上册），第64页。

真宗教国，真基督徒决（绝）不能这样残恶，更不能贪图虚名财物，
更不能贪图人家的疆土。[210]

真耶稣教会一方面对西方列强和外国教会大加批判，另一方面又以强烈的民族意识和爱国情怀自立教会，自创教义，自谋发展，团结了国内基督教界的大批爱国人士。在抗日战争时期，真耶稣教会曾发起大规模的禁食祷告，把禁食所节省下来的费用全部交给政府，用以购买药品、开展救济。武汉真耶稣教会组织了 14 个分队的后方救护队，协助政府做了大量的难民安置工作。[211]广东真耶稣教会成立了救济部，并出版《努力》月刊，宣传广东支部的救济工作。[212]台湾真耶稣教会的核心人员之一黄以利沙（黄呈聪）在日本占据台湾期间，将民族运动与救灵运动进行有机结合，以真耶稣教会的信仰体系对台湾人进行精神革新，以中国宗教认同作为民族认同的重要途径，通过灵魂的拯救完成民族的解放，代表着中国知识分子借助宗教寻求民族解放的尝试和努力。[213]真耶稣教会还专门创造了一首诗歌《求主救我中华，勿容他人侵略》[214]，表达了对日本军国主义肆意践踏中国领土、烧杀抢掠等恶劣行径的极端愤慨，爱国忧民的心切情真溢于言表。[215]

1933 年 11 月真耶稣教会总部在给上海政府部门提交的备案呈文中，将其自立自治、自养自传的组织性质以及为国收权、为国争光的民族情感充分表达了出来，字里行间都是作为自立与本色教会的坚定与骄傲。

本会于民国六年间，由北平魏保罗君所发起，根据圣经专传耶稣真道，克正人心，维持风化，使人改恶从善，作良善之国民，为忠实之教友，享今生之幸福，得来世之永生；本自养自传之性质，训练独立之精神，重行道不尚虚谈，求真实不务外表，乃原素之基督教本色之基督教，故命名为真耶稣教会；与外来传播欧风美雨而

---

210 《宗教各国掌大权者大罪过》,《万国更正教报》第 1 期, 1919 年 2 月 1 日, 第 3 页。

211 《服务事工：救护工作》, 真耶稣教会总部编:《真耶稣教会卅年纪念专刊》, 第 I5 页。

212 《真耶稣教会的昨天和今天》（下）,《桥》第 63 期, 1994 年 2 月, 第 14 页。

213 邓慧恩:《僻径的身影: 1925 年前后的黄呈聪》,《台湾文学研究》2012 年第 3 期, 第 9 页。

214 《服务事工：一首求主救我中华的诗》, 真耶稣教会总部编:《真耶稣教会卅年纪念专刊》, 第 I4 页。

215 郑家政编:《真耶稣教会历史讲义》, 第 248-249 页。

> 受帝国主义者政治利用为侵略先锋之基督教大有分别……在外国
> 人教会中之信徒闻风归向本会，而外人因之回国者，不知凡几。本
> 会实际上已为国家收回多少之教权。是以设立于今仅十有八年，已
> 传布中国各省并发展至南洋群岛、日属台湾、英属印度、美属檀香
> 山等地，诚开耶稣教之新纪元，洵为中华民族之曙光，今后从东徂
> 西普及全球亦我国之光荣也！[216]

从魏保罗 1917 年创会时观察到的"均是外国人来我国传教"到 1933 年
的已传到东南亚、南亚和北美洲；从 1917 年魏氏感叹的"失利权非浅"到
1933 年的"已为国家收回多少之教权"，创会仅仅 18 年即发生了巨大变化。
但是不变的依然是完全由国人自立、自传、自养之本质。正是因为真耶稣教
会树立了反帝爱国、自立自主的形象，才能够在历次反帝爱国运动中免受冲
击，在西方差会下滑萎靡之时，真耶稣教会反而获得加速增长。即便在今天，
海外的真耶稣教会亦是以华人为主体，始终坚持了爱国、爱教、爱神、爱人
的传统立场。这也是真耶稣教会能够在华人社会越走越远、兴旺发达的不竭
动力源泉。但是任何单一因素的作用都可能是双面的，正如裴士丹所指出的
那样，"虽然它在吸引其他教派信徒方面非常成功，并因此被其他差会深恶
痛绝，但是它的排外性限制了其复兴影响力的深度和广度"。[217]

高举反帝爱国和民族主义大旗的教会特色，既反映了真耶稣教会在发起
和发展各阶段中国国际形势危机、民族矛盾屡次激化的社会背景，同时也体
现了真耶稣教会对于"中国教会""普世身份"和"全球责任"的思考。[218]
真耶稣教会具有特别强烈的差传思想和"文化输出"意识，强调中国基督徒
的福音使命和世界责任。自二十世纪二十年代初[219]开始接收其他国籍的信徒

---

216 《本会备案及重要报告书：本会备案文件》，真耶稣教会总部编：《真耶稣教会总
部十周年纪念专刊》，第 169 页。

217 Daniel H. Bays, "Christian Revival in China, 1900-1937," Edith L. Blumhofer and
Randall Balmer eds., *Modern Christian Revivals*, p. 170.

218 赵慧利：《基督教中国化的个案——河南真耶稣教会研究》，硕士学位论文，中国
人民大学，2017 年，第 14 页。

219 1925 年 12 月，新加坡有 5 人受洗加入真耶稣教会；日本派驻台湾的圣洁教会牧
师须田清基，于 1927 年宣布退出圣洁会，加入真耶稣教会，成为真耶稣教会发
展早期具有外国国籍的信徒。郑家政：《真耶稣教会历史讲义》，台中：真耶稣教
会国际联合总会，2015 年，第 97 页；亦镜：《真耶稣教会固如是耶》，《真光》第
28 卷第 4 号，1929 年 3 月，第 17 页。

人教，持续组织大规模的对外差传事工，截至目前已在世界五个大洲的六十多个国家和地区建立数以千计的教会和祈祷所，[220]以自己的实际行动宣告了中国已从一个基督教的"输入""进口""传入或被差传"的目的国逐渐转变为"输出""出口""对外差会差传"的原产国。但从信徒的地理分布来看，绝大多数信徒都聚集在中国大陆、港台地区和其他亚洲国家，其他大洲的真耶稣教会都是由留学生、华人移民所推动成立的，换言之，传道的对象还未能突破种族和文化的界限。[221]今日之真耶稣教会尚需在民族主义和普世宗教之间寻求最佳平衡点。

二、极具进攻性的激进传教方式

在真耶稣教会的早期扩张历史上，其教会增加和教徒增多的最大增长点是吸引其他教派基督徒的"改宗"，而不是靠吸引非基督徒的皈依。事实上，与从一种宗教到另一种宗教或者从无神论到有神论的"改教"（conversion）相比，某一宗教传统内部从一个宗派到另一个宗派的"改宗"（reaffiliation）往往是更容易实现的过程。[222]真耶稣教会一边言辞激烈地批判西方差会、外国传教士和各公会的中国籍教会领袖，一边声称自己是"末世唯一得救的门径、唯一的方舟、唯一得救的教会"[223]，打造了一个立场坚定、个性鲜明、勇敢无畏的中国自立教会的形象，吸引了基督复临安息日会、中华自立会和一些五旬节派基督徒的"改宗"。

真耶稣教会自创建伊始就向其他主流教会开展了猛烈的进攻和激烈的争夺。第一块征战阵地就是报刊，通过登报揭露和公开喊话的方式向主流教会及其神职人员发起挑战，提升自身的知名度和影响力。魏保罗在首期《万国更正教报》上连续发表多篇文章，对外国传教士和依附于外国差会的中国教会领袖进行攻击，批评他们是"假基督假先知"[224]，说依附西方差会的中华

---

220 郑家政：《真耶稣教会百年历史沿革——百年灵恩世纪传承纪念专文（三）》，真耶稣教会内部资料，第 1 页。

221 《真耶稣教会的昨天和今天》（下），《桥》1994 年第 63 期，第 15 页。

222 斯达克：《信仰的法则：解释宗教之人的方面》，杨凤岗译，北京：中国人民大学出版社，2003 年，第 142-143 页。

223 滕县羊角：《"真耶稣教会"得救之法》，《通问报》第 42 号第 1713 回，1936 年11 月，第 4 页。

224 《牧师就是假基督假先知》，《万国更正教报》第 1 期，1919 年 2 月 1 日，第 1页。

基督教的中国牧师们"害人非浅""瞎子领瞎子，都在坑里了"，"各处教会都是大买卖生意，想百般的鬼计捐大家的钱财，假牧师们分肥，成了贼窝了"[225]。此外还藉着"圣灵"的口在报纸上发文，措辞严厉地发出质问：

> 你们外国首领人有什么脸在中国传教？你们传错了好几十条教规，怎么叫人得救呢？中国各教会作首领的人，不论传的对与否，只要财钱就得了，良心何在？太不要脸了！你们各国各大教会大监督大牧师大道学家们，有大祸了，你们罪太大了，你们瞎眼领人都领错了道儿，你们害人太多了。[226]

第二种传教策略就是通过免费邮寄文宣资料与其他教会争夺教徒。真耶稣教会特别重视文字宣教工作，正如台湾真耶稣教会谢顺道总结的那样："文宣撰述比口传真道更不容易，影响力却更大，能超越时空限制，其重要性自不待言。"[227]真耶稣教会前后出版过多种中文报刊、福音单页和布道书籍，根据 1947 年魏以撒主编的《真耶稣教会卅年纪念专刊》统计，真耶稣教会创办报刊有 24 种、发行福音传单 23 种、布道书籍 45 册，其中魏保罗于 1917 年向 48 个教会团体邮寄更正教规可谓开启教会文宣之先河。[228]所有报刊和文宣资料皆以免费赠阅的方式在基督教界广为散播，对于国内外宣教发挥了重要作用。早期真耶稣教会在多个省份的传入，如湖南省、山西省、河南省、福建省、吉林省等都是《万国更正教报》宣教的结果；[229]浙江省、广东省、南洋群岛等真耶稣教会的成立是《真耶稣教会圣灵报》宣教的结果，其他如云南、贵州、四川、甘肃等购书订报的积极性也很高[230]。很多省市真耶稣教会的起源，都是当地基督徒收到了《万国更正教报》《真耶稣教会圣灵报》等免费出版物，对其内容颇感兴趣和认同，然后请求真耶稣教会派出传教人员前来解经或者自己派代表去教会总部问道，一旦时机成熟，很多昔日的其他

225 《北京假牧师现像》，《万国更正教报》第 1 期，1919 年 2 月 1 日，第 1 页。

226 《圣灵重责各国各教会首领人》，《万国更正教报》第 1 期，1919 年 2 月 1 日，第 1 页。

227 谢顺道：《我亲眼看见神》，2001 年 10 月 1 日，真耶稣教会内部资料，真耶稣教会台湾总会图书馆藏，第 222 页。

228 郑家政：《基督教中国化之我见》，福建省福清市真耶稣教会。

229 《本会传至各省年次概况统计表》，真耶稣教会总部编：《真耶稣教会卅年纪念专刊》，第 C2 页。

230 张巴拿巴：《卷头言》，《真耶稣教会圣灵报》第 3 卷大会纪念号，1928 年，第 1 页。

教派基督徒就会"转宗"加入真耶稣教会，建立真耶稣教会分会，并成为当地的传教中心。

第三种传教策略更为简单直接，即径直闯入其他宗派教会"放胆宣讲"，公然"抢羊"。从真耶稣教会创始人魏保罗的自传《圣灵真见证书》及其主持编辑的前两期《万国更正教报》来看，魏保罗是一个典型的敢想敢干、英勇无畏的"圣斗士"，从街头打架偶遇伦敦会王得顺而皈依基督教，到为支持传教典卖土地房产，再到数次闯入其他宗派教会"放胆宣讲"真耶稣教会教义，甚至因此两度入狱亦无怨无悔。其勇猛好斗的性格和执着坚毅的精神从一开始就奠定了真耶稣教会气质的底色。其早期追随者张巴拿巴也因直接冲击其他教会而经常被打骂或被警察逮捕。然而这些都丝毫不能动摇真耶稣教会布道人员坚持传教的信心，反而更加添了他们的决心和勇气。魏保罗亲自将真耶稣教会传到山东时，也曾不请自来地进入潍县美北长老会的教堂，与长老会牧师展开激烈的辩论。在其影响下，山东潍县北门大街真耶稣教会的两名女信徒，趁美北长老会东关教堂聚会之际，闯入教堂并按真耶稣教会的方式进行敬拜，遭到打骂驱逐，[231]将"为主舍命"的精神淋漓尽致地践行出来。针对其他教会的反击，真耶稣教会机关报进行了严厉谴责[232]，并在1919年的《万国更正教报》第2期和1947年的《真耶稣教会卅年纪念专刊》上两次以"潍县长老会假教会实在是野蛮有打人骂人的凭据"为题进行报道，一方面继续抨击其他教会的无礼和虚伪，另一方面肯定和鼓励这种相当具有攻击性的教徒发展方式，合法化自身的激进传教策略。

1922年5月中华续行委办会在上海召集中华基督教全国大会，以促进基督教本色化和各宗派之间的合作，邀请了全国52个教派、一千多名中外代表参会。当时成立刚刚五年、拥有信徒过万的真耶稣教会认为这是难得的传教时机，于是派出张巴拿巴、魏以撒、高大龄三名代表[233]参加。他们自称"本会是纯真本色的代表，中国教会惟一的代表"，对于会议提出的中国本土化

---

231 于撒拉、张德生、张靠主、尹香苓：《潍县长老会假教会实在是野蛮有打人骂人的凭据》，《万国更正教报》第2期，1919年7月27日，第1页；《山东真教史略》，真耶稣教会总部编：《真耶稣教会卅年纪念专刊》，第C8页。

232 《迷惑搅扰破坏教会大问题》，《万国更正教报》第2期，1919年7月27日，第2页。

233 其中张巴拿巴和魏以撒是真耶稣教会的代表，高大龄是山西自立会的代表。

的倡议，认为真耶稣教会早已实现，其他所有教会只需要接受"更正"就可以完成这一目标。因此他们"在一千一百八十九位代表中作了美好的见证"。可以想象，他们的激进言论再次引起尴尬和争议，"惹起了许多代表不满，以至大打出手"。[234]这是它第一次也是最后一次参加类似的全国性基督教会议。

毫无疑问，这些极具进攻性的宣教策略必然会遭到其他宗派教会的强烈反感、反对、反抗和反击。但亦有人对真耶稣教会勇于传教的勇气表示欣赏，对其迅速发展表示羡慕。比如当时的基督教权威报刊《真光报》（后改为《真光杂志》）主编、"护教勇士"张亦镜曾专门撰文，对真耶稣教会的布道代表张巴拿巴进行肯定：

> 当此全国教会都沉迷于向玛门势力之下（自立者除外）萎靡不振的时候，他能够异军突起，摆脱一切，不独自己在一隅的地方自立，并奔走各省及国外去推广他的真耶稣教会，这诚是中国自有基督教以来所未有的事！而且他敢到处去说人家的不对，甚且直闯进人家的礼拜堂，求借地来宣传他所以为真的道理，并曾在台湾说服了一个日本传教士归他的旗下。这种勇气，这种自信力，和这种成绩，说出来，任何人都要佩服。我们除了他那种帝国主义侵略式的传道法不赞成外，实在个个基督徒都应该像他那么样兴奋！[235]

上述三种策略在拉拢其他宗派基督徒、扩充教会势力方面发挥了有效作用，吸引了众多基督徒"改宗"归于真耶稣教会。魏保罗创会之初发展的第一批追随者都是来自京津冀地区不同宗派的基督徒。山东省真耶稣教会的几位早期骨干如张灵生、郭长恺、梁明道都曾是潍县美北长老会按立的神职人员。整体来看，真耶稣教会的信徒来源有三个，分别是基督复临安息日会、华人自立会和小型五旬节派教会。当然华人自立会与中国五旬节派教会有交叉重合的成分。中国人民大学的赵慧利观察到，"真耶稣教会人数的增长和差会教会人数下降是同时发生的，或者说真耶稣教会以其特有的方式与差会教会实现了'移交'，成功地站在1807年以来各差会努力打造的基业之上"

234《江苏省本会史略：机会》，真耶稣教会总部编：《真耶稣教会卅年纪念专刊》，第C8页，第C22页。

235 亦镜：《讨论真耶稣教教会》，《真光》第28卷第8号，1929年8月2日，第71页。

236。这一现象引起了其他主流教会的恐慌，特别是与真耶稣教会教义相近的安息日会和五旬节派教会的警觉，但相对来说"别的本（教）会虽也恐慌，终因为他们信道的程度太浅，好像跟不上本会这种大学的课程，一时之间过来的不是那样踊跃"237。

　　基督复临安息日会是真耶稣教会发展早期最主要的信徒来源。与大多数西方差会相比，基督复临安息日会来华传教的时间较晚，速度较慢，规模较小。根据连曦的研究，第一位基督复临安息日会传教士 1902 年到达香港，1903 年在华北内地省份河南设立了第一个传教站。随着"一战"的爆发，其宣扬的世界末日即将到来、基督耶稣即将复临的预言吸引了大量信徒，截至二十世纪二十年代初已在中国至少十个省份建立了教堂，信徒总数约有 3000 人。238魏恩波有关末世论和守安息日的教义很可能也是受到基督复临安息日会的启发。也因为两个教会在末世论和安息日方面的一致性，使得安息日会的教徒更容易接受真耶稣教会的主张。1922 年，真耶稣教会创始人魏保罗之子魏以撒，带领一小群真耶稣教会传教人员，遍访河南省基督复临安息日会的各个会堂。仅仅三个月之内，基督复临安息日会传教士辛苦经营了 20 年建立起来的 25 处教堂中，竟然有 18 处教堂全员转信真耶稣教会。当一名安息日会传教士指责真耶稣教会"偷羊"时，魏以撒对"改宗"的教徒大声说："你们谁是外国羊，可以跟他回去！"239

　　华人自立会和五旬节派教会也是真耶稣教会信徒的重要来源。比如山东潍县的真耶稣教会即是由张灵生自立的五旬节派教会"耶稣真教会"合并而来。河北元氏县真耶稣教会负责人梁钦明（耶可心）曾先后加入内地会、贲德新的五旬节派使徒信心会，然后自立教会"天父耶和华圣子耶稣基督圣灵保惠师平安会"（简称"平安会"），发展教会四十余处，分布于河北省五个县，拥有信徒近千人。240梁钦明以魏保罗答应全体真耶稣教会信徒都改姓耶

236 赵慧利：《基督教中国化的个案——河南真耶稣教会研究》，第 29 页。

237 《河南省本会史略：老会惊慌》，真耶稣教会总部编：《真耶稣教会卅年纪念专刊》，第 C34 页。

238 连曦：《浴火得救：现代中国民间基督教的兴起》，第 31-32 页。

239 《河南省本会史略：老会惊慌》，真耶稣教会总部编：《真耶稣教会卅年纪念专刊》，第 C34 页。

240 《异教之风：耶可心与救世新教》，真耶稣教会总部编：《真耶稣教会卅年纪念专刊》，第 I3-I4 页。

[241]为条件，于 1919 年左右带领会众全部加入真耶稣教会。[242]山西省真耶稣教会的快速发展则主要归功于高大龄。高大龄曾担任过英国著名传教士李提摩太（Timothy Richard）的中文教师，充任过山西军阀阎锡山的高级顾问。最早在太原英国浸礼会受洗入教，后从差会中拉出 300 多信徒，自立教会"新耶稣教会"。1920 年冬高大龄率领"新耶稣教会"全体会众加入真耶稣教会。[243]不久仅在山西一省，真耶稣教会建立的教堂就超过百处，教徒超过一万人。[244]甚至远在云南昆明的英五旬会也感受到了教徒流失的巨大风险，传教士武建勋（Albert Wood）在 1928 年 4 月提交的一份报告中声称"随着中国教会自立运动的兴起，某些本土教会（很可能是真耶稣教会）的排外意识令人痛苦"[245]。真耶稣教会与华人自立会共享的爱国主义和民族主义话语体系以及与五旬节派教会共享的"圣灵充满"和"说方言"的宗教体验是这些教派基督徒"改宗"的重要原因。

三、重视个人的宗教体验

与其他五旬节派教会一样，真耶稣教会特别注重信徒个人的宗教体验。正如研究华北地区五旬节运动的叶先秦发现的那样，"圣灵的洗不仅是密契经验，更是宣教的推动力"[246]。密契的经历和宣教的使命让人感到信仰更真实地融入到他们生命当中，而不仅仅是仪式。哈佛大学的廖慧清博士认为，真

---

241 当时几乎所有的真耶稣教会主要领袖都响应了这一号召，将自己的姓改为"耶"（取自耶稣），比如倡议发起人梁钦明改名为耶可心亚门，魏保罗改名为耶保罗恩波，魏保罗之妾刘爱改名为耶马利亚爱，魏以撒改名为耶以撒文祥，张灵生改名为耶彼得灵生，张殿举改名为耶巴拿巴神生，湖南代表李晓峰改名为耶腓力晓峰等。但是，改姓耶的做法只维持了一两年时间，后来又取消了。梁钦明最终还是分裂出去了。见《现在中华国六十余处真耶稣教会联合一家同姓耶》，《万国更正教报》第 3 期，1919 年 11 月 22 日，第 2 页。

242 《现在中华六十余处真耶稣教会联合为一的确证》，《万国更正教报》第 3 期，1919 年 11 月 22 日，第 2 页。

243 《圣徒传记：高大龄监督行述》，真耶稣教会总部编：《真耶稣教会卅年纪念专刊》，第 M10-M11 页。

244 连曦：《浴火得救：现代中国民间基督教的兴起》，第 33 页。

245 Report from Albert Wood, PMU missionary, Yunnanfu [Kunming], 12 April 1928, *Missionary Supplement to Redemption Tidings* 4.7 (July 1928), p. i.

246 叶先秦：《华北五旬节运动宣教先驱贲德新及其思想》，《建道学刊》2012 年第 38 期，第 56 页。

耶稣教会最大的组织特色和扩张动力就是信徒们所认为的"灵验"，[247]因为他们能在敬拜和生活中真实体验到"圣灵的洗""说方言"、翻方言、唱灵歌、跳灵舞、医病赶鬼等神迹奇事，并且真切感受到自己或其他信徒在皈依之后生活的彻底改变，所以短时间之内就造成了极大的轰动效应，发展极为迅速。杜克大学的连曦教授也注意到，神迹奇事在教会早期发展阶段份演的重要角色。[248]比如真耶稣教会创始人魏恩波当初由伦敦会改宗为五旬节派使徒信心会，就是因自己的肺病得治；福建省真耶稣教会的王鸿福因为自己的颤抖怪病得到医治，从而由卫理公会改宗真耶稣教会[249]；台湾真耶稣教会的创始人之一黄以利沙在《由怀疑到信仰》一文中回顾了自己因经历神迹而加入真耶稣教会的心路历程，他说"我本想由理性进入信仰，到了这时才明悟信仰是由体验而来的"[250]。选择加入真耶稣教会的普通信徒绝大部分是出于对末世论的恐惧和对真耶稣教会可以消灾解难、医病赶鬼的朴素信念。真耶稣教会内部在分析真耶稣教会初期迅速发展的原因时，总结了三个主要因素：一是圣灵的活泼工作，二是文字宣道为先锋，三是派遣归真的工人，并且认为圣灵的活泼工作是教会迅速发展的首要动因。[251]而圣灵工作的直接表现就是五旬节主义所宣称的"圣灵充满"和各种神迹奇事。《真耶稣教会卅年纪念专刊》登记了259种不同类型的神迹奇事，包括肺病得治、瞎子看见、聋子听见、哑巴说话、瘫子行走、预言应验、赶出恶鬼、烟瘾戒除等各种超自然现象。[252]本文无意讨论这些神迹奇事的真实性与科学性，因为对于客观中立的历史学研究来说，信徒们"实际怎么认为"要比信徒们"应该怎么认为"更加重要。

追求"圣灵充满"是五旬节运动的核心概念，也是五旬节派真耶稣教会的追求目标。真耶稣教会主张，只有被"圣灵充满"，教会才能证明自己是属神的教会，传道人才能证明自己是神所派遣的，信徒才能证明自己真正得

---

247 Melissa Wei-Tsing Inouye, "Miraculous Mundane: The True Jesus Church and Chinese Christianity in the Twentieth Century," Ph. D. diss., Harvard University, 2010.

248 连曦：《浴火得救：现代中国民间基督教的兴起》，第33页。

249 王鸿福为福建省福清市真耶稣教会负责人王钦如长老的祖父，也是福清市真耶稣教会的发起人。王钦如：《风雨相随的归真岁月》，真耶稣教会内部资料，福建省福清市真耶稣教会藏。

250 谢顺道：《我亲眼看见神》，第13页。

251 郑家政：《认识真耶稣教会：百年灵恩世纪传承纪念专文》，第20-21页。

252 郑家政编：《真耶稣教会历史讲义》，第358-379页。

到了救赎。关于"圣灵充满"的标准，真耶稣教会认为最重要的证据有七项，即：（1）身体震动；（2）说灵言（说方言）；（3）明白圣经的奥秘；（4）不犯罪；（5）显出神迹奇事；（6）结出圣灵善果；（7）合而为一。这其中，并认说灵言是被"圣灵充满"的最明显的凭据，因为"圣灵既是从神赐下来给予生命的一种大能力，所以人受了圣灵充满在身上，依靠圣灵向神祷告说话赞美的时候，圣灵必由人的腹中涌起来激动舌头，而说出一种他动力的话来，这就是灵言。不是世上的话语，是圣徒受圣灵必有的凭据。乃主耶稣将升天的时候，亲自应许信他之人所必有的。"[253]

只有追求"圣灵充满"的教会才是属灵教会，而那些开医院、办学校、行慈善、搞乡建的教会都是属世的教会，是不能真正得救的。山东真耶稣教会的岳雅各执事曾于1926年对属灵教会和属世教会的区别进行过专题讨论，列举出至少十一条不同，以证明真耶稣教会所传的是真道，[254]这体现出强烈的基要主义立场，详见表3-3。

表3-3 属灵教会与属世教会的区别

属灵教会	属世教会
为真神的真像，遵从主命，用心灵与诚实崇拜	守人之遗传，用文仪规条崇拜，有敬虔的外貌，却背弃了敬虔的本意
为贞洁的童女，定聘于基督，不慕荣利，不向外界募捐	建造花楼，联络缙绅，与世上诸王行淫
靠圣灵才能，与诸般的恩赐，建立教会，与五旬节教会无异	靠国家与金钱的势力，与五旬节教会相反
根据圣经，选立长老执事，以牧养全群的羊	妄参己见，任立神父、会督、巡环司、牧师等亵渎的名称
传道人，不受薪金，甘心受苦，效使徒榜样，受圣灵分派，出外传道	传道贪图口腹，受洋教供给
传道人无一定居所，效法耶稣，如同服事人的	居则受人服事，出则雇人代步，种种与基督相反

---

253 蔡圣民：《圣灵显在人身的凭据》，《真耶稣教会圣灵报》第11卷第1、2期合刊，1936年，第32页。

254 岳雅各：《属灵教会与属世教会分别》，《真耶稣教会圣灵报》第1卷第1期，1926年，第4页。

传天国之福音,解圣经之奥秘,勤勉安慰,教训督责	专讲科学政治,时事新闻,借引一二节圣经,附演优胜劣败之学说
注意属灵的恩赐,如方言医病赶鬼,先知讲道	注意资格,如某国留学,某校毕业,或某世家之后
求得圣灵,为领天国基业的凭证	谋得执照(如传道执照、或学校执照)为进身谋生之具
求内心洁净,与后来荣耀	求虚浮的荣耀与眼前的快乐
内心遵主为大,以救主为荣	以洋人为大,讨洋人的喜欢

　　五旬节主义鼓励每个信徒直接与神沟通,直接接受来自圣灵启示的主张,容易带来混乱和失序。经常出现的一种情况就是,很多人都言之凿凿地声称自己收到了来自圣灵的直接启示,但是启示的内容要么是经受不住时代考验的,要么是千人千面的,从而使人无所适从。如魏保罗曾在《圣灵真见证书》中异常肯定地表示,自己听到圣灵"明明的说,五年以前四年以外末日来到,主耶稣审判天下,天火焚烧天地万物万民"[255],到处宣传世界末日在1922年之前必定到来,基督耶稣在1922年之前必定复临并审判天下。张巴拿巴在1919年魏保罗到山东传教时是接受了这一末日论预言的,并在"三人布道队"南下传教时大肆宣传这一教义,引人入教。但到了1922年,魏保罗预言的世界末日和耶稣再来终究没有成真,由此引发了教会发展史上的一大危机。后来张巴拿巴争夺教会发起人头衔、带领南方教会与魏以撒领导的北方教会划清界限,与此番预言失败不无关系。此外,裴士丹曾评价到"五旬节派在以前和现在都强调,即使是最卑微的信徒,也能被'圣灵充满',获得圣灵的恩赐和能力,而无需专门神职人员的帮助,这有助于坚定信徒信仰的信心,强化教会的民主化倾向。与此同时,任何一个基督徒都可以很容易地声称自己与外国传教士地位相等,甚至有过之而无不及。"[256]既然人人都可以直接与圣灵相通,那么人人也都可以宣称自己受圣灵启示而任意解释圣经或者作出所谓的预言,个别野心分子也完全可以利用"圣灵启示"对教义要道做出自己的独特解释而另倡一帜导致分裂。[257]因此真耶稣教会很容易出现教义分歧和教会分裂。

---

255 魏保罗:《圣灵真见证书》(上册),第86页。

256 Daniel H. Bays, "The First Pentecostal Missions to China, 1906-1916," Paper read at *the Eighteenth Annual Meeting of the Society for Pentecostal Studies*, November 10-12, 1988, pp. 56-57.

257 唐红飚:《真耶稣教会历史史迹考》,第399页。

从真耶稣教会的发展历史来看，在教义主张上出现分歧是经常发生的现象，而一旦教义出现分歧，教会分裂也就难以避免。事实上，真耶稣教会一直备受分裂困扰，不停有新的团体分裂出去。真耶稣教会创始人魏保罗去世还不到十年，就发生了教会历史上规模最大、后果最严重的一次分裂，张巴拿巴因在教会内部的领导权之争中失利，于1924年开始从事分裂活动，1930年被教会革职除名。此后另立"中华真耶稣教会"，自设总部，发行报刊，与真耶稣教会相抗衡，分化了真耶稣教会的力量，阻碍了真耶稣教会在某些省份特别是山东省的发展。此后不断有新的团体因各种原因主动或被动退出真耶稣教会，被真耶稣教会列为"异端"。截至1947年，这类教会至少已有15个，详见表3-4《从真耶稣教会分裂出去的教会统计表》。从一定意义上来说，最早吸引他们从其他教派"改宗"加入真耶稣教会的对个人宗教体验的重视，最终又造成了真耶稣教会容易被分裂困扰的现状。

表 3-4 从真耶稣教会分裂出去的教会统计表[258]

年份	教会名称	分裂地	分裂者	在会年数	信徒数	分裂理由
1919	耶复生	唐家庄	李树棋	一年	三十人	无知、自称基督
1920	长子会	北平	彭寿山 赵得理	二年	三百人	自称接续真耶稣教会者
1923	天召会	太原	陈应喜	三年	百余人	怕人反对真字
1924	主耶稣教会	天津	戴大同	七年	数十人	避人反对真字
1924	救世新教	元氏	耶可心	五年	百余人	以五教联合互不反对为宜
1927	五条教规会	锦县	赵司提反	一年	二十人	长期禁食自高受迷
1928	基督耶稣教会	天津	王约翰	三年	百余人	加基督得权柄

---

258 《异教之风：从我们中间出去的各派统计表》，真耶稣教会总部编：《真耶稣教会卅年纪念专刊》，第J9页。

1928	一位神召会	天津	刘席斋	三年	二十人	以跟随张应喜为合理
1928	女先知	天津	曹梓珍（女）	半年	二人	自尊胡说妒嫉作祟
1929	中华真耶稣教会	香港	张巴拿巴	九年	四百人	盗取发起人地位各地作乱
1930	新耶路撒冷圣城会	北平	孙彼得	六年	百余人	标奇立异
1933	神的教会	天津	毕道生	七年	百余人	拘于经文字句
1935	鸣宣真耶稣名	山东	华鸣真	16年	百余人	主张再用真耶稣名施洗
1940	天母会	四川	戴藏珠（女）	一年	十余人	长期禁食自高受迷
1941	耶稣基督会	苏北	尤忠琦	一年	十余人	云圣经中只有耶稣基督总会应设耶路撒冷

　　合一与分裂本就是基督教信仰和组织发展中的永恒对应物。传教不仅可导致其他宗教认同转换或分裂，也可促成基督教内部宗教认同分立，从而诱发冲突。[259]不可否认，在真耶稣教会创会和发展的早期阶段，由于规章制度不够完善，容易产生教义不统一和管理混乱等现象，但更为重要和深层次的原因是，真耶稣教会以个人主观的宗教体验和神秘莫测的神迹奇事为立教根本。教会的早期代表们并没有受过"正规"的神学教育，也欠缺对圣经的系统性考察，单纯看重"灵恩"经验和神迹奇事。[260]获得"灵恩"经验的人，自然就拥有较高的地位和较大的权力，而一旦在属灵方面拥有一定的地位和权力，就可能给属世领域带来干扰，比如争权夺利、贪恋钱财、异端频出等。正如真耶稣教会负责人之一郭多马在《本会三十周年纪念感言》中所承认的那样，"回顾本会在过去三十年中，灵工方面虽有惊人发展，但于人事方面，仍未能为尽美善之努力，以相配合，以致一切事工，仍不免松懈、脱节、紊

259 涂怡超：《当代基督宗教传教运动与认同政治》，《世界经济与政治》2011 年第 9 期，第 46 页。

260 《真耶稣教会的昨天和今天》（下），《桥》1994 年第 63 期，第 2-4 页。

乱，确为无可讳言之事实"，他感慨，"纵观目下一般信徒，处此险恶世代，不能严正自守，或为世俗所染，或为势利所溺，殆不乏人，此即由于不能行道所致，寝假造成信德之坠落，其影响丁教会前途者至大"。[261]故而，真耶稣教会如何在重视个体宗教体验与健全组织、解决经费困难等世俗需求之间取得平衡依然是个艰巨挑战。

第四节　真耶稣教会"山东复兴"的动力机制

基督教本土化是"山东复兴"运动的重要表现和结果。在有关基督教本土化中下层路线的讨论中，西方基督教与中国民间信仰的关系是国内外学术研究的热门话题。一方面，包括真耶稣教会在内的本土教会虽然实现了"三自"目标，但是从全球化视角来看，它们属于世界基督教复兴和全球扩张的有机组成部分，其神学主张和宗教实践大都可以在二十世纪初的美国"经典五旬节运动"中找到源头；另一方面，从本土化视角来看，它们并非对所有西方基督教传统生搬硬抄，而是同时吸收了中国传统文化和民间信仰的部分元素，并在此基础上有所创新，使其宗教教义和实践既不同于传统的西方主流基督教，也区别于普通的中国民间宗教，从而引发了一系列争议和讨论。那么，它们与西方基督教和中国民间宗教的关系是怎样的？它们所吸收整合的各种文化元素之间的糅合与张力是如何作用的？它们到底是"披着基督教外衣的中国民间宗教"还是"民间宗教色彩浓重的基督教"？对于这些问题的解答将有助于我们更好地把握基督教本土化的历史过程、动力机制和形塑结果。本节拟以真耶稣教会为例，从微观层面上考察真耶稣教会与基督教复兴运动及中国民间信仰之间的复杂互动，描述中国本土基督教兴起的动态历史。

一、真耶稣教会与西方五旬节主义的渊源

近年来，很多研究中国当代基督教特别是农村基督教的学者都把注意力放在基督教本土化方面，通过田野调查或问卷调查等方式了解普通民众对于基督教的"本土化"加工，探究基督教与中国传统文化和民间信仰的合流路

---

261 郭多马：《本会三十周年纪念感言》，真耶稣教会总部编：《真耶稣教会卅年纪念专刊》，第 AZ9 页。

径，甚至用"披着基督教外衣的中国民间宗教"来形容中国民间基督教。不可否认，很多中国基督教会的教义和仪式，特别是那些未在政府部门注册或备案的地下教会、家庭教会，的确借鉴了很多中国民间宗教的常见元素，但是已有研究大多忽略了这类教义、仪式与西方基督教之间的关系。事实上，很多我们今天看来属于"封建""迷信"的东西，远没有我们想象的那样具有"中国特色"。包括末世论、"说方言""圣灵充满"、守安息日、医病赶鬼、回归圣经经典、独一神论等神学教义都与西方基督教传统特别是五旬节主义信仰有着密切关系。

二十世纪上半叶出现的中国本色教会，包括真耶稣教会、耶稣家庭、灵恩会等，不管是其创立过程还是教义主张都体现了浓厚的西方基督教传统，特别是古典五旬节主义的信仰。美国是五旬节运动的大本营，经典五旬节运动起源于十九世纪末的"成圣"复兴运动，兴起于二十世纪初堪萨斯州托皮卡和洛杉矶的阿苏萨街，随后发展为席卷全球的熊熊烈火。当它在母国美国发展的时候，就形成了独具特色的宗教行为，包括"流泪，发呆，哭喊，嚎叫，'说方言'，失重，战栗，麻木，神圣医治，大汗淋漓，满地打滚，口吐泡沫，牙齿打颤，欣喜若狂地边唱边跳，长时间禁食（甚至长达60天）等"。[262]类似行为因为过于情绪化和极端化引起了很多传统主流基督教会的批评与讨伐。然而，特立独行的五旬节派先驱们在末世论的危机感和基督复临的紧迫感中，纷纷在没有建制组织和稳定支持的情况下单凭信心来华传教。[263]与其他基督教主流宗派相比，五旬节派在华传教士人数少、规模小、组织松散，初期均以个人或小群体的形式来华传教，直到1914年神召会建立之后，才开始以组织或教派的形式派遣传教士来华。从中国基督教的整体分布图景来看，在100多家在华基督教差会中，五旬节派是其中制度性最弱的派别。五旬节派组织性的匮乏恰好为初露头角的中国基督徒领袖发动本土化运动提供了机会。

（一）魏恩波与华北使徒信心会

魏恩波的真耶稣教会创造性地借鉴了贲德新及其使徒信心会的教义和实践。有证据显示，魏恩波与五旬节主义的第一次亲密接触可能与贲德新

---

262 Grant Wacker, "Review of Xi Lian, Redeemed by Fire," *Christian Century* (February 6, 2013).

263 Daniel H. Bays, "Chinese Ecstatic Millenarian Folk Religion with Pentecostal Christian Characteristics," Fenggang Yang, Joy K. C. Tong and Allan Anderson, eds., *Global Chinese Pentecostal and Charismatic Christianity*, Boston: Brill, 2017, p. 34.

（Bernt Berntsen）及其使徒信心会（Apostolic Faith Mission）有关。出生于挪威的美籍传教士贲德新是较早来华传播五旬节讯息的知名传教士，1907年在河北正定创办"使徒信心会"，后在北京、河北元氏、山东泰安等多地建立布道站，并创办发行中文期刊《通传福音真理报》（详见第一章第一节）。[264]魏恩波与贲德新的首次会面是在1916年的使徒信心会北京布道站。魏恩波的自传曾提到，他于1916年初患上肺结核，后经信心会长老新圣民按手而愈，因此魏恩波对五旬节派使徒信心会颇有好感。在新圣民的引荐下，魏恩波与华北地区使徒信心会负责人贲德新见面。魏恩波在其日记式自传《圣灵真见证书》中记录了他们初次见面的情景：

> 一见此会的牧师贲德新，很贫穷的样子。虽然贫穷的样子，比别的会很有道德。他给魏保罗等洗脚，魏保罗大受感动，从那时就交成秘（密）友。他很帮助魏保罗，许多的圣经道理。[265]

"贫穷"且亲自为别人"洗脚"的贲德新给魏恩波留下了良好的第一印象，与那些衣着光鲜、虚华作阔、态度傲慢的大多数外国传教士相比，贲德新更加平易近人，其传播的圣经道理也更容易被接受。随后魏恩波接受了贲德新主持的浸礼（面向上），正式加入使徒信心会，成为一名五旬节派信徒。除了信仰方面的共同追求和彼此认同之外，二人私下里还是生活中的亲密朋友和生意上的合作伙伴。贲德新不仅在魏恩波学习圣经的过程中提供了大量帮助，[266]而且二人在经济方面来往密切。魏恩波开办恩振华绸缎庄分号时，贲德新曾以每月二分利息为条件借给魏保罗二千多银元。[267]虽然后来因魏恩波无法按时支付利息而导致二人关系恶化，但至少在魏恩波形成自己的神学思想及自立教会的初始阶段，二人保持着亲密且持久的盟友关系。

贲德新及其使徒信心会对魏恩波创建真耶稣教会具有举足轻重的借鉴意义。从二者创作发行的出版物——贲德新的《通传福音真理报》（1912-1919）与魏恩波的《圣灵真见证书》（1917-1918）及《万国更正教报》（1919-1936）

---

264 《通传福音真理报》，1916年5月；1916年11月。

265 魏保罗：《圣灵真见证书》（上册），第2-3页。

266 Melissa Wei-Tsing Inouye, "Charismatic Crossings: The Transnational, Transdenominational Friendship of Bernt Berntsen and Wei Enbo," Fenggang Yang, Joy K. C. Tong and Allan Anderson eds., *Global Chinese Pentecostal and Charismatic Christianity*, Boston: Brill, 2017, p. 101.

267 魏保罗：《圣灵真见证书》（上册），第121-122页。

——所刊载的内容来看，其神学主张具有高度相似性，比如都强调前千禧年主义的末世论和基督复临的迫切感，认同"灵浸"的重要性，将"说方言"作为获得灵浸的证据，大量报道灵恩见证、神迹奇事[268]，重视个人道德和圣洁生活等。[269]从宗教实践来看，很多礼仪几乎一模一样，[270]比如施洗方式必须是全身浸入水中的"大洗"；要奉基督耶稣的名受洗，反对以圣父、圣子和圣灵三者名义进行；洗脚也是必要仪式之一；守星期六为安息日[271]等。可见，魏恩波的真耶稣教会与贲德新的使徒信心会渊源颇深。

表 3-5 贲德新与魏恩波之神学主张对照表

贲德新：《正定府信心会之宗旨》[272]	魏恩波：《真耶稣教会的教规》[273]
洗礼奉耶稣基督的名全身下水	必须面向下受全身的洗礼
圣餐常在礼拜六的日落后	定了安息圣日吃圣餐[274]
守安息日	必须守礼拜六的安息圣日
洗脚	必须弟兄彼此实行洗脚的礼
全信耶稣能医治各样的疾病	有病不可找医生治，应当求圣主耶稣治，这才证明是真心信靠主的[275]
求圣灵以说出方言为证	必须求受圣灵洗说出方言来算为凭据
讲道不出新旧约	所传之教规，以耶稣基督为标准、为榜样，以新旧二约圣经为模范[276]

---

268 张巴拿巴：《卷头言》，《真耶稣教会圣灵报》第 3 卷大会纪念号，1928 年，第 1 页。

269 Melissa Wei-Tsing Inouye, "Miraculous Mundane: The True Jesus Church and Chinese Christianity in the Twentieth Century," p. 88.

270 《通传福音真理报》，1916 年 11 月；《万国更正教报》，1919 年 2 月 1 日。

271 贲德新所在的使徒信心会最初守星期日为安息日，1916 年在张灵生的劝说下改守星期六为安息日，1918 年 3 月改守星期日为安息日。贲德新：《在中国礼拜日就是安息日》，《通传福音真理报》第 18 期，1918 年 3 月，第 8 页。

272 贲德新：《正定府信心会之宗旨》，《通传福音真理报》第 13 回，1916 年 11 月，第 1 页。

273 《真耶稣教会的教规》，《万国更正教报》第 1 期，第 1 页。

274 魏保罗：《圣灵真见证书》（上册），第 76 页。

275 魏保罗：《圣灵真见证书》（上册），第 17 页。

276 魏保罗：《圣灵真见证书》（上册），第 64 页。

（二）张灵生、张巴拿巴与华南使徒信心会

"真耶稣教会第一个接触使徒信心会的是张灵生"[277]。张灵生最早于1909年就开始接触上海使徒信心会，1910年初被"圣灵充满"并"说方言"。同年南下苏州，在苏州使徒信心会接受浸礼。回到山东潍县后发起创办"耶稣真教会"，追求"圣灵充满"和"说方言"、守星期六为安息日、施行浸礼，此或为山东省内最早的华人自立五旬节派教会。在张灵生的影响下，张巴拿巴也皈依基督教，并于1911年4月14日受"灵洗"并"说方言"，[278]1912年在自己所在的西庄头村自立教会。

1914年，张灵生旅行至北京，与北京使徒信心会的贲德新见面，随后受洗加入使徒信心会，并被贲德新按立为长老。1915年春，贲德新来山东潍县拜访张灵生，讨论合办教会事宜。1915年冬，泰安神召会的美国传教士安临来也到山东潍县考察交流，亦提出合办教会之议。1916年，张灵生再次到北京面见贲德新，并建议贲德新守星期六为安息日，获贲德新接纳[279]。

1916年前后，张灵生旅行至山西大同府，遇到美国五旬节派教会使徒信心会传教士蓝傅兰（Frank Staples Ramsey），接受了奉基督耶稣的名进行的洗礼[280]。蓝傅兰及其团队于1910年抵达大同府，自立门户成立教会。1915年前后，美国独一神观兴起，蓝傅兰偶然读到了独一神观的一份杂志《应季食粮》（Meat in Due Season）[281]，对其宣传的独一神观表示认同，很快就开始宣讲这一新的教义，并重新接受了洗礼。[282]五旬节派教会神召会于1916年召开专门会议，对于独一神观进行驳斥，认定其为异端邪说，并将坚持独一神观的传教士全部革除，其中就有很多正在中国工作的传教士，包括蓝傅兰。专门研究独一神观的历史学家福润奇（Talmadge French）指出，到1920年，在

---

277 《真耶稣教会的昨天和今天》（上），《桥》1993年第62期，第4页。

278 张彬：《为圣灵施洗作证》，《香港五旬节真理报》第35期，1912年10月，第3页。

279 贲德新所在的使徒信心会最初守星期日为安息日，1916年在张灵生的劝说下改守星期六为安息日，1918年3月改守星期日为安息日。贲德新：《在中国礼拜日就是安息日》，《通传福音真理报》第18期，1918年3月，第8页。

280 奉耶稣基督的名洗礼，而不是奉圣父、圣子、圣灵之三位一体的名洗礼，这是典型的独一神观。

281 出自《圣经·诗篇》145章15节。

282 Frank J. Ewart, *The Name and the Book*, Chicago: Daniel Ryerson, Inc., 1936, pp. 42-28.

中国传教的独一神观传教士比世界上任何一个国家都要多。[283]受蓝傅兰影响，张灵生也接受了独一神观。从时间上来说，要早于张灵生与魏恩波结识的时间，也早于魏恩波接受独一神观的时间。

在 1919 年 5 月魏恩波来山东潍县"更正"张灵生和张巴拿巴的自立教会之前，"二张"宣讲的教义内容已经包括追求灵洗、大水洗、守安息日、遵诫命、守圣餐、行洗脚礼、禁食祷告、不念主祷文、不守耶稣诞、不称三位一体而称独一真神等，以切求圣灵为生命要道，以耶稣言行、使徒榜样为守道原则，凡事谨遵圣经教训，热切盼望基督再临等。[284]这些教义正是二十世纪初期欧美各国来华传教的五旬节派先驱所积极宣扬的新教义和新仪式，是中国古典五旬节运动的产物。

回顾真耶稣教会初期发展的这二位领导人及其接受五旬节主义的历史轨迹，可以看出当时的五旬节运动影响真耶稣教会神学教义及实践的过程。在真耶稣教会早期领导人宣称其教义主张是由圣灵直接启示而来的同时，他们吸收借鉴了很多其他教派的做法，比如从方言派取方言、从独一神派取独一神观、从基督复临安息日会取安息日、从浸礼会取浸礼、从门诺教取面向下的浸[285]、从长老会取长老执事制度、从圣公会取基督徒的名字、从闭关兄弟会取无教派主义、从天主教取不入此教会不可救等基督教各派精髓，[286]加上真耶稣教会早期领袖们的精心选择和创新，最终形成了别具一格的特色教义。虽然其教义来源是多元化的，但是最能体现其与众不同特质的即是五旬节主义主张，特别是对受"灵洗""方言"的强调。

厘清魏恩波、张灵生、张巴拿巴等与古典五旬节运动之间的关系，对于我们追溯以真耶稣教会为代表的中国本土教会的神学思想渊源具有重要意义。通过谨慎细致的考察，我们可以看到使徒信心会、神召会等五旬节派西方宗教团体和外国传教士，虽然当时游离于西方主流社会之外、且不被正统基督教界所认可，但却依然是部分中国基督教领袖学习和借鉴的榜样。同属

283 Talmadge L. French, *Our God Is One: The Story of the Oneness Pentecostals*, Indianapolis, IN: Voice and Vision Publications, 1999, pp. 148-150.

284 张石头：《真耶稣教会历史》，第 8 页。

285 David A. Reed, "Missionary Resources for an Independent Church: Case Study of the True Jesus Church," Presented at the KIATS (Korean Institute for Advanced Theological Studies) Conference, "*Revival Movement and Christianity: Then and Now*," University of Birmingham, UK, June 30, 2007, p.8.

286 亦镜：《真耶稣教会固如是耶》，《真光》第 28 卷第 4 号，1929 年 3 月，第 18 页。

社会下层的出身背景以及对另类宗教体验的共同追求，使得他们更容易获得彼此之间的马克斯·韦伯所谓的"同情式理解"（Verstehen），也为基督教本土化提供了另外一条道路。贲德新、蓝傅兰等作为美国古典五旬节运动的重要推动者和积极参与者大量吸收了新兴的五旬节元素，并以自己为媒介迅速传播到中国，这也揭示了真耶稣教会与二十世纪初发端的全球五旬节运动相去不远，有着共同的源头。以真耶稣教会为代表的中国本土教会并不是"打着基督教五旬节旗号的中国民间宗教"，而是直接起源于全球五旬节运动。

二、真耶稣教会对中国民间信仰的契合

民间信仰是植根于广大民众尤其是下层民众中的信仰，其内容十分庞杂，从对形形色色的自然物和自然力的信仰，到对祖先、鬼魂的崇拜，形成了一个具有绝大影响力的亚文化系统。[287]尽管民间宗教不是中国社会的"制度性宗教"，但由于其源远流长，树大根深，必然会对包括基督教在内的所有外来宗教产生影响。正如孔汉思所指出的："如果基督教这样一个外来宗教不希望和一个民族的宗教，特别是和它的民间宗教和民间文化交往，那么它怎么可能在这个民族中扎根？"[288]学术界对于基督教与中国民间信仰之间的关系主要有"生态平衡、此消彼长"说[289]、"各自为政、并行不悖"说[290]、"混融糅合、彼此共生"说[291]、"叠合身份认同论"[292]和"群体资格论"[293]等不同看法。实际上，不管是基督教还是中国民间信仰都有兼

---

287 高师宁：《当地中国民间信仰对基督教的影响》，《浙江学刊》2005 年第 2 期，第 50-55 页。

288 秦家懿、孔汉思：《中国宗教与基督教》，香港：香港三联书店，1989 年，第 52 页。

289 段琦：《2013 年中国基督教概况及基督教的民间化报告》，邱永辉编：《宗教蓝皮书：中国宗教报告（2014）》，北京：社会科学文献出版社，2015 年。范正义：《众神喧哗中的十字架：基督教与福建民间信仰共处关系研究》，北京：社会学科文献出版社，2015 年。

290 赵翠翠、李向平：《信仰及其秩序的构成差异——当代民间信仰与基督教的互动关系述论》，《社会科学家》2014 年第 3 期，第 34-39 页。

291 杨天恩：《圣灵式基督教所缔造的中国本土教会——基督教在近代中国发展的再思》，博士学位论文，香港中文大学宗教及神学学部，2002 年。

292 杨凤岗：《美国的华人基督徒：皈信、同化与叠合身份认同》，北京：民族出版社，2008 年。

293 方文：《群体资格：社会认同事件的新路径》，《中国农业大学学报》（社会科学版）2008 年第 1 期，第 89-108 页。

收并蓄、与时俱进的优良品格。一方面，从基督教在世界和中国的发展历史可以看到，基督教有入乡随俗的强大适应力和不断创新的活泼生命力；另一方面，中国民间信仰也一直有着开放宽阔的胸襟，可以容纳儒释道等各路神灵和各色教义，甚至能将人变成神[294]。一定意义上来说，二者都是被不断重新定义和阐释的动态信仰体系，它们之间是竞争还是互生，应该放在具体场域中进行具体考察。

真耶稣教会之所以能从竞争激烈的宗教市场中脱颖而出，就在于它对基督教进行了"中国化的诠释"，而事实上这种本土化的尝试在几乎所有的中国本土教会身上都可以清晰看到。[295]巫觋、降神、灵媒、神医等信仰是中国民间宗教的常见形式，反映了属灵世界与人世间的某种联系；而真耶稣教会的重要宣传阵地《圣灵报》上经常刊发说灵语、发预言、见异象、神医见证等相关报道，可见二者有异曲同工之妙。真耶稣教会的五大教义——浸礼，洗脚礼，圣餐礼，灵浸以及守安息日——吸收了当时在西方保守教会颇为流行的"圣经无误"论，它们都可以在《圣经》里找到字义上的依据，但是这种基要主义的圣经观对于中国人来说毫不陌生。正如哈佛大学博士生廖慧清所指出的那样，不论是高级知识分子，还是普通民众，中国人普遍都有"引经据典"以指导道德及行为的习惯。[296]张格物对真耶稣教会与中国民间宗教的规范性文本、阐释学、天使、中国的神、魔鬼和降神附体等多个主题进行了对比性研究，发现二者在神学术语、传教模式、文本传统和整体关切等各方面有着显著的重合。[297]张格物还指出，对属灵或超自然世界的强调，对中国人来说是一项熟识的经验。[298]事实上，华人文化圈（除中国之外，还包括韩国、新加坡、泰国、马来西亚的华人社群等）的民间信仰也同样表现出对属灵世界的重视。[299]中国传统文化体系的小传统（Little tradition）中对灵魂存

---

294 孙善玲：《中国民间基督教》，《金陵神学志》1994 年第 2 期，第 45-51 页。

295 杨森富：《中国基督教史》，台北：台湾商务印书馆，1968 年，第 295 页。

296 Melissa Wei-Tsing Inouye, *Miraculous Mundane: The True Jesus Church and Chinese Christianity in the Twentieth Century*, Ph. D. diss., Harvard University, 2010, p. 98.

297 Murry A. Rubinstein, *The Protestant Community on Modern Taiwan: Mission, Seminary and Church*, pp. 129-140.

298 Murry A. Rubinstein, *The Protestant Community on Modern Taiwan: Mission, Seminary and Church*, p. 134.

299 Alvin P. Cohen, "Chinese Religion: Popular Religion," *The Encyclopedia of Religion*, vol. 3, p. 29.

在的假设，祖先崇拜的流行等民间文化及信仰因素，都与五旬节信仰彼此呼应。徐佩明指出，"中国人认为人死后有另一种生命，从祭祖的信念和仪式来看，祖先还是活生生的"，"祖先的魂可以永远在神的左右或在神主牌永远存在"。[300]而事实上，祭祖乃"出于对鬼神的恐惧"，同样也能为祭祖者带来福荫。中国民间信仰中也有降神的现象，虽然降神的种类并没有高位神（如佛祖、孔子、老子以及玉皇大帝等)，但降神的宗教表现如出现舌音的现象，正与"古典五旬节运动"强调以方言作为灵浸的证据甚为相似。[301]《基督教与 20 世纪中国社会》一书的作者们认为真耶稣教会等中国本色教会代表普遍采用了比附传统的方式，即借用中国传统文化中的观念，用儒学观念附会基督教教义，以中国式的家族伦理建设教会组织，比如真耶稣教会所采用的赶鬼、祷告、治病等吸引成员的方式乃来自道教。[302]

　　基督教和传教士的大规模入华是欧美国家殖民扩张和西方文化传播的重要载体。不可否认，穿着"洋外衣"的基督教在思想、组织、礼仪等各方面与中国本土文化之间存在难以逾越的隔阂，过于浓重的西方色彩招致中国人特别是珍视自身文化传统的精英阶层的反感和抵制，使得基督教在华传播史一定程度上成为中西文化冲突史。当上层精英基督徒领袖们在坚守基督教正统性和传承中国传统文化的夹缝中艰难抉择时，以魏恩波、张灵生等为代表的民间知识分子站了出来，从源远流长的中国民间宗教中汲取养分，用普罗大众容易理解和接受的方式重新定义和诠释基督教。正如世界基督教史的领军人物安德鲁·沃尔斯（Andrew Walls）对非西方国家基督教历史进行专题研究后所指出的，"所有的宗教扩张过程都是既有继承又

---

300 徐佩明博士以人类学之定义界定文化的分野，从而了解宗教思想在文化中的构成。文化有大传统（great tradition）和小传统（little tradition）之分。大传统是"经过一番思考的思想，文人学士所信从的世界观，亦指经典传统（classical tradition）"；而小传统则指"当地文化，普遍民众的文化和信仰，对世界的观点非从书本所得，乃是从世世代代经验累积而得。此经验曾帮助他们度过一些危机。这些经验深刻印在他们心中，不容改变，但此文化未经过长久思想，乃是经过尝试。他们不一定能解释其所信，更不能讲述其潜意识的效用。"徐佩明述，黄惠珍整理：《中国民间宗教》，香港中文大学宗教系，1988 年 1 月 4 日演讲内容。

301 廖昆田、胡叶玲：《灵恩现象在教会与民间宗教之比较》，《新新生命》1988 年第 5 期，第 32-37 页。

302 姚伟钧、胡俊修编：《基督教与 20 世纪中国社会》，桂林：广西师范大学出版社，2014 年，第 378 页。

有创新的过程"。[303]从基督教本身具有的外来性和异质性来说，真耶稣教会等中国本土教会，并不是"民间宗教色彩浓重的基督教"，而是民间知识分子与下层民众合力打造的民间版本基督教，代表着基督教本土化的另一种尝试。

三、复兴运动的动力机制——混融主义

混融主义（syncretism）就是将源于某一宗教传统中的观念、象征和实践，经过一个选择及调和的过程，加以借用、肯定或融合于另一宗教传统之内，从而实现外来宗教与土著宗教的有机混合。通过真耶稣教会的例子，我们可以看到某种程度的基督教与中国民间宗教的混融主义是一个不争的历史事实。正如李炽昌所观察到的，"从中国历史和圣经的宗教历史来看，混融主义是不能避免的，也实存于活生生的宗教经验之中，是生活中的现实"。[304]而混融发生的内在动力与融合基础即是东西方宗教文化的共性与共鸣。梁家麟指出，中国民间基督教的出现基于两个原因：一是真耶稣教会等本土教派承继了十九世纪英美教会的大奋兴运动、圣洁运动、五旬节运动等，而这些运动"非常注重基督教信仰中的非理性或反理性部分的作用"，呈现一种将基督教"再巫术化"的倾向[305]；另一方面，在一般中国人的思想中，大传统的影响力不及小传统对下层民众的渗透，而小传统的民间宗教又压根是巫术化的，因此二者非常容易走向比附与合流。固然西方基督教传统与中国民间宗教之间存在巨大的文化隔阂与鸿沟，但恰恰是二者之间的内在一致性成为中国本土基督教会兴起和发展的动力。笔者以真耶稣教会的赶鬼和禁食为例，对基督教与中国民间宗教之间的契合性进行说明。

（一）赶鬼与驱邪

赶鬼驱邪是强调神迹奇事的真耶稣教会的一大特色。"鬼"和"邪"是同时存在于西方基督教和中国民间宗教的一个常见术语。在基督教世界里，灵界是分层次的，上帝（真神）是至高的神、独一的神，他是创造宇宙万物、

---

303 Andrew Walls, *The Missionary Movement in Christian History: Studies in the Transmission of Faith*（Maryknoll, N.Y.: Orbis Books），1996.

304 Archie C. C. Lee, "*Syncretism from the Perspective of Chinese Religion and Biblical Tradition,*" *Ching Feng*, vol. 29, no. 1 (1996), p.4, p.19.

305 梁家麟：《改革开放以来的中国农村教会》，《基督教与中国文化研究丛书》，香港：建道神学院，1999 年，第 204 页。

创造人类的神，除此以外还有邪灵、污鬼、幽灵等，他们都是堕落后的天使，是恶的，害人的，骗人的，他们在魔鬼（撒旦）的统治下与神为敌。耶稣基督在世时经常为人驱赶污鬼、邪灵，也赐给基督徒医病赶鬼的权柄，但是在耶稣基督复临审判之前，魔鬼带领的邪灵、污鬼等会持续作恶，直到大审判之后才会下地狱。[306]在真耶稣教会的基督徒看来，"被鬼附"是很多不幸之所以会发生的合理解释，比如魏保罗之亲朋好友劝阻魏保罗舍弃一切、专心传道时，魏保罗认为是"大魔鬼"藉着他们的身体在作祟[307]；天津市静海县的李文榜之妻犯疯病 38 年，被真耶稣教会教徒李文榜归因为"犯魔鬼了"，具体说是被蛇附身[308]；家住北京刑部街大中府胡同 22 号的一个哑巴孙子真之所以不能说话，被许多教徒认为这是"哑巴鬼"附身[309]；江西省永新县 41 岁的尹刘氏腹部异常达 11 年之久，被真耶稣教会诊断为"狐精和樟树精在此缠扰"[310]，类似被鬼附而遭遇疾病或残疾等生活不幸的例子广泛见于真耶稣教会的各种宣传出版物上，真耶稣教会也经常因为具有高超于其他教会的"赶鬼"能力而吸引了众多基督徒"改宗"。因此，能否获得与魔鬼、邪灵作战的能力和权柄是能否成为一名出色的教会领袖的重要条件之一。对赶鬼能力的重视始自于教会创始人魏保罗，他曾在《圣灵真见证书》《万国更正教报》等多份出版物中宣扬自己与魔鬼交战并大获胜利的情形：

> 从天上又有大声音对我说，赐你全身铠甲，用诚实当带子系腰，我觉着暗中似有神用力给我系一系，叫我作一个诚诚实实的人，永不可说一句谎言。又有声音对我说，赐你仁义当护心镜，拯救的恩当作头盔戴上，就有主的使者暗中给我戴上稳一稳。又说赐你福音的鞋穿在脚上，我便觉着暗中有神给我穿了一穿。又说赐你信德当藤牌拿在手中，有声音说拿结实了。又有声音对我说赐你圣灵的宝

---

306 《基督教里面怎么解释鬼魂的》，2011 年 9 月 11 日，https://zhidao.baidu.com/question/324373159.html，2019 年 2 月 9 日。

307 魏保罗：《圣灵真见证书》（上册），第 7 页，第 12 页。

308 《证明真道：鬼附三十八年得解脱》，真耶稣教会总部编：《真耶稣教会卅年纪念专刊》，第 N5 页。

309 《证明真道：哑巴说话的大奇事》，真耶稣教会总部编：《真耶稣教会卅年纪念专刊》，第 N6 页。

310 《证明真道：狐精被逐》，真耶稣教会总部编：《真耶稣教会卅年纪念专刊》，第 N6 页。

剑拿在手中，便有大声音吩咐我说与魔鬼交战罢。我看见忽然来了一个犁面鬼，我就与他交战，用圣灵的宝剑将他战败。少时又来比先来的鬼凶恶，与我交战。我与他战了几个回合，又用圣灵的宝剑将他杀跑了。少时又来了一个大有能力的魔鬼，更是狰狞异常的惊人，真神赐给我的荣耀盔甲、全身的军装，我便觉大得能力，逾格的精神，就如两国对垒一样。主赐给我的勇敢与魔鬼，在旷野里大大的交锋，连战几个回合，就将大魔鬼打败了。[311]

　　根据魏保罗的描述，神所赐予他的与魔鬼争战的武器装备包括"全身铠甲""拯救的恩当作头盔""诚实当带子系腰""仁义当护心镜""福音的鞋穿在脚上""信德当藤牌"和"圣灵的宝剑"等。而这些装备的描述基本上借用了《圣经》的有些文本。如《以弗所书》描述："要穿戴神所赐的全副军装，就能抵挡魔鬼的诡计。因我们并不是与属血气的争战，乃是与那些执政的、掌权的、管辖这幽暗世界的，以及天空属灵气的恶魔争战。所以要拿起神所赐的全副军装，好在磨难的日子抵挡仇敌，并且成就了一切，还能站立得住。所以要站稳了，用真理当作带子束腰，用公义当作护心镜遮胸，又用平安的福音当作预备走路的鞋穿在脚上。此外，又拿着信德当作藤牌，可以灭尽那恶者一切的火箭。并戴上救恩的头盔，拿着圣灵的宝剑，就是神的道。"[312]通过对照可以看出，魏恩波所描绘的与《以弗所书》略有出入，如以"诚实"作带而不是以"真理"，以"仁义"为护心镜而不是以"公义"，以"福音"为鞋而不是以"平安的福音"等。不过这并没有什么问题，因为《圣经》其他一些地方的记载与《以弗所书》也并非完全相同。比如《以赛亚书》11章5节以"公义"当他的腰带[313]；《以赛亚书》59章17节记耶稣"以公义为铠甲（或作'护心镜'），以拯救为头盔，以报仇为衣服，以热心为外袍"[314]；《帖撒罗尼迦前书》5章8节规定"把信和爱当作护心镜遮胸，把得

311 《灵界大战魏保罗靠圣灵论》，《万国更正教报》第2期，1919年7月27日，第4页。

312 《新约·以弗所书》6：11-17，中国基督教三自爱国运动委员会、中国基督教协会：《圣经·中英对照》中文和合本，英文新国际版，第345页。

313 《旧约·以赛亚书》11：5，中国基督教三自爱国运动委员会、中国基督教协会：《圣经·中英对照》中文和合本，英文新国际版，第1126页。

314 《旧约·以赛亚书》60：17，中国基督教三自爱国运动委员会、中国基督教协会：《圣经·中英对照》中文和合本，英文新国际版，第1126页。

救的盼望当作头盔戴上"[315]；《诗篇》91 篇 4 节"他的诚实是大小的盾牌"[316]；《哥林多后书》6 章 7 节"仁义的兵器在左在右"[317]。可见，魏保罗对于魔鬼的想象和对战胜魔鬼之法器的认识明显是以基督教有关教义为基础，同时为了达到他"创教"和提升个人"威望"的目的，又进行了一定的加工和个人发挥。

魏保罗还描述了他与之战斗并获得胜利的许许多多魔鬼，有"犁面鬼""狰狞异常""狰狞古怪""无法形容的丑鬼""大魔鬼""衣服褴褛，舌吐唇外，高矮不等的鬼怪""极大极恶的魔鬼，圣灵暗中启示我说此鬼是魔王用的总帅""魔王国里甚是有秩序，委派千千万万大小魔鬼来害世人""北京马路上走的人，无论何人都是鬼了，我才明白人人都是被鬼附着，自己却不知道"。[318]这些"鬼"显然属于鬼神观念中的鬼，是虚无缥缈、见者自见的，就像魏保罗在大肆砍杀魔鬼之际，他的店员伙计和张锡三是什么也看不到的。[319]这些说法，有的见于《圣经》，也有的不见于《圣经》；有的说法也并非《圣经》中独有、也并非以色列人独有的鬼怪观念。其中有一些也见于中国汉族的传统鬼怪观念，如"舌吐唇外，高矮不等的鬼怪"很容易令人联想到中国民间宗教中掌管阴曹地府的"黑白无常"。另外，魏保罗还多次用到"天兵天将"这个概念，比如在《圣灵真见证书》中，"我就用圣灵宝剑还有天兵天将救主耶稣为大元帅就大大得胜有余了"[320]，魏保罗临终之际的最后一句话即是"看哪！天使天军吹打着接我来啦！"[321]，类似熟悉的场景在《西游记》《封神榜》等通俗灵界小说中并不新鲜。

315《新约·帖撒罗尼迦前书》5：8，中国基督教三自爱国运动委员会、中国基督教协会：《圣经·中英对照》中文和合本，英文新国际版，第 362 页。

316《旧约·诗篇》5：8，中国基督教三自爱国运动委员会、中国基督教协会：《圣经·中英对照》中文和合本，英文新国际版，第 972 页。

317《新约·哥林多后书》6：7，中国基督教三自爱国运动委员会、中国基督教协会：《圣经·中英对照》中文和合本，英文新国际版，第 319 页。

318 唐红飚：《真耶稣教会历史史迹考》，第 118 页。

319《灵界大战魏保罗靠圣灵论》，《万国更正教报》第 2 期，1919 年 7 月 27 日，第 4 页。

320 魏保罗：《圣灵真见证书》（上册），第 66 页。

321《圣徒传记：使徒魏保罗总监督传》，真耶稣教会总部编：《真耶稣教会卅年纪念专刊》，第 M10 页。

事实上，"鬼"不仅存在于基督教传统中，也广泛存在于中国民间宗教信仰中，主要分为"孤魂野鬼"和"厉鬼"两种，华人相信凡是凶死、枉死的无主鬼魂，因为寿数未尽，无法到阎罗王前登记冥籍，被称为"孤魂野鬼"，他们到处流窜、骚扰作乱人间，民间因惧怕其作祟而祭拜，每年农历七月举行普渡；那些不得善终的人，死后则会成为"厉鬼"。[322] 具体来说，有男鬼、女鬼、大头鬼、长舌鬼、矮鬼、长发鬼、无头鬼、大肚鬼、山林鬼、水鬼、海鬼、迷魂鬼、坟地鬼、怨鬼、摄魂鬼等等，不一而足。此外，还有各种各样的精灵鬼怪，它们跟人类一样有生活、有思想、有意识、有情感，是人类疾病、灾害与痛苦的祸根。如果有人被侵扰或受害，通常被称为"中邪"或"撞邪"，这种情况下只能依靠法力高强的巫师来作法"驱邪"，将鬼怪赶走。通过赶鬼或驱邪使"被鬼附"的病患或残疾者重获健康，不仅在真耶稣教会所秉承的基督教传统中屡有所见，而且在中国民间信仰中也比比皆是。可见，被鬼邪侵扰受害、通过赶鬼、驱邪重获平安是基督教和中国民间信仰共通点之一，为混融主义机制发挥作用提供了条件。

（二）禁食与辟谷

禁食是真耶稣教会的另一显著特色和重要传统，从教会创始人魏保罗至今日之信徒，经常进行禁食，时间从几天到 39 天不等。魏保罗是真耶稣教会倡导禁食第一人，他将禁食作为得到圣灵恩赐的一种方法，即"禁食为的是得能力"[323]。在其《圣灵真见证书》中，多次提到禁食，最广为人知的当然是魏保罗 1917 年 5 月 23 日至 7 月 1 日于北京黄村进行的长达 39 昼夜的禁食[324]；另外还有在为哑巴孙子真赶鬼之前禁食[325]、第二次被捕入狱时禁食 12 天[326]，去其他教会辩论之前通常会提前一两天禁食祈祷[327]，每逢安息日都禁食不吃[328]等。1919 年魏保罗在山东布道期间，依旧带领大家"每逢安息日就同

---

322 陈润堂：《东南亚华人民间宗教：破迷，辟邪，赶鬼》（第二集），香港：基道书楼有限公司，1989 年，第 26 页。

323 魏保罗：《圣灵真见证书》（上册），第 114 页。

324 魏保罗：《圣灵真见证书》（上册），第 2 页。

325 魏保罗：《圣灵真见证书》（下册），第 54 页。

326 魏保罗：《圣灵真见证书》（下册），第 35 页。

327 魏保罗：《圣灵真见证书》（上册），第 88 页。

328 魏保罗：《圣灵真见证书》（上册），第 76 页。

心禁食一天"[329]；陪同魏保罗一同来山东潍县的李雅各因为潍县教会不振，"立志禁食十五昼夜"，后来又加上 6 天，一共禁食 21 天[330]；山东潍县西庄头村的张巴拿巴也常常禁食祷告，"曾禁过十天二十天之久"[331]；潍县的郭长恺（郭司提反）曾禁食 39 昼夜，"前三十日尚饮水，后九日未喝一点清水"[332]；潍县安邱东南乡的孙芳名也曾禁食 39 天[333]；博昌县唐家庄"有禁食二次至七次的多人"[334]；1931 年抗日战争爆发后，真耶稣教会组织了多次禁食祷告，[335]为国家祈福。时至今日，很多真耶稣教会信徒为了求得"圣灵充满"的体验或获得其他圣灵恩赐，也会借助禁食祈祷。[336]

从基督教的传统来看，虽然耶稣基督没有像其他犹太人那样重视禁食，但他并不否定禁食。《圣经》中关于禁食的记载很多，耶稣基督、神人摩西和先知以利亚都曾禁食 40 天。耶稣禁食的故事记载于《马太福音》4 章 1-2 节："耶稣被圣灵引到旷野，受魔鬼的试探。他禁食四十昼夜，后来就饿了"[337]；耶稣还教训他的门徒要禁食，如果遇到很厉害的鬼时"若不祷告禁食，他就不出来"[338]；摩西禁食的故事见于《出埃及记》："摩西在耶和华那里四十昼

329 《今报告万国各省各城诸信徒大喜之信息，五旬节的圣灵复发现于山东博昌县唐家庄》，《万国更正教报》第 2 期，1919 年 7 月 27 日，第 2 页。

330 《山东潍县城里北门大街万国更正教真耶稣教会灵恩大会真见证》，《万国更正教报》第 2 期，1919 年 7 月 27 日，第 3 页。

331 张灵生：《中国真耶稣教会历史纪略》，《真耶稣教会圣灵报》第 1 号，1925 年 3 月 24 日，第 1 页。

332 《真神特选山东出类的一位更正教的信徒》，《万国更正教报》第 2 期，1919 年 7 月 27 日，第 2 页。

333 张灵生、陈为俞等：《为禁食三十九昼夜并各样灵恩作证》，《万国更正教报》第 1 期，1919 年 2 月 1 日，第 6 页。

334 张灵生、张巴拿巴：《山东博昌县唐家庄真耶稣教会发现》，《万国更正教报》第 2 期，1919 年 7 月 27 日，第 1 页。

335 《服务事工：禁食为国祈祷》，真耶稣教会总部编：《真耶稣教会卅年纪念专刊》，第 I3 页。

336 "郑家政访谈记录"，访谈对象：福建福清真耶稣教会郑家政传道，访问时间：2018 年 12 月 4 日，访问地点：福建省福州市福清市，访问人：赵建玲。

337 《新约·马太福音》4: 1-2，中国基督教三自爱国运动委员会、中国基督教协会：《圣经·中英对照》中文和合本，英文新国际版，第 5 页。

338 《新约·马太福音》17: 21，中国基督教三自爱国运动委员会、中国基督教协会：《圣经·中英对照》中文和合本，英文新国际版，第 33 页。

夜，也不吃饭，也不喝水"[339]；先知以利亚从耶洗别手中逃出来之后"仗着这饮食的能力，走了四十昼夜"[340]；其他人如大卫、亚哈王、波斯大力乌王、但以理、尼希米、尼尼微人等都曾在不同情形下进行过次数不一、时间不等、程度不同的禁食。禁食的意义有对罪行的悔改、对信心的操练、对身体的管束、对意志的磨练、对集体的悲痛、对穷人的关爱等。[341]禁食的初衷除了面对试探、疾病得医治、获得赶鬼的能力、为所立的领袖、与神建立美好关系等个人层面的灵修目标之外，有时亦会为了国家安危、众人悔改和教会事工等集体层面的追求而集体禁食。一旦连续数日禁食而没有给身体带来负面影响，真耶稣教会的信徒就会认为自己获得了禁食的能力，这是众多灵恩形式的其中一种，因而会有一种荣誉感和能力感。

无独有偶，作为中国传统宗教的道教中有"辟谷"传统。辟谷又称却谷、去谷、绝谷、绝粒、却粒、休粮等，发源于道家养生中的"不食五谷"，是古人常用的一种养生方式，发源于先秦，自汉至宋，辟谷术在道教内一直十分流行。[342]道教认为，人食五谷杂粮，要在肠中积结成粪，产生秽气，阻碍成仙的道路。为此道士们模仿《庄子·逍遥游》所描写的"不食五谷，吸风饮露，乘云气，御飞龙，而游乎四海之外"的仙人行径，企求达到不食不死的目的。《大戴礼记·易本命》说"食肉者勇敢而悍，食谷者智慧而巧，食气者神明而寿，不食者不死而神"，为辟谷提供了较早的理论根据。《人间》记载了春秋时鲁国人单豹，居深山，喝溪水，"不衣丝麻，不食五谷，行年七十，犹有童子之颜色"，可谓史籍所见最早之辟谷实践者。东汉末年道教创立后，承袭此观点，修习辟谷者，代不乏人。传统的辟谷分为服气辟谷和服药辟谷两种主要类型：服气辟谷主要是通过绝食、调整气息（呼吸）的方式来进行；服药辟谷则是在不吃主食（五谷）的同时，通过摄入其他辅食（丹丸、坚果、中草药等），对身体机能进行调节。当代研究成果发现，在科学的指导下有针对性的进行辟谷（科学节食），确实有利于身体的健康，但其功效不应过分夸

---

339 《旧约·出埃及记》34: 31，中国基督教三自爱国运动委员会、中国基督教协会：《圣经·中英对照》中文和合本，英文新国际版，第151页。

340 《旧约·列王纪上》19: 8，中国基督教三自爱国运动委员会、中国基督教协会：《圣经·中英对照》中文和合本，英文新国际版，第588页。

341 雪峰：《基督徒的灵修生活——禁食》，《陕西基督教》2014年第3期，第33页。

342 刘烨编：《论道：道教入门600讲》，北京：中国妇女出版社，2011年，第27页。

大。[343]虽然辟谷与禁食的宗教含义不同，但至少从形式上来看，二者都是以时间不等的不吃饭或少吃饭为外在表现。正是这种一致性和相似性，使得浸染在中国传统文化氛围中的基督徒很容易接受禁食这种宗教实践，并赋予其新的宗教象征。

小　结

自基督教传入中国以来，其在华发展史经历了显著而重要的变迁。当基督教试图改变中国人的信仰时，中国人也在不断改变基督教的内涵，探索将这一外来宗教实现本土化的可能路径。二十世纪二三十年代山东地区涌现出若干个本土基督教团体，它们打着民族主义和本土化的旗号，迅速吸引了大量基督徒加入，规模不断扩大，既壮大了复兴运动的声势和力量，也引发了教会分裂和分化，特别是当部分外国差会和传教士对带有五旬节色彩的宗教复兴运动表示反对的时候，中国基督徒往往会选择离开老教会而另起炉灶、自立门户，成为基督教本土化的重要组成部分。可见，中国本土教会的兴起是基督教复兴运动的产物和载体，同时也助推了基督教的扩张和复兴。

以真耶稣教会为代表的本土基督教的兴起是中国民间知识分子和社会下层民众对基督教本土化的阐释和尝试，它代表着与上层知识分子和精英基督徒构建本土化神学相区别的独树一帜的探索路径。这些土生土长的"草根型"教会注重将释经学置于中国文化的框架下，既强调回归《圣经》原典和"复兴使徒教会"的基督教传统，又强调立足于中华文化传统，充分体现了中国基督徒的独特思考和创新精神。这种尝试可能是朴素的，却对乡间百姓和中下层民众极具亲和力和吸引力。社会普罗大众在选择性吸收西方基督教五旬节信仰与中国传统文化和民间宗教的基础上，打破了中西文化、传统与现代之间的藩篱，运用兼收并蓄、创新改造、融会贯通的策略打造出一种混融性基督教，以这种社会中下层民众更容易接受的方式实现了基督教本土化。

---

343 赵承渊：《拨开迷雾看辟谷养生》，2011 年 7 月 25 日，http://songshuhui.net/archives/57363#rd，2019 年 2 月 10 日。

第四章 耶稣家庭——回到早期教会

作为"山东复兴"运动的又一个重要参与者和推动者，耶稣家庭近十来吸引了许多中外基督教研究专家的学术关注和兴趣。始建于山东泰安的耶稣家庭是第一个由山东本地人发起、以山东为大本营、逐渐扩展至华北、西北、东北、江南等多个地区的本土教会。二十世纪初期的整个山东地区水灾、旱灾接踵而至，战争、匪乱此起彼伏，普通民众灾难深重。在充满不确定性和高风险的社会条件下，原子化的个人无法独立应对社会苦难带来的挑战，这既是他们的人生危机，同时也是他们的信仰契机。在这种背景下，以使徒时期互助社团为榜样的耶稣家庭应运而生。它以具有鲜明卡里斯马领袖气质的敬奠瀛为属灵导师，以集体生产和生活为基础，以充满激情的宗教敬拜和个体经验为特色，在寻求"圣灵充满"和灵魂得救的过程中找到了战胜贫困和灾难的精神慰藉和物质依靠，追求"宇宙万类合一家，神国人国成一统"[1]。参观者宗鹤鸣发现"其办法尤与共产社会相近，生活绝对平等，人人劳动，简约朴素，自成一安乐园，仿佛一稚形天国"[2]，被陶飞亚教授称为"基督教乌托邦运动在中国惟一的实例"[3]，被西方学者描述为"相亲相爱的温馨港湾，身心俱疲者的休养圣地，伤心失意者的心灵归宿"[4]。

---

1 泰安专署公安处：《泰安县马庄耶稣家庭材料》1951 年 9 月 18 日，0003-002-0041-028，山东省泰安市档案馆。

2 宗鹤鸣：《耶稣家庭参观记》，《金陵神学志》1949 年第 25 卷第 2 期，第 57-58 页。

3 陶飞亚：《耶稣家庭与中国的基督教乌托邦》，《历史研究》2002 年第 1 期，第 145 页。

4 Alan Hunter and Kim-Kwong Chan, *Protestantism in Contemporary China*, Cambridge: Cambridge University Press, 1993, p. 121.

回到早期教会是耶稣家庭的理想和追求。家庭成员们按照《使徒行传》和《马太福音》的记载，实行 "信的人都在一处，凡物公有，并且卖了田产、家业，照各人所需用的分给各人"[5]和 "愿意作完全的人，可去变卖你所有的，分给穷人，就必有财宝在天上"[6]的所谓 "耶路撒冷式" 宗教生活。家庭成员践行 "破产出世、参家入世" "换一个生命、耶稣为家主" "打倒衣食住、成全衣食住" 和 "存心为主活、立志为主死" 这四种生活态度。在属灵层面，追求 "说方言"、唱灵歌、跳灵舞、撒下、被提等 "圣灵恩赐"，热衷于狂热而高度情绪化的宗教经验；在属世层面，鼓励大家 "粗粗拉拉的吃一点儿，破破烂烂的穿一点儿，零零碎碎的睡一点儿"，满足于最起码的物质生活。耶稣家庭的主要特色就是实行了使徒年代的 "圣徒相通"，充分表现了爱主爱弟兄的基督教精神，[7]与此同时强调爱与平等，舍己与吃苦，分工与合作，共产与勤劳，实现了自立、自养、自传。

耶稣家庭的创办人敬奠瀛 (1890-1957) 是山东泰安人，受家庭环境和个性影响，年轻时倾心孔孟、醉心黄老，对儒释道等中国传统文化和民间宗教熟稔于心，深表认同。为追求更好的发展前途，敬奠瀛 1912 年进入美国卫理宗美以美会创办的萃英中学就读，并在该校女传教士林美丽 (Nora M. Dillenback, 1883-1938) 的影响下受洗皈依基督教。先后加入美以美会和神召会，后离开西方差会并自立门派。1927 年在 "圣徒信用储蓄社" 和 "蚕桑学道房" 的基础上正式组建 "耶稣家庭"，以马庄 "老家" 为模板，陆续在全国各地建立起大小不一的 "小家"，人员规模少则数人，多则数百人，至 1952 年 8 月革新解体[8]时，已在全国建立了 127 处耶稣家庭，分布于 13 个省的 10 市、48 县[9]，在发展巅峰的抗日战争期间，全国信徒总人数曾达万余人。

5　《新约·使徒行传》2：44-45，中国基督教三自爱国运动委员会、中国基督教协会：《圣经·中英对照》中文和合本，英文新国际版，第 211 页。

6　《新约·马太福音》19：21，中国基督教三自爱国运动委员会、中国基督教协会：《圣经·中英对照》中文和合本，英文新国际版，第 37 页。

7　《评 "耶稣家庭"》，《信义报》1949 年复 2 第 24 期，第 1 页。

8　陶飞亚：《中国的基督徒乌托邦为什么会解体——与〈牛津基督教史〉一个观点的商榷》，《东岳论丛》2003 年第 5 期，第 24 页。

9　泰安专署公安处：《泰安县马庄耶稣家庭材料》1951 年 9 月 18 日，0003-002-0041-028，山东省泰安市档案馆。

第一节 耶稣家庭发展简史

耶稣家庭的发展轨迹与其缔造者敬奠瀛的灵命历程和求索经历是密不可分的，其发展并非一马平川、一帆风顺而是一波多折、历经坎坷。如果以1914年敬奠瀛皈依基督教为源起，以1927年夏家马庄"耶稣家庭"挂牌为起点，以1952年8月北坡马庄耶稣家庭解体为终点的话，这一在中国文化处境中践行基督教乌托邦运动的历史尝试过程可以分为酝酿、始创、扩张、消亡四个时期。

一、酝酿期：1914-1927年

耶稣家庭是敬奠瀛按照自己对基督教的理解和信仰，一手缔造的"临世天国"；敬奠瀛也是耶稣家庭毫无争议的精神领袖和领导核心。回溯敬奠瀛的成长经历和皈依过程对于理解耶稣家庭的起源及其特色具有重要意义。

敬奠瀛出生于山东省泰安市临汶区敬家杭马庄的一个没落地主家庭，家中无人信仰基督教。父亲敬传箕是前清童生、中医和私塾教员，家中有120多亩土地和几十间瓦房，[10]生有五个儿子，[11]皆熟读儒书，精通文墨，当地人称"敬家五虎"[12]，敬奠瀛排行第五。受家教影响，敬奠瀛从小深谙孔孟之道，对基督教尤甚好感。正如敬奠瀛自己说言，"我既生在这样一个旧礼教的封建家庭里，又加我极度的尊孔，所以在我一生中封建思想占着很重要的地位"[13]。十四五岁时遭母父相继去世、科举废除仕进无望、家道中落等一系列事件打击，一度极端厌世，企图由儒入道，修仙学道，[14]二十岁左右曾到泰山、徂徕山云游，寻访异境幽栖未遂。

---

10 《马庄耶稣家庭的卅一年史》，泰安县委-001-016-007-001，山东省泰安市泰山区档案馆藏。

11 分别是敬奠汜、敬奠润、敬奠泽、敬奠涵和敬奠瀛。"敬复兴访谈记录"，访问对象：山西侯马耶稣家庭后人敬复兴，访问时间：2018年10月30日，访问地点：山西省临汾市侯马县，访问人：赵建玲。

12 王神荫：《马庄耶稣家庭》，泰安地区地方史志编纂委员会编：《东岳志稿：泰安地区史志资料》第2辑，内部资料，1984年，第131页。

13 《敬奠瀛的检讨及其自传》，泰安县委-001-016-009-005，山东省泰安市泰山区档案馆藏。

14 鲁新民：《耶稣家庭》，中国大百科全书出版社编辑部编：《中国大百科全书——宗教》，中国大百科全书出版社1988年版，第448页。

因修仙不成，敬奠瀛于 1912 年进入泰安当地最好的中学[15]——卫理宗美以美会创办的萃英中学就读。彼此，敬奠瀛已是 22 岁的青年，能够深切感受到西力东渐的事实，希望能借助教会学校的"西学"经历为自己铺就更为广阔和光明的未来；但是另一方面，敬奠瀛接受"西学"的同时并不愿意接受基督教，甚至激烈反教，"因我素来尊孔心切，以后就常与牧师先生辩道，彼云耶高，我谓儒长，辩到热烈时甚至拍案争论"[16]。由反对耶稣最力，到虔诚信仰耶稣的重要转折事件是 1914 年夏敬奠瀛与美以美会传教士林美丽的相遇。林美丽于 1913 年底以单身女传教士的身份被派到泰安传教站。[17]经人介绍，敬奠瀛担任了林美丽的官话老师，敬奠瀛对林美丽一见钟情，随后展开了追求，先后作诗云"美国美丽诚美人，花容月貌月精神""爱父爱主兼爱姊，恋冰恋玉更恋姊"，[18]并在林美丽的影响下很快受洗入教。实际上，林美丽的影响只是表面的、直接的，敬奠瀛皈依的真正原因还在于他自己内在的信仰基础，对基督教"最初存反对态度，认为基督教是洋教，耶稣绝不如孔子好，但经仔细研讨，查考圣经后，方知基督教乃是出世入世的真道，耶稣真是舍命爱人的救主，即笃信不疑的接受了，并且愿意一生一世效法耶稣平民化的精神，走那吃苦舍己的道路"[19]。1918 年敬奠瀛中学毕业后被美以美会推荐到济南共合医院（齐鲁医院）担任医院传道，但他并不满足于此[20]，不久加入会道门组织圣贤道[21]。济南是山东省的政治经济文化中心，这里各种新思潮、新运动相当活跃，令敬奠瀛大开眼界，启发了他通过自立门户的宗教团体实现由个人得救到社会关切的转变。[22]

---

15 查时杰:《山东"耶稣家庭"的经济形态初探（1927-1949）》《台大历史学报》1990年第 15 期，第 217-238 页。

16 《敬奠瀛的检讨及其自传》，泰安县委-001-016-009-005，山东省泰安市泰山区档案馆藏。

17 连曦:《浴火得救：现代中国民间基督教的兴起》，第 45 页。

18 《马庄耶稣家庭的卅一年史》，泰安县委-001-016-007-001，山东省泰安市泰山区档案馆藏。

19 《中国耶稣家庭概况》泰安县委-001-016-007-002，山东省泰安市泰山区档案馆藏。

20 Perry O. Hanson to Frank T. Cartwright, January 11, 1932, *Missionary Files: Methodist Church, 1912-1949 (China Section)*, Roll No. 57, pp. 595-596.

21 山东省人民政府文化教育委员会宗教事务处:《马庄耶稣家庭"三自革新"总结报告》，1952 年 9 月 17 日，A014-01-0009-02，山东省档案馆藏。

22 陶飞亚:《耶稣家庭与中国的基督教乌托邦》，《历史研究》2002 年第 1 期，第 132 页。

自受聘为美以美会专职传道人之后，敬奠瀛开始思索用基督教思想来改造社会、造福众人的具体实现路径。1920 年，敬奠瀛开始集股筹办"圣徒信用储蓄社"（简称"圣徒社"），每股大洋 1 元，筹得 653 股，集捐大洋 653.07元，其中敬奠瀛 281.38 元，占 43%，其他不过一元二元的股金，[23]1922 年林美丽注资 300 元[24]，人人增强了"圣徒社"的实力。"圣徒社"主要从事布匹、杂粮买卖。1921 年农历正月初一"圣徒社"正式开业，马庄敬家杭敬奠涵（敬奠瀛的四哥）的房舍被用作营业点，第一任经理是敬奠瀛的外甥夏传真（曾笃信圣贤道），主要入股人有夏传主、李灵舟、敬奠涵、敬奠汜（敬奠瀛的大哥）、李建明、裴丙林等。[25]后因"马庄太穷、政局太乱"[26]，"圣徒社"经营惨淡。1926 年除傅德成一人退股以外，其余股金全部转入"蚕桑学道房"，"圣徒社"宣告结束。虽然其存续时间只有短短六年，但却为耶稣家庭留下了定期聚会的宝贵遗产。早在 1921 年春节正式开业之时，14 位主要参股人齐聚马庄，于正月初一到初七聚会七天，开创了春季大聚会的先例，后来耶稣家庭时期略有变化，比如每次聚会由七日延长至十日，由每年春节一次发展为春夏两次，成为全国各地的耶稣家庭加强联系、联络感情的重要载体。

1924 年起，包括敬奠瀛在内的"圣徒社"核心社员开始筹备建立"蚕桑学道房"，将工作重心由商业经营转向农桑生产，并为孤儿寡妇提供庇护工场。为此，夏传真的妻子慕英被派到泰安美以美会女学道房学习栽种桑树。1925 年敬奠瀛写信给济南齐鲁共合医院医生、美北长老会传教士单覃恩（Thornton Stearns）请求帮助，并用单覃恩寄来的三十元大洋购买了三张旧织布机，作为纺纱织布的生产工具，夏家马庄夏传真、夏传主兄弟俩奉献出自己的房舍作为学道房驻地，于 1926 年正月正式开始运作。当时加入学道房的有张光柱、赵鸿基、侯淑性母子、毕承法夫妇等。[27]"桑蚕学道房"是耶稣

23　《马庄耶稣家庭的卅一年史》，泰安县委-001-016-007-001，山东省泰安市泰山区档案馆藏。

24　山东省人民政府文化教育委员会宗教事务处：《马庄耶稣家庭"三自革新"总结报告》，1952 年 9 月 17 日，A014-01-0009-02，山东省档案馆藏。

25　《马庄耶稣家庭的卅一年史》，泰安县委-001-016-007-001，山东省泰安市泰山区档案馆藏。

26　《敬奠瀛的自我检讨》泰安县委-001-016-009-001，山东省泰安市泰山区档案馆藏。

27　《马庄耶稣家庭的卅一年史》，泰安县委-001-016-007-001，山东省泰安市泰山区档案馆藏。

家庭的直接前身，是集生产、生活、信仰于一体的基督徒团体，一方面为需要庇护的孤儿寡妇等边缘群体提供了基本的生活条件和物质保障；另一方面，共同的宗教信仰使他们区别于一般的生产生活团体，成为将世俗生活和宗教生活结合在一起的先例，坚定了敬奠瀛用基督教改造社会生活、打造理想天国的信心。1927 年敬奠瀛将"蚕桑学道房"改名为"耶稣家庭"，正式掀开了耶稣家庭的历史篇章。

二、始创期：1927-1937 年

1927 年，一块写着"耶稣㝢庭"四个大字的牌匾挂在了夏家马庄"桑蚕学道房"旧址，耶稣家庭正式问世。"㝢"[28]字为该组织自创字，上面是代表着"家"的"宀"，下面一个"住"，解释为"主（耶稣）与人同住的地方，以别于通常的俗家"。敬奠瀛曾夸耀说："上有天堂，下有马庄，耶稣生在马槽里，耶稣家庭降生在马庄。"[29]耶稣家庭成立之初有家庭成员 10 余人，被当时的外国报刊称为"土生土长的中国本色教会"。[30]随着入家人数越来越多，旧址不敷其用，于是自 1928 年起，开始用经营结余和林美丽、卜利亚、梅爱修等外国传教士的捐献[31]在北坡新址买地换地，盖住房建礼拜堂，1930 年正式由夏家马庄（所谓"南家庭"）迁到北坡新址（一直到 1952 年解体都是耶稣家庭"老家"驻地）。这新址占地约 24.5 亩，四周种有柏树，树高林密，被称为"圣篱"。圣篱内房屋幢幢，屋前石架葡萄，高台井棚，牛羊鸣哞，磨声隆隆，织机轧轧。[32]圣篱周外所毗连的田地共 128 亩，阡陌井然，这就是"老家"和"总家庭"。与此同时，敬奠瀛等人多次到华北、西北各地巡游布道，扩大影响。凡入教者，捐献各自房、地、资产，于本地设立耶稣家庭，称为"小家"。[33]截至 1937 年，"老家"成员 30 余人，"小家"10 多处，多分布在山东省内。

---

28 为行文方便，后文统一同"家"代替。

29 泰安专署公安处：《泰安县马庄耶稣家庭材料》，1951 年 9 月 18 日，0003-002-0041-028，山东省泰安市档案馆。

30 山东省地方史志编纂委员会编：《山东省志·少数民族志·宗教志》，第 613-614 页。

31 《马庄耶稣家庭的卅一年史》，泰安县委-001-016-007-001，山东省泰安市泰山区档案馆藏。

32 汪锡鹏：《耶稣家庭的共产制度》，《基督教丛刊》1950 年第 24 期，第 39 页。

33 山东省地方史志编纂委员会编：《山东省志·少数民族志·宗教志》，第 614-615 页。

　　耶稣家庭问世后的最初十年间，发展较为缓慢。从马庄"老家"来看，虽然房子越盖越多，面积越来越大，名声越来越响，但是常住人口数量不多，内部管理体制也尚未理顺。首先，"老家"家长更替非常频繁，缺乏稳定性和持续性。首任"家长"敬奠瀛只干了一年即开始外出传道，随即夏传真、赵鸿基、夏继芳、吴常清、赵殿臣、杜锡常等如走马观灯般先后继任，他们时而以自动捐献的方式吸引更多聚会者，时而"清洗"非真心入家者，[34]政策的不连续影响了家庭的持续稳定发展。其次，经济困难，入不敷出。老家二十几亩地和数十口人的生产能力是非常有限的，早期入家者没有严格执行"破产"，因此积蓄不多。与此同时，为满足日后发展的需要，长期大兴土木，年年增添新建筑。特别是每年两次的大聚会，自 1932 年起由费用自付改为自动捐献，参会者动辄成百上千，1934 年正月聚会者达到 1200 人，曾因"争吃"闹过乱子。[35]早期家庭断炊、挨饿、喝"四个眼的糊涂"[36]等情形时有发生。1935 年，马庄老家六七十人的生活非常困难，尤其春天除吃干菜林叶、芋头叶外，连河里的藻草也常捞来当饭。[37]1936 年夏传真甚至因家庭经济困难提议解散，但被敬奠瀛驳回。最后，家庭的管理秩序比较混乱。敬奠瀛在建家伊始，主张依靠《圣经》的教化和成员的自觉来实现自我管理，反对正式的规章制度。但是在当时社会混乱、生计艰难的形势下，也陷入了西方差会难以避免的"吃教"窠臼。敬奠瀛自己也注意到，"1937 年以前曾有过很乱的一段。因为来者不拒，就满了瞎的、瘸的、瘫的，吃饼得饱的。还有些捣乱的，并游行布道的，今天来啦，明天走啦"[38]。到 1937 年春天，大聚会有六七百人，聚会结束后"老家"仅留下 17 口人，另有南学房（夏

---

34 《马庄耶稣家庭的卅一年史》，泰安县委-001-016-007-001，山东省泰安市泰山区档案馆藏。

35 《马庄耶稣家庭的卅一年史》，泰安县委-001-016-007-001，山东省泰安市泰山区档案馆藏。

36 "糊涂"是一种用玉米面或其他粮食粉末做成的粥。耶稣家庭缺粮时，因面粉放得太少，粥太稀，都能在碗中照出自己的眼睛来，所以家庭成员称之为"四个眼的糊涂"。

37 《马庄耶稣家庭的卅一年史》，泰安县委-001-016-007-001，山东省泰安市泰山区档案馆藏。

38 《敬奠瀛杜锡长由马庄家庭达五原家庭李登峰等函》，《家庭书信》，1941 年 5 月 12 日，山东省泰安市档案馆藏。

继芳等负责）学生十余人[39]，这一结果对于苦心经营了十年的耶稣家庭来说远谈不上理想。

但是，这一时期的耶稣家庭也取得了一定的进展，逐渐形成了一些具有耶稣家庭特色的传统做法，为将来的快速发展打下了基础。首先，将"圣徒信用储蓄社"时期开创的"大聚会"传统固定化。每年农历正月和六月的农闲时节，耶稣家庭"老家"都会举行"大聚会"，邀请全国各地的信徒齐聚泰安马庄，同吃同住同敬拜，不断扩大在全国范围内的知名度和影响力。该举措收效显著，吸引了天南海北数以千计的人前来参加，成为"老家"和"小家"之间维系感情、保持认同的重要载体。来自其他宗教团体的基督徒，有的留在了"老家"，有的回到原籍开辟了新的"小家"，有利于耶稣家庭模式的快速传播。其次，形成了巡游布道的传统。这一时期敬奠瀛带领家庭的早期信徒自山东出发，向西向北游行布道，足迹远至河南、甘肃、陕西、内蒙等地，吸引了一大批青年知识分子入家，如董恒新（1907-1952）、冯兰馨（1904-2000）、左顺真（1907-1987）、陈碧玺（1904-1980）、王长泰（1887-1945）等众多核心骨干成员都是在此期间加入耶稣家庭。冯兰馨是齐鲁大学医学院毕业的高材生，1930年获加拿大多伦多大学医学博士学位[40]。陈碧玺曾在香港大学医学院和北京协和医院学医，医术高超；左顺真是左宗棠的重孙女，出身名门。[41]照李岱汶的说法"二人都是多才多艺的女青年，活跃于北平的社交界，特别是在舞场里面；两人又是溜冰和运动的能手"[42]。类似高知、贵族、专家都能够被耶稣家庭所吸引，舍弃优渥的物质条件和社会地位，委身偏隅一方的农村马庄，可见敬奠瀛宗教思想的号召力。再次，获得了部分外国传教士的同情和支持，强化了耶稣家庭的五旬节色彩。出于对强调"圣灵充满"等五旬节教义的共同认同，一些主流差会的传教士以个人名义对耶稣家庭表示欢迎和支持，既在宗教方面坚定了敬奠瀛的信心，又在经济方面提供了必要支持。与耶稣家庭一直维持较为友好关系的外国传教士有泰安美以美会的

---

39 《马庄耶稣家庭的卅一年史》，泰安县委-001-016-007-001，山东省泰安市泰山区档案馆藏。

40 《临朐县当代人物专题：冯兰馨》http://ren.bytravel.cn/history/5/fenglan.html，2018年12月26日。

41 《耶稣家庭的概况》，003-002-0041-020，山东省泰安市档案馆藏。

42 李岱汶：《"耶稣家庭"印象记》，香港：晨星书屋，1964年，第35页。

林美丽和芮丽莲、济南长老会的单覃恩、英国籍内地会李岱汶、挪威籍内地会苏满瑞等。林美丽、芮丽莲和苏满瑞甚至选择脱离外国差会而破产入家[43]。最后，初步确立了以"大聚会""巡游布道"和"移民宣教"[44]等多种方式为"组合拳"的"小家"扩张策略。"大聚会"向外界直观展示了耶稣家庭独特的宗教信仰和生活方式，使其他信徒心生向往而主动复制、推广家庭模式，属于"引进来"策略；而"巡游布道"和"移民宣教"则通过向其他地区派出"宣教士"、建立"小家"方式实现扩张，属于"走出去"策略。通过因地制宜地采取适当策略，耶稣家庭成立的头十年共发展了"小家"14处，个别的因难以维系而解体，到1937年尚有十家，分布在山东泰安的宁阳和肥城、滨州张侯、烟台牟平、威海文登、安徽宿州砀山、山西临汾侯马、内蒙古包头、甘肃甘谷梁家庄、绥远和兰州等华北、西北多个省份[45]；"老家"和"小家"的总人数人约有6000人[46]。

三、扩张期：1937-1949年

随着1937年7月7日抗日战争的全面爆发，中国开始了八年抗战、四年内战的动荡不安时期，耶稣家庭却迎来了蓬勃发展的扩张期。由于耶稣家庭对外宣称"中立""超政治"，因此在日寇侵华和国共内战期间基本未受攻击，成为各色人等纷纷涌入的避难所。1938年正月聚会人数高达1400余人，创下历史最高记录，此后聚会虽然开始费用自理，但聚会人数也维持在千人左右。马庄"老家"的人数逐年增长，由1937年的30多人暴增到1948年的300多人，年均增长率为26%。1938年至1949年共发展"小家"88处（垮者除外），平均每年新建"小家"7处。其中山东省占64处，华北9处，西北7处，华东9处，中南8处，东北2处，[47]发展的重点依旧在本省，同时兼顾

---

43 《中国耶稣家庭概况》泰安县委-001-016-007-002，山东省泰安市泰山区档案馆藏。

44 "高特来访谈记录"，访问对象：山西侯马耶稣家庭后人高特来长老，访问时间：2018年10月30日，访问地点：山西省临汾市侯马县，访问人：赵建玲、姜暖。

45 《马庄耶稣家庭的卅一年史》，泰安县委-001-016-007-001，山东省泰安市泰山区档案馆藏。

46 Norman Howard Cliff, "A history of the Protestant Movement in Shandong Province, China, 1859-1951," p. 340.

47 山东省人民政府文化教育委员会宗教事务处：《马庄耶稣教的三十一年史》，1952年8月3日，A014-01-0009-01，山东省档案馆藏。

华北、西北、东北并向南向东发展，覆盖了全国 13 个省市，并在南京、上海等发达城市开辟据点。

这一时期耶稣家庭获得快速发展的主要原因是时局动荡带来的发展机遇，主要表现在以下几个方面。首先，受到自然灾害、连年战乱和土地革命的影响，很多商人、地主、大资本家及中产分子的不安全感陡然增加。正当此时耶稣家庭广泛宣传"新春平明百物华，士农工商走天涯，争名夺利终有厌，日暮岁晚都归家"，于是厌倦了争名夺利、担惊受怕的士农工商们纷纷选择"破产入家"，寻求庇护。其次，战争和饥饿更给普通百姓带来了沉重的灾难，家破人亡、妻离子散、乞丐遍地。山东省微山县多义"小家"的家长殷茂坤在作歌时唱道："东也愁，西也愁，南也愁，北也愁，四面八方皆黑暗，忧忧愁愁无路走，只恨人间不平安，不知自己做死囚。"[48]因此，普通信徒为了自身安全和物质保障加入耶稣家庭，借家庭这一"方舟"度过困难时期。敬奠瀛自创诗歌"家庭妙"描绘的那番景象，"家庭妙，妙难言，男女老幼爱一团；劳苦服务精神健，吃粗穿破滋味甜；日日度着无事秋，朝朝活于歌咏天"，成为很多走投无路的破产农民共同的向往和追求。最后不得不提的是，此时期入家的还有很多各种职业背景的知识分子，出于对耶稣家庭宗教信仰的志同道合和虔诚认同，为了"圣灵充满"的共同"属灵"追求才慕名加入这一"临世天国"。信徒来源突破了社会网络中"强关系"的范畴，已不限于亲朋好友、街坊邻居等小圈子，而是面向全国范围内的所有基督徒和非基督徒，吸引各社会阶层、各职业群体、各教育背景、各信仰经历的不同人群加入这一新的信仰共同体。

随着成员人数的增加和组织规模的扩大，耶稣家庭在经济实力、物质保障、管理制度等多个方面都取得一定成绩，维持着对普通基督徒的吸引力。第一，经济更加充裕，供应更加充足。在抗日战争和国共拉锯战期间，百姓流离失所，达官贵人、巨商富户面临人身和财务的双重不安全，在耶稣家庭鼓励看轻财产、看重得救的宣传下，很多人希望将"财物存于天上，于是耶稣家庭人财两旺"[49]。这时期家庭的财产、土地、房舍、设施等都急速增加，

---

48 常志富：《微山县耶稣家庭概括》，山东省政协文史资料委员会编：《山东文史集粹·民族宗教卷》，济南：山东人民出版社，1993 年，第 245-246 页。

49 山东省人民政府文化教育委员会宗教事务处：《马庄耶稣教的三十一年史》，1952年 8 月 3 日，A014-01-0009-01，山东省档案馆藏。

生活水平明显提高。在马庄老家，盖起了砖瓦结构的小楼及平房，种田施用化肥，灌溉依靠电力，并自行发电，亮起了农村罕见的电灯。[50]英国传教士李岱汶 1944 年第一次到访马庄的时候这样描述马庄总部："庄内的整洁，有秩序和富裕的情形，使这一切的掩蔽成为必要。乍看上去，恰似常见的外国人在中国布置很好的那些住宅区一样。"[51]胡仁安发现生活在这个宗教集体中的信徒，"如果偶尔和外面世界中的人相比，会有一种做耶稣家庭一份子的优越感"。[52]第二，各项保障制度更加健全，免除了家庭成员的后顾之忧。衣食住行、婚丧嫁娶、教育就医、生养死葬等世俗现实的一切需求，都可以在耶稣家庭中得到基本满足。历来单打独斗的传统小农和各行人士被有效组织起来，按照性别、年龄、个人专长等被分配到不同的家庭部门，以实现最优的资源配置和最高的劳动生产效率。蒋翼振参观马庄"老家"时亲眼看到有木工部、农工部、缝衣部、铁工部、粉丝部、畜牧部、造纸部、豆酱部、小车部、大车部、装修自行车部、纺织部、印刷部、孵鸡部、电机部、工程部、石工部、泥水瓦匠部、制鞋部、家禽部、染色部、毛织线部、麻工部、婴儿部、幼儿部、学道班、地毯部、皮工部、茶水部、伙食部、总务部等三十几个劳动分工部门，[53]为家庭成员提供了较为全面的生活保障。家庭成员不必为个人生计而操劳，亦不必为父母子女的生养而担忧。第三，耶稣家庭的各项管理制度更加完善，形成了家庭特色的制度规范和管理惯习。以家庭成员的身份组成为例，以是否"破产"为标准，耶稣家庭成员分为普通成员和基本成员两种：普通成员只参加耶稣家庭的宗教活动并捐献自己收入的十分之一，不离开自己的血缘家庭；基本成员则必须"撇家破产"，即自己或全家离弃原有家庭而加入耶稣家庭，并把全部财产、土地、知识、才干、能力甚至人身都交给耶稣家庭，以"灵统"代替"血统"，吃粗穿破，生活清贫。聚会制度也日益正规化，从最开始的不用自带口粮到需要自带口粮，再到对口粮的斤两做出具体规定，"信徒不纳十分之一就不配做个信徒；传道的不破产就不配传道"，"灵修院不纳十分之一不能学"，小家须向"老家"纳十分之一等

---

50 罗伟虹：《基督教与中国文化的相遇——本色教会运动与土生土长教派》，卓新平、许志伟编：《基督宗教研究》第 5 辑，北京：宗教文化出版社，2002 年，第 488 页。

51 李岱汶：《"耶稣家庭"印象记》，第 4 页。

52 胡仁安：《耶稣家庭》，《乡村教会》第 4 期，第 12 页。

53 蒋翼振：《耶稣家庭的滋味（下）》，《天风》1951 年第 11 卷第 16 期，第 6 页。

口号和实践，无不体现了耶稣家庭的内部管理日益趋向制度化和规范化。第四，自设灵修院培养布道人员，为开拓"小家"起到了重要作用。灵修院的发起与初建主要归功于美国女教士林美丽。林美丽初来中国时隶属于美以美会，但因自身具有强烈的宗教奋兴倾向，追求"圣灵充满"等宗教体验，因此于 1936 年秋脱离美以美会，正式"破产入家"移居马庄，住在敬奠瀛早在 1933 年就为之建好的西式小洋楼。[54]为了更好地培养布道人员，林美丽于 1936 年秋开始筹建耶稣家庭灵修院，并担任灵修院首任院长，夏继芳、侯桂恩等人辅佐。1938 年林美丽过世之后，院长由于承国、赵志聪等人继任。

四、消亡期：1949-1952 年

1949 年 10 月 1 日，中华人民共和国宣告成立。随着新政权的日益稳固、社会秩序的逐渐稳定和一系列社会运动的陆续开展，耶稣家庭的外部生存环境发生了很大变化，同时引发了家庭内部成员的心理变化和组织分化。面对突如其来的巨大变化和挑战，家庭领导层采取了多种策略，试图审时度势迎合新形势，短期内也获得了一定程度的发展，但是由于耶稣家庭得以生存的内外空间与社会条件已不复存在，因此在新中国成立后勉强维持了不到三年时间，于 1952 年 8 月正式宣告解体，最终被湮没在滚滚历史洪流中。

面对人民解放军的节节胜利，新的人民政权蒸蒸日上，耶稣家庭不断调整其政治立场，制定发展策略。在解放战争胜利前夕，敬奠瀛曾企图派总务部部长、原东亚药房经理丁书祺去台湾置地建家，为耶稣家庭领导层预备退路，但由于形势急转直下，未能实现。新中国成立以后，以敬奠瀛为代表的家庭领导集团，一改之前"不问政治"的超然姿态，明确表示支持新政权，积极向新政权靠拢。1950 年，基督教界发起"三自革新"运动，与帝国主义割断一切联系，建设"三自"教会，敬奠瀛马上宣传耶稣家庭早就实现了"自治自养"，是"土生土长"的中国教会，并号召全体家庭成员在革新宣言上签名，在第一批签名的 407 名山东代表中，耶稣家庭成员就有 381 人，占 93.6%；[55]第二批

---

54 《马庄耶稣家庭的卅一年史》，泰安县委-001-016-007-001，山东省泰安市泰山区档案馆藏。

55 《文件赞成人签名录》，《天风》1950 年第 10 卷第 13、14 期，第 27-30 页。

山东签名 231 人，耶稣家庭成员有 208 人，占 90.0%。[56]1951 年 4 月 15 日至 21 日，敬奠瀛参加了政务院文化教育委员会在北京召开的"处理接受美国津贴的基督教团体会议"，并被选举为会议主席团成员和"中国基督教抗美援朝三自革新运动委员会筹备委员会委员"，是所谓"灵恩派"中唯一入选的宗教领袖。[57]1951 年 5 月，泰安专署召开基督教抗美援朝三自革新座谈会，[58]耶稣家庭派代表参加，会后从"老家"和"小家"中抽调具有医学特长的家庭成员组建了"中国基督教赴朝志愿医疗队"，在泰安培训两周后赴京，6 月份开赴前线。6 月 27 日，"老家"召开三自革新座谈会，组织展开了对统治集团的初步控诉，控诉目标是各部部长，7 月 3 日选举组建"家事管理委员会"，同时选举各部部长，由王晓声、郭钧翔、董恒新、丁书祺、宋汝舜、韩文美、孙仁翔十人共同管理的民主制取代"一言堂"的家长制。[59]1951 年 12 月敬奠瀛去上海，在基督教抗美援朝三自革新筹委会学习，同时交代问题。1952 年 5 月在"老家"开展三自革新运动时返回泰安马庄。

在积极配合新政权各项运动的同时，耶稣家庭也通过邀请名人参观、发表报道等舆论造势，不断为自己争取生存空间。基督教界出于好奇，不断有人前来参观耶稣家庭，并陆续发表了一系列介绍性文章，比如马鸿纲的《中国新兴的教派耶稣家庭》[60]，汪锡鹏的《耶稣家庭的共产制度》[61]，方觊予的《参观耶稣家庭后的感想》[62]，蒋振翼的《耶稣家庭的滋味》[63]，陈维新的《访

56 王神荫：《马庄"耶稣家庭"始末》，中国人民政治协商会议山东省委员会文史资料研究委员会编：《文史资料选辑》第 17 辑（内部发行），济南：山东人民出版社，1984 年，第 106 页。

57 陶飞亚：《中国的基督教乌托邦为什么会解体——与《牛津基督教史》中一个观点的商榷》，《东岳论丛》2003 年第 5 期，第 21 页。

58 《泰安开展"耶稣家庭"革新运动》，中共山东省委党史研究室编：《中国山东编年史》第 7 卷，济南：山东人民出版社，2015 年，第 224 页。

59 山东省人民政府文化教育委员会宗教事务处：《马庄耶稣教的三十一年史》，1952 年 8 月 3 日，A014-01-0009-01，山东省档案馆藏。

60 马鸿纲：《介绍中国新兴的教派"耶稣家庭"》，《协进月刊》1948 年第 7 卷第 5 期，第 5-10 页。

61 汪锡鹏：《耶稣家庭的共产制度》，《基督教丛刊》1950 年第 24 期，第 39-49 页。

62 方觊予：《参观耶稣家庭后的感想》，《恩友》，1950 年。

63 蒋翼振：《耶稣家庭的滋味（上）》，《天风》1951 年第 11 卷第 15 期，第 8 页；蒋翼振：《耶稣家庭的滋味（下）》，《天风》1951 年第 11 卷第 16 期，第 6-7 页。

问了济南耶稣家庭之后》[64]，力行的《参观汉口耶稣家庭有感》[65]，宗鹤鸣的《耶稣家庭参观记》[66]等，基本将耶稣家庭描述为一个自立自给自足、自传自治自养、属灵气息十足的世外桃源和人间天堂，《金陵神学志季刊》甚至发表社论[67]，号召全国各基督教同仁向耶稣家庭学习。燕京大学宗教学院的赵紫宸教授、蔡咏春教授、方炜予教授，金陵神学院的王治心教授、蒋翼振教授、胡仁安教授，青岛山东大学的胡广纯，齐鲁神学院的师生等都曾专程拜访过耶稣家庭"老家"或"小家"，并留下了深刻而美好的印象。耶稣家庭在全国范围内的知名度和影响力也进一步扩大。

1949年新中国成立至1952年解体，耶稣家庭"小家"的数量继续增加，从88个增长到127个，年均增加9.75个，遍及全国十五个省、市、自治区，以西北和东北为重点发展方向，共有教徒2,411人。其中，泰安马庄"老家"有血缘户138户，人口367人，土地182.4亩，房屋262间，小型医院一处，小型铁工厂一处，另外有粉房、木工、缝衣等诸多副业设备。[68]但这只是强弩之末，在全国范围内开展的三自革新运动中，中国基督教"三自"筹委会直接派出工作组，[69]于1952年4月29日至8月10日，经过学习、控诉、处理三个阶段的工作，[70]耶稣家庭最终寿终正寝，以主要领导人被捕入狱[71]、家庭成员由"灵统"恢复"血统"的方式解体消亡，逐渐[72]退出历史舞台。

---

64 陈维新：《访问了济南耶稣家庭之后》，《天风》1951年第11卷第1期，第11页。

65 士人：《耶稣家庭所给我的影响》，《恩友团契月刊》1951年第4期，第12-13页。

66 宗鹤鸣：《耶稣家庭参观记》，《金陵神学志》1949年第25卷第2期，第57-58页。

67 《社论：向耶稣家庭学习》，《金陵神学志季刊》1950年第25卷第4期，第3页。

68 山东省人民政府文化教育委员会宗教事务处：《马庄耶稣家庭"三自革新"总结报告》，1952年9月17日，A014-01-0009-02，山东省档案馆藏。

69 沈德溶：《协助山东马庄"耶稣家庭"革新经过》，《纵横》1998年第1期，第38页。

70 山东省人民政府文化教育委员会宗教事务处：《马庄耶稣家庭"三自革新"总结报告》，1952年9月17日，A014-01-0009-02，山东省档案馆藏。

71 华东局宣传部：《同意逮捕"耶稣家庭"家长敬奠瀛》，1952年9月2日，A057-02-011-12，山东省档案馆藏，第43页。

72 耶稣家庭革新解体之后归于沉寂，但1955年以后重新开始活动，多地信徒曾经试图重组和复建，比如泰安马庄，临朐县曲家圈，肥城固庄等地耶稣家庭恢复聚会，甚至恢复"大锅饭"，被政府有关部门及时发现并干预。山东省宗教处：《山东"耶稣家庭"目前的动态及我们的工作意见》，1957年10月22日，A014-01-0035-12，山东省档案馆藏。

综上所述，耶稣家庭是在齐鲁大地上生根发芽、开枝散叶、最终叶落归根的一个极其特殊的基督教团体。在短短三十几年的发展历史中，由于其宗教信仰的理想主义色彩，加之可以提供衣食住等基本物质生活条件，对某些人群形成了一定程度的吸引力，具有比较顽强的生命力和持续的适应力。社会环境越严酷，人民生活越困苦，耶稣家庭就越发展，越容易被更多人所接受，最终从山东泰安一个名不见经传的村庄发展到全国十多个省份，建立了一百多处分支机构，影响了数千人的精神信仰和物质生活。新中国成立后，随着社会秩序的逐渐恢复，社会建设的稳步开展，耶稣家庭的组织方式和生产生活已经不能适应新形势的需要，最终在内外因素的共同作用下走向解体。

第二节　耶稣家庭的组织特色

耶稣家庭是集宗教信仰、生产生活、组织文化等于一身的特殊基督教团体，有着极其鲜明的组织特色，在整个中国历史上都难以找到与之类似的组织形态。耶稣家庭的第一名领洗教友、后就读于燕京大学、毕业后在上海基督教协进会从事文字工作的马鸿纲将其描述为"一个各尽所能各取所需的教会组织，一个以耶稣为父以同道为兄妹的宗教家庭，一个吃苦唯爱类似圣方济的团体，一个绝对注重神秘经验的使徒遗型"[73]；金陵神学院教授蒋翼振称之为"完全中国土生土长的乡村教会新创作、新耶路撒冷"[74]；英国医务传教士李岱汶说"耶稣家庭这个生活组织，是基督福音在中国土地里成长出来的一枝鲜花和硕果。它是土生土长的，生活纯粹自立化，它不注重讲道，而注重生活；摆脱了庙堂式的宗教，达到真理的实践"[75]。家庭成员们在信仰上奉行属灵主义，政治上奉行超然主义，经济上奉行平均主义，生活上奉行极简主义，婚姻家庭上奉行禁欲主义，管理上奉行权威主义和集权主义，对当时社会的诸多主流价值观和规范提出了异议和挑战，标榜着一种特立独行的形象气质，在主流社会之外划定了一条明晰的身份边界线。也正是因为其不合群和特立独行，为各种危机、困境和边缘地位的人们提供了逃离旧境地、奔

---

73 马鸿纲：《介绍中国新兴的教派"耶稣家庭"》，《协进月刊》1948 年第 7 卷第 5 期，第 5 页。

74 蒋翼振：《耶稣家庭的滋味（下）》，《天风》1951 年第 11 卷第 16 期，第 7 页。

75 李岱汶：《"耶稣家庭"印象记》，第 21 页。

向新生活的希望和企盼。在耶稣家庭这个相对封闭的小世界里，信徒们可以不被世俗生活所累，在满足于最基本的物质生活条件的基础上，尽情追求丰盛充沛的属灵恩赐，回到使徒时代的早期教会，践行自己的宗教理想。

一、信仰上的属灵主义

信仰上的属灵主义是耶稣家庭的鲜明特色之一，也是家庭成员的精神支柱和寄托。裴士丹认为"共同的、强烈的、特殊的基督教信仰是将所有耶稣家庭成员聚拢在一起的粘合剂"[76]。汪锡鹏认为"这种特殊形态的信仰是耶稣家庭的共产经济制度得以建筑的基础，如果没有这灵恩的宗教生活，就没有耶稣家庭的存在"[77]。耶稣家庭以"属灵的"和"属世的"两个概念来衡量基督徒的信仰虔诚度，对于"属灵的"品质大加赞赏，鼓励追求，而对于"属世的"追求大加鞭笞，认为是信仰"软弱"的表现。耶稣家庭成员称呼家外的人为"世人"，把世俗世界的一切都看得很淡，每日只是追求灵性的新鲜和升华。

至于何谓"属灵的"，耶稣家庭大致借鉴沿用了五旬节派有关"圣灵充满"的标准，认为只有被"圣灵充满"的人才算是"属灵的"人。敬奠瀛曾描述过"圣灵充满"的宗教体验，他在自传中说道："至圣灵充满以后，确实在心灵精神上得到无限的振奋和启发，神志清明，天地为新，生发一个跟信主传福音的决心，实在增加信心爱心热心，有时热忱甚至什么都不顾了。"[78] "圣灵充满"的表现可以有很多种，在耶稣家庭里最常见的就是"说方言""被提"[79]、"撇下"、见异象、做异梦、跳灵舞等，具有强烈的五旬节色彩和灵恩特色。敬奠瀛说过"人若被'圣灵充满'了，人与神的交通可以没有阻碍，神可以随意的把神的旨意启示人，人可以随时的做异梦，见异象，听见神的声音"；又说："人若被'圣灵充满'了，就可以有灵知、灵觉，一件事情来到，不用思考，就可分辨出它的是非真伪来。"[80] 在热衷于追求"圣

---

76 Daniel H. Bays, *A New History of Christianity in China*, pp. 131-132.

77 汪锡鹏：《耶稣家庭的共产制度》，《基督教丛刊》1950 年第 24 期，第 42 页。

78 《敬奠瀛的检讨及其自传》，泰安县委-001-016-009-005，山东省泰安市泰山区档案馆藏。

79 "被提"就是在受灵恩时突然昏倒，灵魂被提出自己的肉体，凌空而能睹视耶稣摩西等，和保罗当时一样。

80 敬振东：《敬奠瀛的言与行》，《天风》1953 年第 8、9 期，第 9 页。

灵充满"的大家长敬奠瀛的影响下，整个家庭都弥漫着非常浓重的神秘主义
属灵气息。

特别值得一提的是，耶稣家庭对于"圣灵充满"的极度重视和过分追
求，引起了美以美会传教士韩丕瑞的激烈反对，二者的关系逐渐交恶，最终
势不两立。1932 年 1 月，韩丕瑞在写给母国联络秘书葛惠良（Frank T.
Cartwright）的信中介绍耶稣家庭的时候，曾用骄傲自豪的口吻说："我们
美以美会与耶稣家庭关系非常友好，耶稣家庭的主要负责人都自视为美以
美会传教事业的衍生物。该组织的成立和发展具有重要意义，促进了基督
教在当地的传播。多年来的策略性支持和精明合作有力推动了山东美以美
会共同体的发展。这是我们在建设中国本土教会方面的成果之一。"[81]但是
这种成就感并没有持续很长时间，仅仅几个月之后，韩丕瑞对耶稣家庭的
态度就转变为了极度反感和强烈反对，称之为"聒噪的狂热运动"[82]和"极
端情绪主义运动"[83]，并迅速开展了强有力的教内整顿[84]，清除耶稣家庭的
影响。

正是由于耶稣家庭在宗教信仰方面的相当多元化和高度情绪化的体验，
才使得在家庭中生活的人们能够满足于物质生活方面的不充足甚至是贫苦。
在战争、匪乱、饥荒等严酷的社会环境中，他们心甘情愿地"撇业破产"，
放弃原有的房产、土地、财富、地位，委身于几近与世隔绝的穷乡僻壤，喝着
"四个眼的糊涂"，穿着补丁摞补丁的衣服，住着几十人挤作一团的大通铺。
家庭成员们一边不辞辛苦地生产劳动，一边频繁参与禁食减食。如果没有如
此虔诚的宗教信仰和热切的属灵追求，耶稣家庭的生产生活模式将难以持续。
可以说信仰上的属灵主义为耶稣家庭的持续运作提供了源源不断的精神动力
和价值支撑。

---

81 Perry O. Hanson to Frank T. Cartwright, January 11, 1932, *Missionary Files: Methodist Church, 1912-1949 (China Section)*, Roll No. 57, pp. 595-596.

82 Perry O. Hanson to Frank T. Cartwright, September 19, 1932, *Missionary Files: Methodist Church, 1912-1949 (China Section)*, Roll No. 57, p. 535.

83 Perry O. Hanson to Miss Ella M. Watson, July 3, 1933, *Missionary Files: Methodist Church, 1912-1949 (China Section)*, Roll No. 57, p. 748.

84 Perry O. Hanson to Frank T. Cartwright, March 14, 1933, *Missionary Files: Methodist Church, 1912-1949 (China Section)*, Roll No. 57, p. 778.

二、政治上的超然主义

五旬节派/灵恩派和基要派一向重视信徒的灵魂得救远多于外部的社会环境，对于政治时局和社会改革普遍持有中立或不干涉的超然立场。在乱世夹缝中艰难求存的耶稣家庭在短短三十几年的发展历史中一直强调中立，历经军阀割据混战、抗日战争、解放战争等多次不同政治力量角逐，均选择了不干预、不偏袒任何一方的立场。当然，新中国成立之后，在国内轰轰烈烈、热情高涨的新形势下，耶稣家庭史无前例地参加了一系列社会运动，比如组织抗美援朝医疗队，参与基督教"三自"革新宣言签名运动，举办革新运动等。但从其一贯宣传和历史实践来看，耶稣家庭对于各种政治运动并不热心。

一方面，耶稣家庭从"属灵"和"属世"的划分范畴来论，认为热心政治会削弱自身的"属灵"程度，反之"超政治"则代表着"属灵"程度更高。敬奠瀛曾在个人检讨中提到：

> 按耶稣家庭的经验，曾有不少人因着"圣灵充满"，增加了不少灵性上的骄傲，轻看老教会，轻看俗事、俗物，注重心灵的主观感觉，常把一种理论或对事的看法拉到超现实的境界，对圣经除了按文字的解释外，常另用一种属灵的看法，甚至谬解圣书怪诞不经，有的强调属灵，强调的简直与世界脱节成了极端超现实与超政治。例如不看报，不谈国事，不问政治，长病不吃药等，这都是属灵偏差的毒素。[85]

另一方面，耶稣家庭从《圣经》的基本教训出发，无视国家、政党界限，奉行博爱主义。广为传唱的《耶稣家》的其中一段歌词"耶稣家，和充满，无竞争无愁怨，种族邦国无界限，东西南北聚一处，黄白红黑爱一团"[86]正是这一精神的高度概括。对那些同情和支持耶稣家庭的各国传教士，耶稣家庭全都表示欢迎。自耶稣家庭创办以来，曾有美国、英国、日本、瑞典、挪威等7个国家的传教士在家庭居住，有经常来往者17人。[87]美国传教士林美丽于1936年秋宣布脱离美以美会，迁居马庄家庭，1938年死于马庄；英国传教士李瑞斯（后改名李岱汶）居马庄十余年，精于外科手术，常年为家庭成员和

---

85 《敬奠瀛的检讨及其自传》，泰安县委-001-016-009-005，山东省泰安市泰山区档案馆藏。

86 耶稣家庭：《耶稣家庭诗歌》，284-14-1743-34120，山东省图书馆藏，第188页。

87 山东省地方史志编纂委员会编：《山东省志·少数民族志·宗教志》，第617页。

附近就医者提供诊疗服务；1939 年美国传教士石拉结到家庭居住，负责向国外宣传耶稣家庭；美国传教士芮丽莲和贝路德分别出资开办了囷家庄耶稣家庭和兰州耶稣家庭；1943 年日据期间日本牧师田头来马庄参加夏季大聚会。由敬奠瀛的"灵中儿子"张天民负责的泰山"小家"就曾接待过日本的田头、瑞典的桑夫义、英国的李岱汶、挪威的苏满瑞、瑞典的富茂禄（Olof S. Ferm）[88]等各国传教士。[89]除了对国际人士持友好态度之外，耶稣家庭对于前来参观或求助的国内各政治力量，耶稣家庭也一视同仁，尽其所能地提供帮助，而不以政党和团体作为区分标准。耶稣家庭将这种无国界主义、无宗派主义和博爱主义延伸到普通民众身上。每个礼拜日的早晨全家禁食，将节省下来的粮食赈济周边穷人，并且纷纷到附近的村庄去帮助农民耕田，浇水，赠送农具，修桥造路，而不收受任何报酬。[90]燕京大学的一名大学生不由得感叹"一与他们接触，很容易看出他们那种无伪的爱心的流露。似乎他们已经接触到宇宙之爱的泉源，所以很自然地就在他们的生命中发出爱的力量来。"[91]可见，耶稣家庭在政治立场上持超然态度。

三、生产上的平均主义

耶稣家庭是将宗教信仰与生产生活融合于一身的基督教乌托邦组织，是按照《圣经》描述的使徒社会而精心打造的人间试验田。路加在《使徒行传》中这样写着："信的人都在一处，凡物公有，并且卖了田产、家业，照各人所需用的分给各人。他们天天同心合意恒切地在殿里，且在家中擘饼，存着欢喜、诚实的心用饭。"[92]"那许多信的人都是一心一意的，没有一人说他的东西有一样是自己的，都是大家公用。使徒大有能力，见证主耶稣复活，众人也都蒙大恩。内中也没有一个缺乏的，因为人人将田产房屋都卖了，把所卖

---

88 富茂禄夫妇是瑞典传教士，隶属五旬节派神召会，1924 年来华布道，驻地山东龙山。*The Bridegroom's Messenger* (Atlanta, Georgia), vol. 24, no. 279 (January to March 1931), p. 7.

89 《泰安耶稣家庭家长张天民的罪恶事实及处理意见》，泰安县委-001-016-010-003，山东省泰安市泰山区档案馆藏。

90 泰安专署公安处：《泰安县马庄耶稣家庭材料》，1951 年 9 月 18 日，0003-002-0041-028，山东省泰安市档案馆。

91 士人：《耶稣家庭所给我的影响》，《恩友团契月刊》1951 年第 4 期，第 13 页。

92 《新约·使徒行传》2：44-46，中国基督教三自爱国运动委员会、中国基督教协会：《圣经·中英对照》中文和合本，英文新国际版，第 211 页。

的价银拿来，放在使徒脚前，照各人所需用的，分给各人。"[93]耶稣家庭在生产方面人人参与，共同劳动；在财产方面凡物共有，共享共用，不但严格地执行了耶稣的教训和理想，而且在有限的时空范围内真正成为"各尽所能、各取所需"的模范。[94]通过践行使徒年代的"圣徒相通"，表现出充分的爱主、爱弟兄的精神，这是它最大的优点，也是它最大的成功。[95]

根据汪锡鹏的观察，耶稣家庭之所以能够维系有两个核心支柱，一是特殊形态的宗教生活，二是人人劳动、共同生产的实践，前者是共产制的生命，后者是共产制的实力。[96]前者为耶稣家庭成员提供了精神动力，后者则为耶稣家庭实现自传、自立、自养提供了坚实的物质基础。耶稣家庭成员每天除了五六个小时的宗教活动以外，还要参加七八个小时的劳动生产。全家成员按照性别、年龄、专长等条件分别被编到农工、木工、针线房、磨房等部室，在部室负责人的领导和灵统关系的支配下，分别在各部室从事生产劳动，各司其职，各负其责。正如汪锡鹏所记录的那样：

> 耶稣家庭人人劳动生产的目标，可分两项：第一是为他们家庭自己所需要的衣食住行而生产；第二是他们直接为社会、间接为自己家庭的营养生产；用此所获的利益来贴补第一项所生产的不足，及发展新家庭的费用。第一项中以"衣"而论，在老家，从种棉、轧籽、弹花、纺纱、织布到裁缝制作，各部皆有组织的在工作，除此外，还有养羊、剪毛、纺毛、打线、织绒线衣，及鞋子修改部等。仅说裁缝制作部就有五十多姐妹，称之为"针线房"，终年在制作四季布裳及鞋子等，并修补破烂。缝制的姐妹们并不是为家庭内某某人而缝制，只是大小足寸一律照做，家庭中的需要者向针线房领取时，以其适合之尺寸穿着而去。耶稣家庭所制布鞋，在华北以坚固而有名，传扬甚远（据告是有一次人民解放军向人民征捐布鞋，家庭亦献五双，不料该五双鞋，工细质坚为各地之冠，于是解放军夸为标准的布鞋，希望各地为军队生产的布鞋，悉以此耶稣家庭的出品为模范，因而得名）。

---

93 《新约·使徒行传》4：32-35，中国基督教三自爱国运动委员会、中国基督教协会：《圣经·中英对照》中文和合本，英文新国际版，第214页。

94 马鸿纲：《介绍中国新兴的教派"耶稣家庭"》，《协进月刊》1948年第7卷第5期，第9页。

95 《评"耶稣家庭"》，《信义报》1949年复2第24期，第1页。

96 汪锡鹏：《耶稣家庭的共产制度》，《基督教丛刊》1950年第24期，第40页。

　　修鞋部有五位兄弟皆有皮匠技能，亦是终年修鞋，包括燻皮（补鞋用）、搓麻绳、上鞋、换底、补鞋等工作。[97]

　　"衣"只是劳动生产用于满足家庭成员物质需求的其中一项内容，此外还有食、住、行等多个方面。与"衣"一样，其他各项也都是依靠家庭成员的分工合作，一针一线，一粥一菜，一砖一瓦，一桌一凳都由相关分工部门的人生产提供，各尽所能地参与生产劳动，实现各取所需、自给自足。每个人手中所生产的，不知是家中谁人所需用的，自己所享用的，也不知是家中谁人所供给的，所有人只是在人人劳动、共同生产的制度安排中终日劳作。哪怕是老人和小孩，也根据自己的身体条件和健康状况参与生产。老人们虽不能胜任重体力，但也没有一个终日清闲的，自觉地从事纺纱、补衣、打绒线、夏天打苍蝇等轻体力活动。孩子们会利用课余时间做一些诸如捡拾枯枝、梳刷羊毛、剥玉蜀黍等[98]力所能及的劳动。

　　除了为家庭的衣食住用行等基本生活而生产之外，耶稣家庭还有一些营业性生产活动，作为家庭经济的重要补充。在马庄"老家"规模最大的时候，常住人口达到 500 多人，其中未成年的孩子占到三分之一，老人的比重也日益大，因此有限的劳动力能否为整个家庭提供足够的生活资料是有疑问的。因此耶稣家庭也从事了多种副业生产，其中之一就是在泰安泰山前麓种植万株苹果园，有青白色的香蕉味苹果、何红玉色的枣味苹果两个品种，果实销售到天津、安徽等地；其二是生产龙口粉丝，因质佳秤足，声名远播，远销上海、广州、香港等地。生产粉丝既可获利又可得到不少豆汁、豆渣，作为家庭成员和牲畜的食料，[99]可谓一举多得。正是通过这种较为原始的共产主义手段，各地耶稣家庭做到了自立、自养、自传。[100]

四、生活上的极简主义

　　耶稣家庭在物质生活方面推崇极简主义。凡进入耶稣家庭者，必须体认到"打倒衣食住，成全衣食住"的意义，敬奠瀛等凭以往的经验，见到世人

---

97 汪锡鹏：《耶稣家庭的共产制度》，《基督教丛刊》1950 年第 24 期，第 40 页。

98 李岱汶：《"耶稣家庭"印象记》，第 7 页。

99 李继璟：《马庄耶稣家庭》，山东省政协文史资料委员会编：《山东文史集粹·民族宗教卷》，第 240 页。

100 段琦：《奋进的历程：中国基督教的本色化》，第 131-132 页。

每日所忧愁者，不外衣食住三项问题，故若凭信心克服这些问题，可说已解决每个人大部分的问题了，所以他们提倡"打倒衣食住"，鼓励大家"粗粗拉拉地吃一点儿，破破烂烂地穿一点儿，零零碎碎地睡一点儿"，过那最起码的生活，如此虽打倒衣食住，却因此成全了衣食住，因此而解决人世间所常忧愁的大问题了。[101]

耶稣家庭让信徒把世人每日所忧愁的衣食住全不放在心上。他们把破产入家的信徒和许多因变卖自己的一切财产周济别人而过着乞丐生活的信徒，组织到耶稣家庭中，效法耶稣那种舍己吃苦的精神。他们在宣传中声称"我们是属灵的人，专依靠灵的滋养，不依靠物质的滋养"[102]，因此用以维持绝大多数信徒肉体的食物极为简单。在马庄"老家"，信徒们每天两顿饭，上午喝"糊涂"，即杂粮豆粉夹着甘薯根块或痂瘩所煮成的一种浆形，与猪食的完全一样；[103]下午饭是菜、粮、粉混合的窝窝头。小孩、老人、孕妇吃得稍好一些。普通人平日吃饭绝无肉食或其他例外的食物。进食的规矩是万分严格的。每餐前的灵恩祷告花费的时间和精力比吃饭还要多。吃完饭后，各人用舌头把碗内舐干净，而后舐碗外，最后舐两只竹筷，碗筷全部舐净后，便用手指刮起桌上遗留的浆点，再舐手指。这规定不论男女老少每日每餐是必须做的。[104]穿的是布衣布鞋，全家男女不着裤子，可以说俭朴简单到贫农水准以下。[105]生活虽然贫苦，但是耶稣家庭的成员们不以为苦，且安贫乐道，正如山东省微山县多义"小家"家长殷茂坤创作的赞美诗《贫而乐》所唱的那样："贫而乐、贫靠主、福自多。常食千家饭，布衣可作萝。南瓜、野菜食，其中美味多。贫而乐，贫而乐，穷与主结合，世人我最乐。"[106]耶稣家庭的掌舵人敬奠瀛自始至终就一直倡导"舍己"和"吃苦"精神，他曾说过：

> 耶稣的道路是以苦为根本的，人若不愿吃苦，就不能走耶稣的道路，人若在世上不吃苦，在天上就不能享荣耀，因此人在世间必

---

101 查时杰：《中国基督教人物小传》，第 223 页。

102 中共泰安地委宣传部：《马庄耶稣家庭革新运动专题总结报告》，1952 年 10 月 16 日，0003-002-0086-018，山东省泰安市档案馆藏。

103 汪锡鹏：《耶稣家庭的共产制度》，《基督教丛刊》1950 年第 24 期，第 42 页。

104 《耶稣家庭的概况》，003-002-0041-020，山东省泰安市档案馆藏。

105 汪锡鹏：《耶稣家庭的共产制度》，《基督教丛刊》1950 年第 24 期，第 42 页。

106 常志富：《微山县耶稣家庭概括》，山东省政协文史资料委员会编：《山东文史集粹·民族宗教卷》，第 248 页。

得把好的生活摆脱，实行吃苦，这才算踏进了永生道路的门限。但是怎样才能摆脱自己的好生活呢？那就只有一条路可走，就是破产。基督徒破了产，不是人阁拜相，乃是走耶稣道路的开端；基督徒破产以后，必得经常吃苦，甚至舍掉自己的性命，那才算在这条道路上登峰造极了哩！

　破产是人在主面前走得胜道路的"不二法门"；因为那就如同破釜沉舟的背水阵一样，人既知道在破釜沉舟以后毫无归路，他就必奋勇向前，至终胜利凯旋的旗帜，必要被他牢牢的握在手里。在这灾难的洪水里，耶稣家庭乃是一只极其平安的方舟。当初诺亚造方舟的时候，是胜过了友朋的讪笑，和亲族的怨怼，才造成功的哩！

　当他进方舟的时候，他若有一点东西不搬进方舟（甚至连墙上的一个钉子也得拔下），那么他所舍下的东西，就得都沉在海底。[107]

耶稣家庭物质生活方面的极简主义还表现在禁食和减食方面。每年农历正月初一和六月初一有两次全国性大聚会，马庄耶稣家庭全家信徒与全国各"小家"来参加大聚会的人都要禁食。1947年两次聚会共禁食二十余天，1948年8月起开始星期日早晨禁食。1949年根据一位弟兄的"异梦"启示将禁食制度化和常规化，即三天吃饭，一天禁食。[108]在这"一天禁食"的日子，全家从最年长的长者，到刚落地的婴儿和刚坐蓐的母亲，都要一体禁食。[109]禁食的同时照常参加各种生产劳动。此外还有不定期的"减食"，困难时期发生得更为频繁。比如1949年马庄"老家"为了集资买地，曾号召全家老小减食40天。每天每人减4两，只让每人每天吃6两粮食。[110]洁净的精神追求与贫乏的物质条件交织在一起，最大程度地激发了普通基督徒安贫乐道、苦中作乐的潜力，奠定了重精神轻物质的社会心理基础。

为了让信徒们安于穷苦，不计物质，敬奠瀛特做诗歌《人生最高峰》为信徒加油鼓气，诗歌云："耶稣家庭贫苦结成，女亲织，男躬耕，努力生产，格外节省。天天仍是喝糊涂，年年还是穿补丁。论享受，简直是花子洞。肉体

107 敬振东：《敬奠瀛的言与行》，《天风》1953年第8、9期，第6页。
108 山东省人民政府文化教育委员会宗教事务处：《马庄耶稣家庭"三自革新"总结报告》，1952年9月17日，A014-01-0009-02，山东省档案馆藏。
109 敬振东：《敬奠瀛的言与行》，《天风》1953年第8、9期，第8-9页。
110 李继璟：《马庄耶稣家庭》，山东省政协文史资料委员会编：《山东文史集粹·民族宗教卷》，第235页。

虽穷苦，心灵却丰盛。无求于世，不慕荣名富贵，道足乎充满，喜乐和平。个个爱人舍己，人人服务牺牲，生死是小事，做人为大功。做事要彻底，务求天下一贯。存心要达大，直达今生来生。因此才撇业破产，吃苦拼命，不完成天国临世不放松。靠主才能得胜体魂灵，爱灵统过于爱血统。爱救主过于爱命。这就是以马内利也，就是耶稣家庭。正所谓人生最高峰"。[111]以物质生活方面的极简主义作为"人生最高峰"的终极追求之一，在战乱频仍、物质匮乏的年代既是一种纯粹净化的精神追求，更是一种迫于现实的无奈选择。人作为具有自然和社会双重属性的复合体，其需求是多层次、多面向的，对于美好物质生活的向往和追求是永无止境、不断升级的。这种本能而自然的需求只可能在特殊时期的短时间内受到压制，但毕竟不能持久。一旦外部环境发生变化，特别是当外部参照群体的物质生活快速改善、差距日益拉大的时候，这种以丰沛精神代替或掩盖匮乏物质的策略很可能会受到挑战，这也为新中国成立之后耶稣家庭的解体埋下了伏笔。

五、婚姻家庭上的禁欲主义

耶稣家庭并没有像西方社会一些基督教乌托邦那样推行独身主义或"复合式"婚姻，家庭成员可以结婚生育，[112]但是其基本立场是不鼓励甚至是禁欲的。李岱汶观察到，耶稣家庭的两性观念与英国维多利亚时代非常接近，都强调"男性所需要的是自制；女性则需要纯洁和保护。"[113]为了消除血缘小家庭可能对大家庭集体主义带来的离心影响，耶稣家庭主张用"灵统关系"取代"血统关系"。敬奠瀛等要求信徒，用"诚实""圣洁"割断"感情肉味"。耶稣家庭中的父母子女夫妻不再有世俗意义上的亲密性和合作性，分别称为大家庭中独立的个体，被分配到不同的部门劳动，被安排到不同的部室居住。拿家庭关系中最核心的夫妻关系来说，耶稣家庭中的夫妇与主流社会的夫妇之互动方式和表现形式大相径庭：

> 白天里夫妇两人从早到晚，五六小时的灵恩祷告，七八小时分
> 地工作，一二小时集体进餐，不仅没有彼此相亲相暱的时刻与情绪，

---

111 李继璟：《马庄耶稣家庭》，山东省政协文史资料委员会编：《山东文史集粹·民族宗教卷》，第 239-240 页。

112 陶飞亚：《耶稣家庭与中国的基督教乌托邦》，《历史研究》2002 年第 1 期，第 134 页。

113 李岱汶：《"耶稣家庭"印象记》，第 10 页。

即彼此见面的时候也极难得。我从未看见耶稣家庭任何一对夫妇有同行同语的景象，更从未听到夫妇俩谈过一句私家的话。整个的耶稣家庭的生活内并没有任何资料或情绪，可以供给一对男女夫妇作为独占的关系，更难有任何生活资料，可以据为夫妇两人私有的恩情或观念。共产的大家庭的局势，荡清了一切我们想象中的夫妇必有的关系。可以说，除了难得而有的黑夜同床的关系以外，夫妇俩只是耶稣家庭中的男女两个体的分子，这"家庭分子"的各种关系超越了夫妇间一切的关系。我曾见夫妇各在工作中，彼此偶然在路上会面时，彼此简直没有任何脸部的表情。好像他们是两个不相识的陌生人，其实，他俩确是夫妇，自然，耶稣家庭中的夫妇，从未闻有过争吵的事件。[114]

耶稣家庭中的男女欲结为夫妻，全凭上的意旨和"家长"的安排和包办，个人只能感恩接受。[115]单身男女入家前，得先同意把自己的婚姻无条件地交给主安排，否则就不准入家。[116]根据统计，1942 年 3 月 17 日至 1951 年 3 月 19 日马庄"老家"共有 216 对夫妇结婚，其中"女家长"左顺真以"异梦""神的旨意"包办婚姻者占 95%。[117]常有走进结婚礼堂，尚不知谁为新郎新妇者。例如某女士是北平协和医院毕业的医学博士，一日忽奉家庭令与一未受教育的乡间小贩结婚。[118]有时一个受过中等教育的姊妹，要配给一个一字不识的文盲；有时一个长得很漂亮的女子，要嫁给一个削去双足的残废；也有时一个健康发育的女子，要嫁给一个畸形发育的矮汉；也有时一个体格健全的女子，要嫁给一个有梅毒淋病的患者；更有时一个十八岁的女子要嫁给一个四十一岁的成年。[119]这种不征求双方意见而强行撮合的婚配方式，显然

---

114 汪锡鹏：《耶稣家庭的共产制度》，《基督教丛刊》第 24 期，1950 年，第 46 页。

115 李继璟：《马庄耶稣家庭》，山东省政协文史资料委员会编：《山东文史集粹·民族宗教卷》，第 240-241 页。

116 "李瑞君访谈记录"，访问对象李瑞君曾担任山东省基督教"两会"委员，泰安市政协委员，访问时间：2019 年 6 月 14 日，访问地点：山东省泰安市新北庄教堂，访问人：赵建玲。

117 中共泰安地委宣传部：《马庄耶稣家庭革新运动专题总结报告》，1952 年 10 月 16 日，0003-002-0086-018，山东省泰安市档案馆藏。

118 马鸿纲：《介绍中国新兴的教派"耶稣家庭"》，《协进月刊》1948 年第 7 卷第 5 期，第 7 页。

119 敬振东：《敬奠瀛的言与行》，《天风》1953 年第 8、9 期，第 10 页。

容易引发家庭成员的反对和不满。为此，家庭领导人会及时打出"爱主"的招牌，标榜这种婚姻安排是来自于"主的旨意"，以增加合法性和说服力。敬奠瀛经常在讲台上说："弟兄姊妹在选取配偶的时候，要格外注意，千万不要以学问、地位、颜色为条件，要以他（或她）爱主或不爱主为条件；因为他（或她）只要爱主，他（或她）就一切都有了。他（或她）若不爱主，他（或她）的学问不过等于臭狗屎，他（或她）的美色也不过等于猪八戒罢了。尤其在夫妇之间，若以为对象有可爱之点才去爱，这种爱乃是有条件的爱，这种有条件的爱是很容易失去的。譬如你爱她的学问，在她的学问上很得安慰，倘若你看见第二个女人，比她的学问更高，你的爱情就会立刻转移了。唯有无条件的爱才是最高的爱，这种爱永远不能转移，乃是从主来的。"[120]婚姻仪式也弥漫着浓重的宗教仪式感和神圣感，金陵神学院蒋翼振教授在马庄"老家"参观的最后一夜，亲眼见证了两对新郎新娘在圣堂举行婚礼，敬奠瀛亲自主持并讲道。讲道结束后，"整夜由新郎新妇作见证，两对新婚夫妇在主前在会众中间作见证到翌晨三点，真是感动我心最深处。"[121]可见，家庭结婚方式与世俗主流社会之不同。

耶稣家庭中的夫妇面临最大的问题就是同居无处。"老家"夫妇200多对，但可供同居的小房间不过20多间，济南"小家"夫妇数十对，房间只有三五间。虽然各地家庭不断地在建造新房间，但是新建房间的数量远不及夫妇增加的数量，大致比例是二十比一，因此总是处于不敷其用的状态。为了缓解同居无处的困难，耶稣家庭做出了一些特殊规定，比如四十岁以上夫妇自愿捐弃同房的机会；年轻夫妇轮流使用小房间，每对同居两三星期之后就要让予他人；想要同居的夫妇必先经过登记祷告祈求，经"家长"批准之后才可入住；"家长"常常调动夫妇二人的工作地点（如将其中一方调往其他家庭），以隔离的方法来免去过甚的私欲。[122]居住条件的限制使得耶稣家庭的夫妇实际上践行着禁欲主义的婚姻，甚至有结婚10年只被允许同居11天的极端个案发生。[123]夫妇同居的单间，也并非独有。在白天常被用为工作场地，

120 敬振东：《敬奠瀛的言与行》，《天风》1953年第8、9期，第10页。

121 蒋翼振：《耶稣家庭的滋味（下）》，《天风》1951年第11卷第16期，第7页。

122 汪锡鹏：《耶稣家庭的共产制度》，《基督教丛刊》1950年第24期，第46页。

123 山东省人民政府文化教育委员会宗教事务处：《马庄耶稣家庭"三自革新"总结报告》，1952年9月17日，A014-01-0009-02，山东省档案馆藏。

即便在夜里遇到外来访客需要住宿时，也要随时让出来。[124]若有夫妇自由同居，或因自由同居而怀孕者，就会被视为"犯罪"或"鬼胎"，"家长"就会以极严重的"造就"方式进行惩罚，[125]大人要接受处分，孩子被要求堕胎。

若获得同居许可的妇女怀了孕，会有医务室的人提供孕期照料。孕妇分娩后，婴儿由婴儿部管理。生育的母亲在医务室休养，每日除按时喂 4 次奶外，没有任何机会与自己的婴儿相处。待母亲恢复健康后，就回到原劳动部室去工作，难得再有机会和自己的孩子亲近。所以孩子长到 2-3 岁时，并不知道谁是他的父母，等到 4-5 岁时才对自己的父母略有意识。但在感情上，对父母倒不如对照顾他的保姆和教师更亲密些。在家庭中都认为父母对儿女的爱恋不是一件爱耶稣的事。他们认为孩子是属于家庭的，并不是生身父母私有的，父母与儿女在耶稣家主面前，同是平等的家庭儿女。[126]许多十几岁的儿女也感受了灵恩，甚至还有"蒙恩被提"的孩子。[127]

耶稣家庭自 1943 年由吴克勤设立幼稚部和婴儿室[128]，对于婴幼儿的照顾更为专业和精细，婴幼儿死亡率远低于社会平均水平。为了控制耶稣家庭的规模，降低人口增长率，"老家"女家长左顺真要求每对夫妇生小孩不能超过三个，多了"主不喜欢"。[129]在控制人口数量的同时，耶稣家庭也特别注重对孩子宗教信仰和劳动技能的培养。很多家庭都设有小学，教师多为男性，小学生不称他老师，仍然按照家庭规矩，去姓用名连称叔叔。小学用一般学校教科书，讲圣经故事，唱家庭自编诗歌，小学毕业后可进入专研圣经的道学班。除了普通文化课以外，孩子们还要参与某些简单劳动，比如纺毛线、捡菜叶等。他们从早到晚学、吃、做、玩，同进同退，过集体生活。100多个孩子睡一个大炕（宽 7 尺、长数丈），保姆睡在两端。孩子的父母不允许

---

124 李继璟：《马庄耶稣家庭》，山东省政协文史资料委员会编：《山东文史集粹·民族宗教卷》，第 241 页。

125 山东省人民政府文化教育委员会宗教事务处：《马庄耶稣家庭"三自革新"总结报告》，1952 年 9 月 17 日，A014-01-0009-02，山东省档案馆藏。

126 《耶稣家庭的概况》，003-002-0041-020，山东省泰安市档案馆藏。

127 汪锡鹏：《耶稣家庭的共产制度》，《基督教丛刊》1950 年第 24 期，第 46-47 页。

128 山东省人民政府文化教育委员会宗教事务处：《马庄耶稣教的三十一年史》，1952 年 8 月 3 日，A014-01-0009-01，山东省档案馆藏。

129 山东省人民政府文化教育委员会宗教事务处：《马庄耶稣家庭"三自革新"总结报告》，1952 年 9 月 17 日，A014-01-0009-02，山东省档案馆藏。

到学校去探望孩子，孩子也不能到各工作部门找他的爸爸或妈妈。[130]事实上，耶稣家庭中基于血缘关系的父母子女夫妻之情已经相当淡化，他们在宗教中的兄弟姐妹之情即"灵统"之情要超过世俗中的"血统"之情，传统家庭的生产、生活、消费职能完全被多功能、多维度的复合体耶稣家庭所取代，私有家庭制的经济基础和心理基础亦不复存在。但是由于耶稣家庭的婚姻家庭制度安排有悖人性，有违人的基本生理、心理需求，注定了它的不可持续性。

六、管理上的权威主义

德国社会学家马克斯·韦伯将合法性的统治区分为三种理想类型：法理型统治（科层制）、传统型统治（如长子继承制）和卡里斯马型统治。[131]其中，卡里斯马型统治是指统治者被视为具有非凡的品质和特殊的魅力，具有任何其他人无法企及的力量或素质，或者被视为圣灵差遣的，或者被视为楷模、英雄，因此成为"领袖"。[132]耶稣家庭的管理方式属于典型的卡里斯马型，其"大家长"敬奠瀛以"神的仆人"自居，是整个家庭的掌门人和精神领袖，在家庭里面拥有绝对的权威。陶飞亚认为乌托邦型的教会更需要卡里斯马型领袖，因为这种教派往往与主流教会分离和对立，其许多措施与世俗社会有明显的分歧，故而需要有强有力的领导来凝聚信徒和树立信心。[133]具体到敬奠瀛本人，因其思想敏感，情感过烈，近代科学的修养和客观的态度不足，表现出来较强的控制欲。凡家庭里面的负责人不但思想信仰都和他一样，甚至动作、言语、声音、书法等都竞相模仿他。敬奠瀛曾经的得意门生马鸿纲曾回忆起一个细节，"敬先生因患气管炎，每宣道，必咳嗽，而其同工亦必咳嗽"[134]。敬奠瀛在其自传中也对自己的家长制作风进行过检讨：

> 我对孔子的尊君亲上思想甚为浓厚，又因我生性倔强，脾气急烈，有着主观主义的统治作风，对孩子们常施体罚，对弟兄姊妹们

130 李继璟：《马庄耶稣家庭》，山东省政协文史资料委员会编：《山东文史集粹·民族宗教卷》，第242页。

131 马克斯·韦伯：《经济与社会》（上卷），林荣远译，北京：商务印书馆，1997年，第241页。

132 马克斯·韦伯：《经济与社会》（上卷），第281页。

133 陶飞亚：《耶稣家庭与中国的基督教乌托邦》，《历史研究》2002年第1期，第137页。

134 马鸿纲：《介绍中国新兴的教派"耶稣家庭"》，《协进月刊》1948年第7卷第5期，第6页。

也常急言剧色的叱责，家里年青人不被我责备的很少，以吵嚷责打成为管理家政的风气，因此好多人怕我，甚至把他们责备错了，他们也不敢反唇，以"顺服听话"四字为美德，以旧式家庭的严父专制强调"家"的滋味，"够滋味"能成全一切，"不够滋味"就能否定一切。但以滋味评定人或事时，多以我个人的看法为转移，故久而久之，这"滋味"二字只能助长了我的主观统治。[135]

耶稣家庭除了全家成员都要服从敬奠瀛这一卡里斯马型领袖之外，普通家庭成员还要服从各"小家""家长"的管理。一般情况下每个家庭设男、女家长各一名，辅佐"家长"的少数骨干称为"老人"。"家长"和"老人"是耶稣家庭"灵统"体系里的"父母"，正如敬奠瀛经常强调的那样，"凡是在主里面看顾你、引领你、爱护你、或在责任上管理你的，那就是你的父母，你要对他好好地孝敬"[136]。经常宣扬"食美者念其亲"，"天下没有不是的父母"，"百行孝居先"，让"老人"吃好穿好等。如此一来，家庭成员们自愿认"家长"和"老人"为父母，让他们享受某种程度的特殊待遇。比如马庄"老家"的"小楼集团"吃小灶山珍海味等副食计百余种，并有专人伺候穿衣和沐浴，服装由小针线房缝制；身穿质地高级的衣物，夏有丝绸，冬有裘皮，外罩衣物则多少带有补丁，[137]以维持表面上的平均主义和极简主义。

为了维护卡里斯马型统治权威，耶稣家庭主要采取了两种手段。其一是开展"顺服"教育，让家庭成员从内而外地绝对顺从，从而发自内心地服从家长制管理。敬奠瀛的侄子敬振东对敬奠瀛的"顺服"言论进行过记录：

> 我们在神面前唯一的天职，就是顺服；但是这种顺服怎样表示呢？……倘若我们还不能顺服看得见的人，如何能顺服看不见的神呢？所以每一位弟兄姊妹，都要彻底治死今生的骄傲，学习无条件的顺服。倘若你的领袖好，无论在学识上、在爱主上、在办事的本领上都超过了你，你能顺服，这有什么价值呢？倘若你的领袖不好，在各方面都不如你，你还能在他面前顺服，这样，你的顺服就高出众人以上，而在神面前大大的蒙悦纳了。

---

135 《敬奠瀛的检讨及其自传》，泰安县委-001-016-009-005，山东省泰安市泰山区档案馆藏。

136 敬振东：《敬奠瀛的言与行》，《天风》1953年第8、9期，第12页。

137 山东省地方史志编纂委员会编：《山东省志·少数民族志·宗教志》，第616页。

你们顺服主的仆人，就是顺服神；因为主的仆人是在人间代表神的。譬如说，有一件事情我吩咐错了，但你们却还是顺服我，这件事情虽是办错了，但是你们的顺服却是一点不受亏损而完全蒙神记念了。倘若这件事情的确是我吩咐错了，我既是神的仆人，神就一定要责备我或管教我的。或有人说：神即或管教你，可是因为你吩咐的那件事情办错了，众人所受的亏损将怎样报偿呢？弟兄姊妹啊！神是万有的，祂要藉着一切的事来操练我们的顺服和依靠祂的心，而绝不在些许物质的得失上加以注意的。

顺服是我们在神面前最宝贝的德行，妨害这种德行的进展的就是"讲理"。所以我们每人都要把爱"讲理"的心治死。即或有人说黑是白，他说的固然不对，但是你若顺服了，这顺服对于你却是非常有益处的。[138]

除了以"神的仆人"自居、进行"顺服"教育以外，耶稣家庭还对不守规矩、不顺服的家庭成员进行惩罚。惩罚的方式主要有两种，一是"造就"，二是体罚。所谓"造就"就是罚劳役或调到其他家庭做苦工，干体力活。而体罚和打人就非常普遍了。敬奠瀛本人有一条又长又厚的板子，上书"稀奇之爱"四字，各部室负责人也都有打人用的木板，他们可以随便殴打不够"顺服"的人。被打的人不但不准反抗，还要对"稀奇之爱"表示感谢，然后继续参与劳动，有的则被驱逐出家。[139]被打的对象，连老人、小孩、孕妇无一幸免。曾经有信徒自创打油诗表示不满，诗曰："说爱人，讲爱人，为何咱家尽打人？打过张冠明，打过马玉林。打老、打小、打女人。周新民男人打女人，左顺真女人打男人。最可恨，最伤心，还打怀胎受孕人。"[140]对儿童的体罚也非常严厉，据统计，专门针对儿童的刑罚有37种之多，例如针刺手背涂以碘酒，罚站并饿饭三天，饿急偷吃牲口料的，被罚和牲口套在一起拉水车，爱穿花衣服的被罚披尿布"游街"等，[141]可谓花样多多，限制多多。就

---

138 敬振东：《敬奠瀛的言与行》，《天风》1953年第8、9期，第7页。

139 山东省人民政府文化教育委员会宗教事务处：《马庄耶稣家庭"三自革新"总结报告》，1952年9月17日，A014-01-0009-02，山东省档案馆藏。

140 李继琮：《马庄耶稣家庭》，山东省政协文史资料委员会编：《山东文史集粹·民族宗教卷》，第236页。

141 山东省人民政府文化教育委员会宗教事务处：《马庄耶稣家庭"三自革新"总结报告》，1952年9月17日，A014-01-0009-02，山东省档案馆藏。

连一些对耶稣家庭持总体肯定和同情态度的人也公开表示，敬奠瀛"以'家庭'建筑在他个人的人格上，要'家人'在思想、信仰、言语、举动上，都和他一样，这是幼稚而且有碍于他工作发展的"[142]。当然这种家长制管理作风的形成有着深刻的社会背景和文化基础，这点将会在本章第四节进行深入讨论。

七、教育上的保守主义

耶稣家庭由于自身的内向属性和宗教属性，对于教育和知识持非常保守的态度。为了营造一种鄙视科学知识、崇尚原始自然的氛围，敬奠瀛等家庭领袖采取了多种方式。他们一方面尽量贬低知识和知识分子的重要性，另一方面对无知无识无欲无求的原始世界表示向往。敬奠瀛经常说"学问是臭狗屎"[143]。因为他认为"人若有了知识，就要自高自大；人若自高自大，他在神面前就不合用"。他还说："人类的知识越大，世界就越不平安，若要平安，必须回到原始无知无欲的世界方可。"在敬奠瀛的影响下，家庭中的弟兄姊妹都渴望回到那种"虽有舟舆，无所乘之；虽有甲兵，无所陈之；使人复结绳而用之"的原始无知无欲无求的世界，而自动地厌弃知识和学问。他又常说："未动过錾子的石头（指未受过教育的人），在神面前才配呈祭坛哩！像我这样的人，虽只是一个中学未毕业的学生，但已经是一个动过錾子的石头了。我盼望将来有一般无知无识热如火把的人起来，为神作出伟大而稀奇的工作，好叫那些大文人大哲士羞愧！"[144]

知识分子正式入家之时，要把所有书籍交出来，并被禁止读书看报，甚至连《圣经》也不让看。入家之初，有文化的弟兄姊妹通常先被安排到劳动最为繁重的农工部或针线房里受"造就"，等到他们把自己的学问、知识都糟烂了，然后才把他们调到其他相应部门。[145]家庭中的儿童在小学和道学班阶段只能接触到经过家庭审查过的宗教内容，比如圣经故事，家庭诗歌，敬奠瀛之讲章等，很少有机会了解外面的时事新闻和发展潮流。正如敬奠瀛自己说的那样：

142《评"耶稣家庭"》,《信义报》1949 年复 2 第 24 期，第 1 页。

143 山东省人民政府文化教育委员会宗教事务处：《马庄耶稣家庭"三自革新"总结报告》，1952 年 9 月 17 日，A014-01-0009-02，山东省档案馆藏。

144 敬振东：《敬奠瀛的言与行》,《天风》1953 年第 8、9 期，第 8 页。

145 敬振东：《敬奠瀛的言与行》,《天风》1953 年第 8、9 期，第 8 页。

在家庭教育方面，我一贯的主张不多念书，只限高小毕业为止，也是因为家庭多在乡间，以农业生产为主体，若都念书便无人种田了，尤其在抗战时期，常受日寇摧残，总怕外人说家庭有些知识分子，便极力隐藏恐惹日寇注意。我又有十足的超政治的思想，坚决不为社会造人才，所以我就主观的定规高小取消算术，叫学生毕业后不能出外考升中学，等家庭本身能成立中学时再把高小的功课完全备起来，这种封建的超政治的思想一直存在到解放前才有了改变。[146]

耶稣家庭里只有小学程度的学校式教育。孩子们毕业后，便按男女能力分到各部室去工作。如果有的孩子毕业后想到家庭外升学深造，需要经过家长和各负责人的讨论决定。他们批准外出深造的标准，不是这孩子的天资如何、健康怎样，而是这孩子是否有"圣灵的恩赐"。他们认为一个不属灵的孩子，若接受了人世间特殊的知识，便增加了他作恶的工具，是非常危险的。[147]所以他们在做决定时非常谨慎，很少有人被批准外出深造，也因此造成了某些人的不满。[148]但是公允地说，耶稣家庭虽然初中及以上教育受限，但是年轻人近乎百分之百的小学毕业率，依然是高于社会平均水平的。

正如马鸿纲对敬奠瀛的评价那样，这位耶稣家庭的精神领袖最大的优点就是"爱"和"苦行"，而最大的短处是在教育上没有受到近代科学的洗礼。[149]耶稣家庭的一切思想基础都是玄学的，一切动作都带着许多部落民族的色彩——完全是高度情绪化的感情作用，这与近代教育追求理性、理智、智识的基本理念背道而驰。鄙视现代科学和知识，希望回到"结绳而治"的原始社会，这是明显的逆时代潮流而动。随着后来耶稣家庭对外交流机会的增加，家庭成员对于接受更高教育的呼声日益高涨，对于学习科学知识的兴趣也日益浓厚，由此形成了导致耶稣家庭解体的内部力量。

---

146 《敬奠瀛的检讨及其自传》，泰安县委-001-016-009-005，山东省泰安市泰山区档案馆藏。

147 李继璟：《马庄耶稣家庭》，山东省政协文史资料委员会编：《山东文史集粹·民族宗教卷》，第242页。

148 《敬奠瀛的检讨及其自传》，泰安县委-001-016-009-005，山东省泰安市泰山区档案馆藏。

149 马鸿纲：《介绍中国新兴的教派"耶稣家庭"》，《协进月刊》1948年第7卷第5期，第9-10页。

综上所述，作为从山东发源、走向全国的基督教组织，耶稣家庭具有强烈的山东特色和华北气息。在基要主义氛围浓重的山东，耶稣家庭显然深受影响，宗教信仰方面坚持属灵主义倾向，坚持五旬节主义的奋兴倾向，追求信仰的纯粹、圣洁和虔诚，关注内敛的灵命更新和灵魂拯救。这在战乱频繁、物质匮乏的二十世纪上半叶，既是一种对社会现实的无奈回应，同时也是热心基督徒们尽情展现虔诚、释放信仰热情的主动选择。除了信仰方面的属灵主义之外，耶稣家庭在政治上恪守超然立场，在生产上奉行平均主义，在生活上推崇极简主义，在管理上实行家长制权威主义，在教育上坚持保守主义，这些无不受到山东省政治、经济、文化、历史等因素的多重影响。特别是在二三十年代的"山东复兴"运动中，作为五旬节派的耶稣家庭是该运动的重要推手，它以五旬节主义"圣灵充满"为追求，以自己在全国十几个省份的一百多处分支机构为触手，将"山东复兴"运动的复兴火种播散至全国各地，在"山东复兴"运动演变为"中国复兴"运动的过程中发挥了重要作用。

第三节　耶稣家庭对西方五旬节主义的借鉴

耶稣家庭的兴起是"山东复兴"的重要内容，是基督教全球扩张与复兴运动的重要表现，受到了第一波五旬节运动/灵恩运动的直接影响。敬奠瀛及其创办的耶稣家庭在神学教义、组织方式、传教方式等多个方面都受到五旬节派，特别是美国神召会和五旬节派信心传教士安临来（Leslie M Anglin）的深刻影响。正如裴士丹所说："正是与安临来团体的接触，既给了敬奠瀛感情热烈的五旬节主义，也给他一个自给自足的平均主义的基督教社团的榜样，这些直接影响了敬奠瀛在 1927 年建立耶稣家庭。"[150]

从信仰层面来说，安临来的五旬节主义立场无疑使敬奠瀛备受鼓舞，但最初促使敬奠瀛接受五旬节信仰的重要事件是由泰安神召会举行的一系列"圣灵"复兴运动，正是在这些奋兴会上敬奠瀛真切得到了"灵洗"的经验，"说方言"、唱灵歌、跳灵舞，促使他由一般主流正统的基督徒，变成所谓五旬节派/灵恩派的基督徒，由此而影响他以后一生的行事与为人，即便他后来因为追求"灵恩"而被美以美会除名也矢志不移。敬奠瀛对灵恩的重视也

---

150 Daniel H. Bays, "Christianity in China - A Case Study of Indigenous Christianity – the Jesus Family, 1927-1952," *Religion, Journal of the KSR*, vol. 26, no. 1(1988), p. 3.

深深影响到他所创立的教会——"耶稣家庭"。[151]耶稣家庭的其他主要领导人，如董恒新、陈碧玺、左顺真等均在加入耶稣家庭之前即获得"灵洗"经验，信仰上已属五旬节派了。也正因为信仰的一致性，都属于高级知识分子的他们才甘愿放弃一切加入耶稣家庭。他们对于五旬节教义的接受也决定了耶稣家庭的灵恩取向。

从组织形式来看，敬奠瀛及耶稣家庭的组织结构与运作方式与安临来的"阿尼色弗孤贫院"有着高度相似性和一致性，二者都是集信仰、生产、生活、教育、医疗、养老等多功能于一身的综合体。不断掀起的奋兴运动和神迹奇事为成员提供了源源不断的精神动力和绵绵不绝的生活希望。内部分工明确，部门众多，成员各尽所能，各取所需，借助集体的力量共御风险，共克时艰。作为与西方社会和近代文明近距离接触的基督教团体，二者都对现代技术和西方文化持欢迎和开放态度，率先在泰安建立发电厂，使用电灯照明，引入机器生产，建起砖瓦洋楼，开办西式学校和医院等，成为泰安地区现代化的先行者。

为了进一步厘清耶稣家庭与五旬节运动的关系，有必要先对泰安神召会特别是安临来及其发起创办的"阿尼色弗孤贫院"进行深入考察。作为处于边缘地位的五旬节派信心传教士，有关泰安神召会、安临来夫妇及其"阿尼色弗孤贫院"的资料非常有限，一手档案和原始资料散见于传教士或中国信徒写给中外五旬节派几家期刊编辑部争取募捐的信件或报道中，比如《神召会月刊》（The "Ecclesia" Monthly）、《新郎信使报》（The Bridegroom's Messenger)、《后雨福音报》（The Latter Rain Evangel）等，信息不连续、不系统。为数不多的二手资料和研究成果基本是从慈善救济史的角度，肯定安临来夫妇创办孤贫院的善心和功绩，对于其宗教信仰层面涉及不多。[152]笔者对于散布世界各地的中西文献，在力所能及的范围内进行了搜集汇总和翻译整理，力图拼凑出泰安五旬节派的历史起源与组织发展的图景。

---

151 查时杰：《山东"耶稣家庭"的经济形态初探（1927-1949）》，《台大历史学报》1990 年第 15 期，第 217-238 页。

152 郑新道：《安临来传》，北京：中国社会出版社，2011 年；王绍忠：《安临来和他创办的"泰山孤贫院"》，《春秋》2014 年第 6 期，第 40-42 页；安立明、曹健全：《美国慈善家安临来与"泰山孤贫院"》，《山东档案》2013 年第 2 期，第 71-73 页，等。

一、泰安五旬节派教会的发展

泰安地处山东内陆地区，是"五岳之首"泰山所在地，因历史悠久、文化丰富、交通便利，吸引了众多外国差会和传教士的兴趣。泰安对于西方传教士而言具有特别的象征意义。首先，泰山是历代帝王封禅祭祀的圣地，《史记·封禅书》就有上古七十二帝王封禅泰山的记录，自秦至清又有不下十二位皇帝亲临泰山举行封禅祭祀大典。封建统治者认为巍峨雄壮的泰山与至高无上的皇权有着某种神秘的联系，因而被封为"五岳之首"，并定期举行隆重的祭祀仪式。其次，泰山也是普通百姓心目中的神山，吸引了大量香客登山祈福。特别是明清以降，以"东岳泰山天仙玉女碧霞元君"为中心的民间信仰逐渐兴起，影响遍及整个华北地区，甚至有"北元君、南妈祖"的说法。再次，泰安地理位置优越，北临山东省会城市济南，南接孔孟之乡济宁，是儒家文化和正统思想影响深刻的地区，同时也是道教、佛教、民间宗教、会道门等非常兴盛的地区，当地民众的信仰意识比较浓重，易于接受多元化的宗教思想。最后，二十世纪初的泰安战乱频繁，天灾不断，人祸横行，百姓灾难深重，流离失所，为各种宗教思想的传播提供了一定的条件。在这样一座象征皇权天赋的岱宗脚下，在这样一方浸染了儒家思想和各种宗教信仰的肥沃土壤上，如能将基督教的种子播撒下来，当然意义非凡。

（一）泰山神召会的成立

在五旬节主义进入泰安之前，泰安基督教事业已有相当坚实的基础，多个西方主流差会均在此有所开拓。早在 1873 年美北长老会传教士狄考文（Calvin Mateer）就曾到泰安附近巡回布道，[153]虽因当地民众反对铩羽而归，更多的传教士前仆后继地来到此处，并逐渐在泰安站稳脚跟。1874 年美以美会最早在泰安府新泰县安驾庄建立教会组织，后以泰安为中心陆续开拓了济宁、宁阳、东平、肥城等传教站，并逐步建立起博济医院、妇婴医院、德贞女校、萃英中学等传教、医院、学校三位一体的传教组织。[154]美以美会的重要领袖之一韩丕瑞（Perry O. Hanson）于 1903 年 11 月 26 日来到泰安，并担任萃英中学校长。单身女传教士林美丽初来泰安时也隶属美以美会。耶稣家庭

---

153 Irwin T. Hyatt, *Our Ordered Lives Confess: Three Nineteen-Century American Missionaries in East Shantung*, Cambridge, MA: Harvard University Press, 1976, p. 153.

154 法思远：《圣省山东》，郭大松译，待出版稿，第 269 页。

的创始人敬奠瀛正是在萃英中学结识了林美丽，并接受了基督教。截至 1926 年耶稣家庭正式创立之前，山东美以美会已有泰安、兖州、东平、济南、曲阜 5 个教区，下辖 13 个教会，教徒 5,132 人。[155]第二个在泰安建立教会组织的是英国圣公会[156]，1878 年史嘉乐（Charles Perry Scott）和林披基（Miles Greewood）从烟台来到泰安，并参与了当年秋天的"丁戊奇荒"赈灾活动，[157]获得民众认可。1903 年起该会以泰安为中心设立山东教区，以灵芝街教堂为主教座堂，逐渐开辟了平阴、新泰、东昌、兖州、济南、威海卫等牧区，并设立育英中小学、平阴广仁医院等教会附属设施。1921 年，泰安地区的教徒有 350 人。[158]

美南浸信会是第三家在泰安扎根的西方差会。早在 1876 年美南浸信会就曾派传教士来泰安巡回布道，1893 年高第丕等十几位传教士与美南浸信会海外传道部决裂后集体迁至泰安，自建"福音浸信会"，并以此为基地向鲁西、皖北、豫东地区扩散。义和团运动中教会活动中断，1904 年重新恢复，在元宝街设立教堂，每逢泰山香火会期间向过往香客散发传单，吸引入教，但是收效甚微。直至 1917-1918 年，"福音会"的所有传教士才重新隶属美南浸信会海外传道部，实现回归和统一。[159]

位于泰安元宝街的"福音浸信会"教堂是五旬节主义刚刚传入泰安时的第一个落脚点，先后接待过两对美国五旬节派神召会传教士夫妇，即安临来夫妇和辛慈爱夫妇。安临来与妻子安美丽来中国之前曾在墨西哥绍那若的瓜以马城（the city of Guaymas, Sonara, Mexico）从事传教士和教育工作。[160]1909 年夏，当他在美国新墨西哥度假时偶遇刚从泰安回美国休假的"福音会"传教士白泰理，该传教士向他介绍了"福音会"在泰安的工作，并称他们已与美南浸信会海外传道部脱离关系，没有稳定的经济来源，并邀请安临来加入[161]。于是，安临来辞去在墨西哥的一切职务，收拾行装准备来华传教。夫妇

---

155 陶飞亚：《中国的基督教乌托邦研究——以民国时期耶稣家庭为例》，第 48 页。

156 1909 年以前称"安立甘会"。

157 法思远：《圣省山东》，郭大松译，待出版稿，第 282 页。

158 泰安市泰山区郊区地方史志编纂委员会编：《泰安市志》，济南：齐鲁书社，1996 年，第 607 页。

159 吴立乐编：《浸会在华布道百年略史》，第 200-202 页。

160 陶飞亚：《中国的基督教乌托邦研究——以民国时期耶稣家庭为例》，第 51 页。

161 郑新道：《安临来传》，第 11 页。

二人以"信心传教士"的身份，于 1909 年 11 月从旧金山出发，1910 年 12 月 14 日到达泰安浸信会教堂。面对安临来带来的五旬节主义的新讯息和追求"圣灵充满""说方言"等新的宗教体验，"福音会"表示不能接受，并视之为"异端"。[162]于是安临来带领部分追随者离开浸信会，另起炉灶自立教会。1912 年下半年，安临来利用来华前从美国募捐的传教经费，在泰安东关迎暄街购置房产，设立"泰安东关基督教会"，即泰安神召会教堂，宣传五旬节派的教义和实践。这应该是泰安历史上出现的首个五旬节派教会组织。女传教士辛慈爱（Jennie Brinson Rushin，1887-1979）及其第二任丈夫（Perrin Roy Rushin）1914 年从上海来到山东泰安，在浸信会短暂过渡之后也在泰安设立独立的传教基地，后将传教重心迁至山东省会济南。[163]

（二）"阿尼色弗孤贫院"的发起

安临来发起创办"阿尼色弗孤贫院"至少有三个方面的初衷。首先，从个人经历和私人感情方面来说，安临来夫人 1910 年底首次来泰安之时即怀有身孕，次年 4 月 21 日生下一个女儿，可惜还不到一岁半就因病去世了。安临来夫妇深受打击，此后亦未能再生育，所以他们对于孩子非常喜爱。安临来夫人安美丽自幼失去双亲，由美国南卡罗来纳州孤儿院扶养长大，对于孤儿院事业充满敬意和感恩之心。其次，由于时局困难，安临来夫妇在外出巡回布道、散发传单的过程中，经常遇到无家可归的流浪儿童和乞丐老人，作为虔诚良善的基督徒心有不忍，遂逐渐萌发了创办孤贫院的想法。最后也是最为重要的原因就是传教，通过慈善救济的方法接近当地民众，培养他们对外国人和基督教的好感。安临来曾写到："我们竭尽所能使得收养的每一个男孩和女孩都有机会长大成为一名强有力的基督徒，最终目标是使那些从孤贫院毕业出去的人能够深入城镇和乡村，建立基督徒家庭，帮助更多需要帮助的人们。"[164]

当然，对于五旬节派而言，由于他们缺乏制度化和组织化的强大后勤保障，亦由于他们关心灵魂得救远多于社会改革，因此五旬节派创办孤贫院、

162 Rebekah E. Adams, *Called to China: Attie Bosiick's Life and Missionary Letters From China: 1900-1943,* Huntsville, Alabama: Halldale Publishing Company, 2006, pp. 44-45.
163 David Bundy, "Jennie Brinson-Rushin: Pioneer China Missionary," Church of God History and Heritage, summer/fall 1999, pp. 5-7.
164 "Home of Onesiphorus," *The Bridegroom's Messenger* (Atlanta, Georgia), vol. 22, no. 273 (July to September 1929), p. 15.

开学校、办医院等社会活动并不常见，其数量和规模远低于其他主流差会。事实上，由神召会重点支持的孤贫院在整个中国只有两家，北方地区即安临来的"阿尼色弗之家"，南方地区即由传教士遗孀倪歌胜（Henrietta "Nettie" Danks Nichols，1875-1940）1912 年在浙江宁波设立的孤儿院，1919年扩建为"伯特利之家"，同样是孤儿院、养老院和学校三位一体的复合体。[165] 在介绍孤贫院发展史以争取社会捐赠时，由孤贫院自己培养的、后来担任泰山神召会主任的冯洗泉这样描述道：

> 安牧师既热心传道，又诚实爱人。每出则常见有老弱残病，及流落失所之幼童，沿街乞食，不但悯其衣服褴褛，肌黄憔悴，又怜其生命、居住及其成人生活，无人过问；乃捡其幼而无家可归者，收为自己儿女，养之，教之，望其将来长大成人，可在社会中谋得相当事业。既能自立，又能助人。无奈一人之力有限，难于普济，乃将此事完全交给天父。自己昼夜切切为此一般无依无靠者祷告，求天父早日开恩，收纳群苦。真乃至诚感天，不久既有是院之举。[166]

正是在这样的背景之下，安临来夫妇于 1916 年 3 月将神召会教堂改建为一所孤贫院，取名为"阿尼色弗之家"[167]（Home of Onesiphorus，1935 年 7

---

[165] Nettie D. Nichols and Joshua Bang ed., *God's Faithfulness in Ningpo: The Assemblies of God in Foreign Lands,* Springfield, Missouri: Foreign Missions Department [Assemblies of God], 1938.

[166] 冯洗泉：《山东泰安阿尼色弗孤贫院史略》，《真光》1928 年第 27 卷第 4 号，第52 页。

[167] "阿尼色弗"一词出现于《圣经》提摩太后书 1 章 15-18 节，阿尼色弗是人名，他是一位默默且热心助人的基督徒，在当时的罗马政治统治下，包括保罗在内的许多基督徒遭受迫害，阿尼色弗时常暗中帮助他们，在保罗在狱中受难时，阿尼色弗时常去看望他。为纪念他的义行，安临来特以"阿尼色弗"为自己的机构命名，意为创办该孤贫院就要像阿尼色弗帮助受苦受难的基督徒一样，去帮助泰山脚下多灾多难的孤贫者。1946 年在济南设立分院。1949 年新中国成立后泰安孤贫院被人民政府接收，即今天的泰山市社会福利院。"阿尼色弗之家"是安临来留给全世界的宝贵财富，时至今日，"阿尼色弗之家"已成为世界连锁品牌，总部设于美国印第安纳州的瓦尔帕莱索，1983 年更名为 KAI 国际阿尼色弗（Kids Alive International），在黎巴嫩、约旦、秘鲁、危地马拉、多米尼加、肯尼亚、海地、台湾、香港等多个国家和地区都设有分支机构。阿尼色弗儿童之家：《国际阿尼色弗儿童之家的历史》，http://www.kidsalive.org.tw，2018年 12 月 19 日。

月改名为"山东泰安县东关泰山教养院"），收容弃儿、孤儿、残疾人、寡妇和老人等社会底层人群。[168]经过多年的发展，规模日益扩大，从最初仅有 5 名孤儿 1 名寡妇发展到巅峰时的 1,300 人，[169]为数以千计的老幼病残鳏寡孤独提供了庇护，是神召会在"华北所创办之唯一慈善机关"[170]，也是中国神召会重点支持的孤贫院。[171]

（三）积极争取国外援助

"阿尼色弗孤贫院"设立之初极为艰辛，运作过程中也经常遭遇财政危机。因为安临来夫妇是特立独行的"信心传教士"，不像一般传教士由本国母会差派来华，一切所需由母会供给，薪资福利较为稳定。安临来等所谓"信心传教士"一般以个人身份来华传教，没有差会背景，即便加入神召会、使徒信心会等五旬节派组织，其结构性、制度性也颇为松散，无力为驻外传教士提供稳定持续的经费支持，主要靠信徒和支持者的不定期捐献。以安临来的"阿尼色弗孤贫院"为例，创立伊始只有两元钱的启动资金，[172]外加信徒捐赠，"有人当捐京钱数千文，有人捐鸡子数枚，有某同道将其美好之马褂捐入，寄至美国变卖美元五元。一个穷姊妹无钱可捐，将其所宝藏之耳环、手镯捐入"[173]，就这样艰难起步了。在三十多年的运作历史中，曾多次断粮断炊，数次挣扎于解散边缘。比如"一九二一年，经济困难，已至绝粮。此时男生之逃走者，为数不少"；第二年"竟又重遭一九二一年之辙。此次孤儿之逃走者亦复不少，且有解散之势"[174]；"自从 1930 年 11 月份以来，奉献

168 Harry J. Albus, *Twentieth-Century Onesiphorus: The Story of Leslie M. Anglin and the Home of Onesiphorus*, Grand Rapids, Mich.: Eerdmans, 1951.

169 阿尼色弗儿童之家：《阿尼色弗的故事》，http://www.kidsalive.org.tw，2018 年 12 月 19 日。

170 冯洗泉：《山东泰安阿尼色弗孤贫院史略》，《真光》1928 年第 27 卷第 4 号，第 51 页。

171 Noel Perkin, "Field Report: China," *Constitution and By-Laws of the General Council of the Assemblies of God* (September 20-26, 1929), p. 35.

172 《接受外国津贴及外资经营之文化教育救济机关及宗教团体登记总表：泰山教养院》，0003-002-0039，山东省泰山市档案馆藏。

173 冯洗泉：《山东泰安阿尼色弗孤贫院史略》，《真光》1928 年第 27 卷第 4 号，第 52 页。

174 冯洗泉：《山东泰安阿尼色弗孤贫院史略》，《真光》1928 年第 27 卷第 4 号，第 53 页。

金大为减少，我们甚至差点放弃"[175]；"由于过去 18 个月的奉献金大幅减少，我们负债累累"[176]；"'阿尼色弗孤贫院'的所有人员，包括老的和少的，正处于极大的困苦中。思想、心灵和身体都由于过度劳作、缺乏充分休息和营养不良而处于极度困乏和疲惫状态。财政负担的压力和黑暗势力对孤贫院的精神领域发起的攻击日日夜夜都在肆虐"[177]；"一天又一天，我们不得不向上帝祈求醒来后能有一点吃的。平日里，我们整个孤贫院一天需要 12 袋面粉，外加一些蔬菜；但是最近一个多星期以来，我们每天只能吃 6 袋面粉，没有蔬菜，有时候连这些也吃不上"[178]。在二十世纪上半叶的动荡时局中，中国社会的各个阶层都面临极大的生存压力，以鳏寡孤独为代表的社会底层群体更是如此。

为了缓解财政压力，安临来及其"阿尼色弗孤贫院"采取的第一个策略就是通过募捐争取外国援助。安临来夫妇向美国五旬节派报刊多次写信，一方面报告在华传教事工，另一方面也是更重要的，向美国读者和基督徒募捐。1928 年华北地区因战争引发严重灾荒，安临来语气急迫地给美国《新郎信使报》写信：

> 也许你们已经从各种日报上看到了中国华北地区大灾荒的新闻。已经很多年没有发生过这么大规模、这么严重的饥荒了，目前的形势十分严峻。如果说中国历史上有什么时候是需要基督的爱的话，那正是现在。……如果你们能够充分认识到这块黑暗土地上的真实情形，特别是当下山东境内发生的大饥荒的话，你们的心灵一定会被同情所感动，你们的眼睛一定会满含泪水。我们现在急切地需要扩建孤贫院，以能够尽可能多地收留那些无依无靠的人，照顾他们的身体，拯救他们的灵魂。[179]

175 L. M. Anglin, "The Lord Will Provide," *The Bridegroom's Messenger* (Atlanta, Georgia), vol. 26, no. 285 (June 1, 1931), p. 7.

176 L. M. Anglin, "Missionary News," *The Bridegroom's Messenger* (Atlanta, Georgia), vol. 26, no. 287 (September 15, 1932), p. 6.

177 L. M. Anglin, "S. O. S.!," *The Bridegroom's Messenger* (Atlanta, Georgia), vol. 28, no. 299 (February 1935), p. 5.

178 L. M. Anglin, "Given New Life," *The Bridegroom's Messenger* (Atlanta, Georgia), vol. 29, no. 304 (December 1935), p. 6.

179 L. M. Anglin, "China Suffers Famine," *The Bridegroom's Messenger* (Atlanta, Georgia), vol. 21, no. 268 (March to April, 1927)[原报纸标注为 1927，疑为有误，按照卷号、期号和报纸提及事件的发生时间等信息推测，应为 1928], p. 3.

美南浸信会青岛传教站的楼约翰夫妇于 1929 年上半年参观了"阿尼色弗孤贫院"，并在 1929 年第 8 期的《美南浸信会母会与海外事工》上发文宣传并呼吁救济，称"孤贫院的 600 多人，包括老人、孩子、美国传教士，都只能依靠黑面团加一点蔬菜勉强充饥，他们亟需救济"[180]。《新郎信使报》编辑部也曾专门刊发文章："中国山东泰安'阿尼色弗孤贫院'的院长安临来弟兄报告称，他们的孤贫院经历了圣灵复兴运动。他们新开了一家日均产量为 3 吨的面粉厂，可以为孤贫院创收。市场需求量很大，供不应求。安临来弟兄想募捐 50,000 美元用于购买小麦，等粮食一收割就去收购，这样他们就能照顾孤贫院内五六百名无家可归的孤儿和老无所依的老人了。"[181]为了更好地组织和接受国外捐助，安临来的合作者兰德·马克（G. A. Lundmark）1928 年在美国芝加哥设立"阿尼色弗之家办事处"，尽其所能地进行宣传、募捐工作，并代为销售泰山孤贫院生产的手工制品，为"阿尼色弗孤贫院"的持续运作提供支持。

虽然我们无法准确测量外国资金援助对于"阿尼色弗孤贫院"存续的重要性程度，但是每当孤贫院难以为继、面临解散之虞时，无一不是借助外国援助而化险为夷。比如 1921 年的财政危机发生后，安临来马上回到美国筹集资金，多方奔走呼告，向美国基督徒劝募，最终筹得足够经费渡过难关。1922 年的财政危机发生时，安临来正在美国，他马上向美国神召会总部请求支援，不久华北神召会书记克谟礼牧师急赴泰安孤贫院，临时主持工作；直至美国神召会汇来一笔巨款，此番财政危机才算解除，孤贫院也得以继续存续。[182]

（四）积极争取国内支持

除了向美国各界募捐之外，安临来及其孤贫院也非常重视在中国国内的募捐工作，通过多种方式扩大影响，争取支持。他们曾以孤贫院的名义在《通问报》[183]、《申报》[184]、《新闻报》[185]、《字林西报》（*The North-China Daily*

---

180 Rev. John W. Lowe, "Some Thrills of the Work in Shantung," *Home and Foreign Fields,* vol. 13, no. 8 (August 1929), p. 11.

181 "Missionary News," *The Bridegroom's Messenger* (Atlanta, Georgia), vol. 26, no. 290 (August 1933), p. 6.

182 冯洗泉：《山东泰安阿尼色弗孤贫院史略》，《真光》1928 年第 27 卷第 4 号，第 53 页。

183 安临来：《山东泰安阿尼色弗孤贫院孤贫院募捐启》，《通问报》第 39 号第 1223 回，1926 年 10 月，第 8 页。

184 《西教士为山东孤贫院募捐》，《申报》，1926 年 11 月 6 日，第 15 页。

185 《为阿尼色弗孤贫院呼援》，《新闻报》1926 年 11 月 6 日，第 4 版。

News）[186]、《真光》[187]、《中华归主》[188]等多家中国国内发行的期刊上刊登募捐启示，言辞恳切，谦逊有礼，感人肺腑，比如安临来亲自撰写的这篇启示：

在主里面的兄弟姊们道鉴，敬启者。鄙人于民国元年来贵国布道，民国五年春，蒙神启示创办孤贫院于泰安东关，当时仅有孤儿五人，后从济宁教会送来者二十余人，而东平莱芜泰安各教会之男女孤儿，无人收养者，相继入院。民国九年直省大饥，威县福音堂与临清教会所，临时收养之贫苦孤儿一百四十人，亦送入鄙院。此后迤逦入院者，乃接踵至。现统计之有男孤儿二百六十六人，孤女一百八十一人，嫠妇一十三人，残废者一十七人，附设之学校有初级中学及两级小学，工厂有木工铁工建筑染织缝纫造鞋，冀使此孤苦之小兄弟姊妹，各有普通之学问、手艺，将来能自立自谋生活，但食指日繁，需粮孔多，学校工厂用款亦巨，若纯恃欧美慈善家之少数捐助，不惟其学问手艺难得成就，即其生命亦恐无存活之希望，而鄙人十年来所洒之心血，亦归于无何有矣。为此切心仰求爱心充满之信徒，多发慈心，解囊捐助，或代为劝募。俾此四百余孤苦之小兄弟姊妹，借诸君之牺牲，能身体灵魂双方得救，善莫大焉。愿我在主里面亲爱的兄弟姊们，共是仔肩，无却是盼。专此奉恳静候道安。山东泰安东关阿尼色弗孤贫院院长安临来鞠躬。[189]

考虑到当时中国社会的整体匮乏与贫困，以及总体受教育水平低下对报刊影响的广度和力度所带来的限制，报刊募捐的效果难能令人满意，但至少聊胜于无。除了借助媒体力量之外，泰山孤贫院还注重借力本土资源，千方百计地求生存谋发展。1928年安临来呈请山东华洋赈灾会在泰安设立赈灾分会，获得批准。[190]此外，孤贫院联合当地士绅，游说高官名流捐赠，不断提

---

186 "The Home of Onesiphorus – Appeal for China New Year Aid for Orphans," *The North-China Daily News* (January 20, 1927), p. 7.

187 冯洗泉：《山东泰安阿尼色弗孤贫院史略》，《真光》1928 年第 27 卷第 4 号，第 52-54 页。

188 萧树栖：《山东泰安阿尼色弗孤贫院概况》，《中华归主》第 129 期，1932 年，第 8 页。

189 安临来：《山东泰安阿尼色弗孤贫院孤贫院募捐启》，《通问报》第 39 号第 1223 回，1926 年 10 月，第 8 页。

190 《会闻》，《神召会月刊》第 2 卷第 12 号，1928 年，第 36-37 页。

高自身的知名度和美誉度，为孤贫院的健康持久发展打造良好的社会环境。冯洗泉曾经记录到：

> 一九二七年，泰安商会会长屈蔚堂先生，力倡在中华国内募捐，首由泰安起捐，即又印刷捐启，遍散各地，后见收效不广，遂即中止。一九二八年仍由屈会长倡议，泰安官绅商各界，联名印发捐启，代为捐募。又另给制捐簿一册，册首有泰安道尹、县长、商会之弁言各一篇。又有邑人李星坡先生之游孤贫院记文一篇。制成后，交安牧师携带赴各地募捐。二月初旬，赴济南劝募，首得山东督办张宗昌助金五百元。山东省长助金百元。财政厅长助金二百元。全省警务处长助洋百元……又于二月中旬，赴京津一带，此次以见张大元帅（张作霖）为目的。[191]

上层游说和名人劝捐取得了一定的成效，平均每人数百元的捐助金额虽然不多，甚至对于孤贫院每月约五千元[192]的用度来说杯水车薪，但毕竟可以汇涓成溪，能够部分解决孤贫院的燃眉之急。更为重要的是，高官名流向孤贫院捐献起到了很好的带头作用和示范效应，能够带动更多有能力、有意愿的不同阶层人士参与到支持孤贫院的行动中来，进一步扩大了孤贫院的社会影响力。

（五）打造自力更生的综合体

国内外资源的援助对"阿尼色弗孤贫院"的存续发展至关重要，与此同时，孤贫院也积极开展生产自救，各尽所能地从事劳动，打造了一个集生产、信仰、教育、医疗、生活于一体的集体生活的典范。就生产而言，孤贫院一直致力于自给自足，根据人员的性别、年龄和体力情况分配不同的工作，生产出来的产品除自用之外，还用于销售营利，有的甚至远销美国。在孤贫院最为困难的特殊时刻，安临来夫妇曾到省会济南教授英语以赚钱贴补用度。[193]就宗教信仰而言，孤贫院内所有的孤儿、寡妇、老人等均须参加宗教活动，

---

191 冯洗泉：《山东泰安阿尼色弗孤贫院史略》，《真光》1928年第27卷第4号，第54页。

192 冯洗泉：《山东泰安阿尼色弗孤贫院史略》，《真光》1928年第27卷第4号，第53页。

193 L. M. Anglin, "The Spirit Outpoured in China," *The Bridegroom's Messenger* (Atlanta, Georgia), vol. 27, no. 293 (February 1934), p. 6.

聚会、查经、做礼拜等是每天的常态。正如安临来希望的那样，"既打开他们的心扉，消除对外国人的敌视；又引导他们归向福音，为主作工"[194]。就教育而言，孤贫院自设小学和初中，上午学习，下午劳动，既使孩子们学到高于社会平均水平的文化知识，又能习得可以谋生的一技之长，使他们将来走出孤贫院、回归社会之后，能够独立生活。按照孤贫院简章规定，男女孤贫儿可以在年满 22 岁并在孤贫院服务满一年之后自由出院，不到 22 岁出院者，需按照每月 5 元大洋的标准偿付生活费。孤贫院内人才济济，分工明确，设有公事房、庶务处、售货处、支钱处、招待所、诊病所等，男女职员，不下七八十名，[195]是一个部门健全、组织严密、运作有序的综合体。其三十年代初的组织和运作情况如下所述：

> 现下男女孤儿，约计五百余名，老弱残病鳏寡者数十名，各部职工教员数十人，规模亦颇宏大。分男女两部，皆系半日读书，半日作工，老夫老妇等，衣食全给。设初高级小学，及男女初中初小。又设工厂若干所，男生部设有面粉工厂，电灯机房，铁工厂（分机器内科白铁科红炉科），木工厂，织布工厂，皮鞋工厂，制衣工厂，织袜工厂，毛衣毛巾工厂，染工，建筑，牧畜，农家等事。女生部现有缝纫、刺绣两部。所有出品，除自用外，均行出售。所获之利，皆充救济男女孤儿经费。[196]

"阿尼色弗之家"的美国代表、芝加哥办事处主任兰德·马克曾于 1932 年初亲临山东泰山孤贫院进行访问，并在《后雨福音报》上发文总结，表达了他对安临来主持下的孤贫院各项工作的肯定和鼓励：

> 过去我常常试图从大脑中想象关于泰山孤贫院的画面，以及这里正在开展的各项工作，但我必须说我的想象远不及亲眼看到的那么真实和生动。今天，我亲眼看到了大约 600 个得救的、快乐的、忙碌的人；快乐是因为有人给他们带来了救恩的好消息；忙碌是因

---

194 L. M. Anglin, "China Suffers Famine," *The Bridegroom's Messenger* (Atlanta, Georgia), vol. 21, no. 268 (March to April, 1927) [原报纸标注为 1927，疑为有误，按照卷号、期号和报纸提及事件的发生时间等信息推测，应为 1928], p. 3.

195 冯洗泉：《山东泰安阿尼色弗孤贫院史略》，《真光》1928 年第 27 卷第 4 号，第 54 页。

196 萧树栖：《山东泰安阿尼色弗孤贫院概况》，《中华归主》第 129 期，1932 年，第 8 页。

为每个人都有明确的任务分工。到目前为止，我已荣幸地参加了三场礼拜。我从未在任何国家、任何地方目睹过这种尊崇、敬业和奉献！参加者怀着感谢和感恩的心唱出具有甜美旋律的赞美诗。感谢上帝，感谢祂对无依无靠者的关怀！也感谢安临来夫妇，感谢他们过去十六年来做出的忠诚服务和牺牲。[197]

"阿尼色弗孤贫院"这个位于泰山脚下的生产生活共同体，在国内外援助力量的共同扶持下，在院内所有人员的自力更生下，规模和人数不断扩大，内部运作规范不断完善，助人自助的能力不断提升。在院长安临来的带领下，孤贫院以充满激情的五旬节教义为信仰指导，以分工合作、各司其职、各尽其能为生产常规，将教育、医疗、抚幼、养老、扶困、济贫、赈灾等多种功能集于一身，既传播了基督教特别是五旬节主义的福音，又为社会底层人群提供了容身之处和庇护之所，在当地社会产生了非常明显的典型效应和持续长久的辐射效应。

二、"阿尼色弗孤贫院"的复兴运动

虽然五旬节运动的宣教属性经常被学者忽略，但是正如台湾学者叶先秦指出的那样，"对其他更正教派而言，宣教是使命，然而对初期五旬宗而言，宣教是此运动的本质，圣灵的洗不仅是密契经验，更是宣教的推动力。"[198]与其他教派相比，五旬节派传教士往往带着更多舍我其谁的使命感和时不我待的急迫感来到中国，即便没有强大稳健的差会背景，没有持续稳定的经费支持，没有系统成熟的教义体系，仅仅凭借自身"圣灵充满"的宗教经历和神秘玄奥的"主的呼召"就可以毅然决然地抛下一切，义无反顾地奔向异国他乡，历经艰难险阻而百折不挠。如果没有虔诚的信仰，没有坚定的意志，没有间或的成绩，很难有人能坚持下来。而美国五旬节派的安临来自 1910 年底来到泰安传教、1916 年创办"阿尼色弗之家"、直至 1942 年生命的最后，一直以虔诚的五旬节信仰为精神支柱，以"圣灵充满"的鲜活体验为兴奋剂，并将这一新福音广为扩散传播，使泰安成为山东五旬节运动的重要发源地，也直接导致了"山东复兴"运动中耶稣家庭的诞生。

---

197 "On the Scene of Activity," *The Latter Rain Evangel*, vol. 24, no. 5 (February 1932), p. 18.

198 叶先秦：《华北五旬节运动宣教先驱贲德新及其思想》，第 56 页。

（一）复兴运动的经过

安临来夫妇于 1910 年 12 月 14 日抵达泰安浸信会伊始就开始宣扬五旬节福音，并一直渴慕类似美国阿苏萨街类型的五旬节复兴运动。由于其所宣讲的新教义不被浸信会、美以美会、圣公会所接受，起步阶段相当困难。先是被浸信会排挤出门，后被各主流差会视为"异端邪说"，并严防死守以防本会教友被"偷羊"，想必当初的传教环境不容乐观，传教效果也差强人意。创办"阿尼色弗孤贫院"的初衷，不仅为拯救身体，更为拯救灵魂，使他们成为真正得救的基督徒。从最早的基础性工作，到掀起复兴运动的热潮，安临来夫妇足足等了十多年，终于在 1923 年秋冬之际迎来了"圣灵沛降"的欣喜景况。

根据安临来的报告，复兴之火是由孤儿院的几名女孩点燃的。1923 年 10 月中旬的一个晚上，几个女孩自发聚集在孤儿院的一间教室里进行祷告，十点左右的时候，圣灵突然降临了，并且大大浇灌了她们。[199]在接下来的几天中，复兴之火越烧越旺，仿佛成为一种新的时尚，吸引了更多的人参与进来。该复兴运动主要有两种宗教特征，一是强调认罪悔改，二是注重灵洗经验。1924 年 3 月 1 日，安临来以《又一场五旬节复兴运动》为题，向美国《五旬节福音报》汇报了这一盛况：

> 大约两个月以前，圣灵降临，人们纷纷认罪。最开始是女孩们来到我的房间，向我承认她们违反了孤贫院的规定，私藏布料、针线留为己用。被偷的大部分都被还回来了，没法返还的就用她们微薄的薪水偿付了。她们还找到负责女生部和缝纫房的传教士，请求她的原谅。很长一段时间以来，几乎每天晚上都有人前来认罪。我看到了他们真正得救的凭据，为 102 人进行了水洗。

> 一周前的一个晚上，上帝开始用圣灵为他们施洗，正如五旬节那天一样。在不到 24 小时的时间里，有 30 人获得灵洗。它向森林大火一样迅猛燃烧并急剧蔓延，整个孤贫院都受到了影响。真的，在我的传教生涯中从未见识过这种景象。

> 昨天我们又为 119 人施行了水洗，昨天晚上不同寻常的事情发生了：男孩和女孩们，甚至只有几岁大的娃娃们，都开始说方言，

---

199 "From Our Missionaries," *The Bridegroom's Messenger* (Atlanta, Georgia), vol. 17, no. 250 (March and April, 1928), p. 3.

翻方言，说预言。大约 100 人得到了灵洗。我相信这只是开始。[200]

自从孤贫院掀起复兴运动之后，影响力不断扩大。首先孤贫院内的大人和孩子们参加宗教活动更加积极，人数更多，热情更高，小小的礼拜堂很快就挤满了恳切的祷告者。为了给突然暴增的人员腾地方，安临来颇费脑筋，不仅将座位全部换成了更节约地方的长条凳，甚至将伴奏用的手风琴都搬到了礼堂外面。可见当时人们参加奋兴会之热情程度。曾在孤贫院担任过多年音乐部主任的尼乔荪（Grace Pratt Nicholson）报告称：

> 圣灵正在山东泰安大作工。我多么希望你们能亲自参加我们的礼拜活动，亲眼看到孩子们用母语唱着甜甜的赞美诗，他们双手高举着，满脸幸福地笑着。耶稣让他们感受到了真正的快乐，他们也学会了将快乐大声喊出来并赞美主耶稣。我用我那台小小的手风琴为孩子们伴奏。因为圣灵的降临，越来越多的孩子们想来小小的礼堂参加礼拜活动，他们说"安牧师总能帮我找到地方"。当然安临来牧师也一直在想方设法腾地方，他把礼拜堂的座位全部换成没有靠背的长条凳，并把包括手风琴在内的所有物品都清除出去。即便这样，我们的礼拜堂对于这么多的人来说还是太小了，有的人不得不坐在讲台边上，还有的人根本进不来。请为我们祷告，希望很快能有足够的经费建一座更大的礼拜堂。[201]

孤贫院燃起的复兴之火很快就突破了孤贫院的高大围墙，烧到了外面的世界。有一位在孤贫院作工的中年女性受到感染，皈依基督教，并被"圣灵充满"。在她的影响下，她的儿子、儿媳、女儿和本家的一个亲戚都得到了灵洗经验并受洗入教。[202]整个村子的人都沸腾了，纷纷怀着好奇和怀疑的心态来到孤贫院参加聚会，[203]又有不少人"说方言"，并被"圣灵充满"。一传十、十传百，孤贫院热闹又奇特的奋兴会影响力不断扩大，甚至传到了其他差会。安临来写于 1924 年 11 月 3 日的一篇报告称，

200 L. M. Anglin, "Another Pentecostal Revival," *The Pentecostal Evangel* (Springfield, Missouri), no. 536 (March 1, 1924), p. 11.

201 Grace Nicholson, "Revival in China," *The Pentecostal Evangel* (Springfield, Missouri), no. 545 (May 3, 1924), p. 10.

202 "Result of a Hippo Hunt," *The Latter Rain Evangel*, vol. 16, no. 12 (September 1924), p. 15.

203 Grace P. Nicholson, "Remarkable Deliverance," *The Pentecostal Evangel* (Springfield, Missouri), no. 562 (September 6, 1924), p. 11.

自去年（1923年）冬天燃起的复兴之火已经蔓延至美以美会。在女子学校已有 12 名女生受到灵洗，我还听说有一名女传教士也与女生们一起为圣灵充满而祷告。部分中国基督徒也获得灵洗，其中一名男工人因为圣灵充满说出方言而被开除。然而这并不能阻止圣灵的脚步，很多人都在追求和接受圣灵。美以美会的另一名教友，一名年轻的牙科医生，刚刚受到了灵浸。[204]

安临来报告的这条信息非常重要，他不仅提及复兴运动波及的范围已扩大至其他差会，特别是美以美会；而且可以看出其他差会对五旬节运动的基本态度是反对和排斥。非五旬节派的传教士一旦发现自己的信徒接受了五旬节教义，主流的意见和做法就是开除。当时泰安美以美会的当家人韩丕瑞古板持重，他对泰安神召会等五旬节派教会极为反感，曾在写给友人的一封信中称其复兴活动为"野火"，五旬节派聚会时的"大声哭喊"像"中国人的丧礼"，并将那些坚持追求"圣灵充满"的信徒逐出教会。[205]

（二）复兴运动的动因

宗教复兴与社会生存环境的恶化总是有着密不可分的关系，虽然并非每一次复兴必然伴随如渊如狱的人间苦难，但是每当社会动荡、民不聊生之际，往往更容易提振宗教复兴的精神和需要。安临来到泰安传播五旬节福音，辛勤耕耘十几载才终于在 1923 年底、1924 年初盼来孤贫院的首次复兴，并在 1928-1929 年间、1934-1935 年间等迎来多次复兴，最终将影响力扩散至整个泰安基督教界。个中缘由纵然有时间、经验和影响力的积累等必然因素，也有一定的偶然因素，而这些偶然因素包括疾病、战乱和天灾等。

1923 年和 1924 年间泰安地区爆发天花流行疫病，此病传染性极强，致死率极高。泰山孤贫院也没能幸免，很多孩子和工作人员都感染上了天花病毒。"阿尼色弗孤贫院"秘书杜姑娘（C. Norma Derby）[206]报告称，在孤贫院工作的传教士"韩森教士（Miss Esther M. Hanson）在与天花抗争 12 天后，

204 L. M. Anglin, "Taianfu, Shantung, China," *The Bridegroom's Messenger (Atlanta, Georgia),* vol. 18, no. 253 (September to December, 1924), p. 3.

205 Peter O. Hansen to Ruth Ransom, July 27, 1938, Missionary Files: Methodist Church, 1912-1949 (China Section), Roll No. 57.

206 杜姑娘，神召会教士，1922 年来华布道，驻山东泰安，担任"阿尼色弗孤贫院"秘书。1926 年前后改隶协力公会，转驻察哈尔保安。黄光域编：《基督教传行中国纪年（1807-1949）》，第 583 页。

于 1924 年 5 月 21 日永息主怀"[207]。孤贫院音乐部主任尼乔荪染病之后，双手双脚肿胀疼痛，备受折磨。[208]另有数十名孩子感染天花。但幸运的是，孤贫院除了韩森这一例死亡病例之外，其他染病人员均安然无恙。[209]

安临来在 1924 年 8 月份的报告中也声称孤贫院的孩子全部康复，尼乔荪也即将病愈，并将此归功于"上帝的仁慈"。[210]相比之下，孤贫院外的很多人大量感染、大批去世，人人自危，不知所措。在这种情况下，孤贫院仿佛一个突破自然规律的神奇存在，一下子成为当地各界讨论的焦点，并且很容易让人们产生种种遐想和猜测。难免有人怀着难以抑制的好奇心和窥探心来到孤贫院，且被热闹非凡、异象频现的奋兴会所吸引。五旬节主义重视宗教经验多于教义布道，敬拜仪式与众不同的鲜活，前千禧年主义的末世观给社会灾难的频发提供了某种解释，神迹奇事对于脱离苦难、投身光明提供了某种希望，种种因素对于中下层民众来说非常接地气。集体祷告、认罪悔改、"说方言"、见异象、做异梦等五旬节运动特有的宗教实践，具有很强的说服力和传播性，一方面拉近了上帝与人之间的距离，提高了信仰的可信度；另一方面也给惶恐的心理、枯燥的生活增添了慰藉和调剂。

当疫病退去，复兴的高潮也随之消退；当社会灾难再次加重时，复兴运动会再次兴起。而在二十世纪上半叶的中国，灾难从来不是稀缺品。除了险恶叵测的流行病之外，战争和自然灾害也给民众生命带来了威胁和风险，增加了生活的不确定性。而在这些危机发生的时候，"阿尼色弗孤贫院"的信仰热情往往再次高涨，复兴之火再次炽热。比如 1928 年和 1929 年山东地区连续遭遇战争、大旱、虫害、冰雹，继而引发严重饥荒。很多人衣食无着，流浪街头，安临来在向美国募捐时多次报道山东的灾情，比如：

> 在山东省，大街小巷满是因饥饿而死的尸体。活着的人靠挖草根、吃树皮残留一口气。卖孩子非常普遍，一个婴孩售价不到一美元。50 万人正在挨饿，未来两个月 400 万人即将陷入饥荒。为什么

---

207 "Taianfu, Shantung, China," *The Bridegroom's Messenger* (Atlanta, Georgia), vol. 17, no. 252 (July and August, 1924), p. 4.

208 L. M. Anglin, "Revival Fires," *The Pentecostal Evangel* (Springfield, Missouri), no. 559 (August 16, 1924), p. 10.

209 Grace P. Nicholson, "Remarkable Deliverance," *The Pentecostal Evangel* (Springfield, Missouri), no. 562 (September 6, 1924), p. 11.

210 L. M. Anglin, "Revival Fires," *The Pentecostal Evangel* (Springfield, Missouri), no. 559 (August 16, 1924), p. 10.

呢？部分原因是山东经历三年大旱，但更重要的原因是连年军阀混战消耗了太多的国家财富，导致赈灾物资一无所存。[211]

山东省西部和直隶省南部的大饥荒还在横行。由于干旱、蚱蜢、虫害和冰雹，庄稼颗粒无收。民众靠谷糠和树叶为生。女孩以四美元的价格卖身为奴，甚至更惨。身康体健的人纷纷逃荒至东北或其他地方，老弱病残正在挨饿。[212]

与 20 年代末大饥荒报道同步发出的是孤贫院的复兴消息，并且消息显示灾难带来的复兴不仅仅局限于泰安，其他受灾区域的民众也有类似需求，采取了类似的应对举措。有能力的奋兴会带领者借助更为便利的交通四处巡回演讲，将相同的信息传播到不同的地区。比如安临来夫人 1929 年初给《新郎信使报》写信称：

过去几个月，我们经历了一场精神饥渴（a spiritual drouth），迫切需要灵命更新。亲爱的上帝看到了我们的需要，派了魏牧师（Pastor Wei）来此带领奋兴会，他是来自青岛的本土传道人，已被圣灵充满，主的圣灵就以这样一种宝贵的方式到来了。目前孤贫院已有两个人被圣灵充满，那些无动于衷和踌躇退缩的人正在向主靠近，被主的喜乐所充满。[213]

当此次社会危机解除时，孤贫院的复兴运动又暂告一段落，直到下一次生存挑战到来时，信仰激情被再次激发。1934 年和 1935 年间孤贫院再次面临断粮断炊困境，每天只能喝两顿稀粥甚至无米下锅，断断续续发生多次。当安临来留在孤贫院主持工作的时候，安临来夫人不得不独自一人在济南做兼职赚钱，帮助孤贫院渡过难关。[214]1935 年 7 月黄河再次决堤，导致山东 11 个县受灾严重，500 万人无家可归。孤贫院也积极参与了儿童赈济工

211 "China's Extremity," *The Bridegroom's Messenger* (Atlanta, Georgia), vol. 21, no. 268 (March to April, 1927)[原报纸标注为 1927，疑为有误，按照卷号、期号和报纸提及事件的发生时间等信息推测，应为 1928], p. 2.

212 "The Famine in China," *The Bridegroom's Messenger* (Atlanta, Georgia), vol. 22, no. 271 (January to March 1929), p. 12.

213 Ava P. Anglin, "Home of Onesiphorus," *The Bridegroom's Messenger* (Atlanta, Georgia), vol. 22, no. 272 (April to June 1929), p. 13.

214 L. M. Anglin, "Home of Onesiphorous," *The Bridegroom's Messenger* (Atlanta, Georgia), vol. 28, no. 297 (October 1934), p. 8. 注：安临来在描写阿尼色弗时一般使用英文 Onesiphorus，但此处确为 Onesiphorous.

作，但是面对庞大的需要深感力不从心。[215]与此同时，孤贫院复兴运动再次兴起，安临来按捺不住内心的激动，用自豪和喜悦的语气多次报告孤贫院复兴的消息：

> 我们很高兴地继续我们的事工，并且很高兴地得知整个山东省都有圣灵的大大浇灌。我们从很多地方都听说了圣灵祝福的盛况，得救和被圣灵充满的有好几千人。很多传教士也得到灵浸。其中有一位传教士，17年前当圣灵第一次在这里降临的时候，曾经激烈地反对我们，现在态度大有改观，写来好几封信请求我们的原谅。[216]

> 虽然现在时局艰辛，但上帝正在我们中间给予祝福。一种"旧式复兴"（old-time revival）正在席卷孤贫院。我昨天刚回来，当我走进房间的时候，一群女孩一拥而上把我围住，脸上洋溢着喜悦。她们告诉我，大约43个女孩获得了圣灵的洗。这场复兴自一个月之前就开始了。目前我还不知道男生部那边的情况，他们今天晚上会来看我，跟我分享他们得到的祝福。"[217]

一面是难以为继的物质生活和紧急迫切的求援呼吁，另一面是心虔志诚的宗教信仰和激情四射的信仰实践，这种组合在"阿尼色弗孤贫院"这一案例身上多次出现，频繁上演。历史上灾难与信仰经常成对出没、如影相随，灾难负责制造危机、困境和不确定性，而信仰给人安慰、依靠和希望；灾难越深重，越频发，信仰越虔诚，越炽烈。"阿尼色弗孤贫院"作为一个兼备生产、生活功能的宗教团体，其从美国远道传来的五旬节主义福音不仅给无依无靠的孤贫老幼们提供了温暖的心理慰藉，还给他们带来了鲜明活泼的宗教经验，帮助他们在希望中度过困境。

三、五旬节派对耶稣家庭的影响

很多学者都注意到了耶稣家庭在宗教方面的五旬节主义特征，包括美国

215 L. M. Anglin, "A Distressed Land-Pray," *The Bridegroom's Messenger* (Atlanta, Georgia), vol. 28, no. 303 (October 1935), p. 3.

216 L. M. Anglin, "The Spirit Outpoured in China," *The Bridegroom's Messenger* (Atlanta, Georgia), vol. 27, no. 293 (February 1934), p. 6.

217 L. M. Anglin, "Revival in Orphanage," *The Bridegroom's Messenger* (Atlanta, Georgia), vol. 27, no. 295 (June 1934), p. 6.

学者裴士丹[218]、德国学者狄德满[219]、华裔美籍学者连曦[220]、中国学者陶飞亚[221]等，台湾学者查时杰[222]甚至认为，敬奠瀛所领导的耶稣家庭在灵恩倾向方面是相当极端和强烈的，可谓是"灵恩派"中的极端派。

五旬节派对敬奠瀛以及耶稣家庭的影响表现在宗教信仰和组织形式两个方面，宗教信仰方面即接受五旬节派特别是神召会强调的追求灵恩、"圣灵充满""说方言"等充满激情的宗教体验，总体上采取了更为关注灵魂得救的基要主义立场；组织形式方面主要是受到五旬节派传教士安临来夫妇及其创办的"阿尼色弗孤贫院"的影响，将宗教信仰与生产生活结合在一起，发起成立自给自足、分工明确的集体组织，在极其严酷的生存环境中通过集体的力量共度艰难，满足信徒在属灵追求和物质生活方面的双重需要。

（一）宗教信仰方面

耶稣家庭的发源地——山东泰安是美南浸信会的重要基地，早在1893年宣布脱离美南浸信会海外传道部的高第丕就率领众多传教士来此开拓事工，建立"福音浸信会"，并以此为基地向山东济宁、河南归德、安徽亳州等地扩展，直至1918年重新隶属美南浸信会海外传道部。而美南浸信会一直有热衷复兴运动和帐篷布道的传统[223]，同时也是二十世纪二三十年代"山东复兴"运动的积极参与者，以柯理培圣灵观为中心的教义思想在凯锡克主义的影响下，有着浓重的五旬节色彩。耶稣家庭创始人敬奠瀛所入读的萃英中学是卫理宗美以美会的附属学校，当时美洲大陆源自循道宗的奋兴浪潮还未完

---

218 Daniel H. Bays, *Christianity in China: From the Eighteenth Century to the Present*, Stanford: Stanford University Press, 1996, p. 312.

219 R. G. Tiedemann, "Protestant Revivals in China with Particular Reference to Shandong Province," *Studies in World Christianity*, vol.18, no.3 (2012)；R. G. Tiedemann, "The Origins and Organizational Development of the Pentecostal Missionary Enterprise in China," *Asian Journal of Pentecostal Studies*, vol.14, no.1 (2011).

220 连曦：《浴火得救：现代中国民间基督教的兴起》，第43-55页。

221 陶飞亚：《中国的基督教乌托邦研究——以民国时期耶稣家庭为例》，北京：人民出版社，2012年。

222 查时杰：《山东"耶稣家庭"的经济形态初探（1927-1949）》，《台大历史学报》1990年第15期，第217-238页。

223 Timothy Yeung, "The Chinese Expression of Pentecostalism," *Cyberjournal for Pentecostal-Charismatic Research*, no. 16 (January 2007), http://www.pctii.org/cyberj/cyberj16/yeung.html, 2019年2月19日。

全退减，所以敬奠瀛能在学校中接触到奋兴式的基督教信仰。[224]此外，对敬奠瀛影响重大的美以美会女传教士林美丽和美北长老会医务传教士单覃恩都是注重宗教奋兴运动的人物，故鲍勃·怀特（Bob Whyte）毫无保留地指出"耶稣家庭的领导实在接受了五旬节派的影响"[225]。再加上神召会的影响，敬奠瀛的信仰是带有非常浓烈的五旬节特征的，也因此被很多学者归为"灵恩派"。

敬奠瀛直接接触五旬节教义并彻底接纳五旬节主义的场域是在泰安神召会驻地，即"阿尼色弗孤贫院"内。[226]当时"耶稣家庭"专有名词尚未产生，敬奠瀛领导的团体处于运作"圣徒信用储蓄社"、筹划"蚕桑学道房"的"前耶稣家庭"时期。很可能是被"阿尼色弗孤贫院"在天花疫病中神迹奇事的传闻吸引，敬奠瀛经常带着自己的高徒马鸿纲一同参加泰安神召会的聚会，渴慕"圣灵充满"。一段时间下来，最终"于民国十三年（1924年）同作者（马鸿纲）在神召会中得到圣灵洗的经验，便专心切慕灵恩——'说方言'，作先知讲道，唱灵歌，跳灵舞——走向了圣灵启示之路，和耶稣升天后的门徒是一样，自己不作计划，专凭圣灵的启示和引导"[227]。对照安临来1924年11月3日的报告"自去年（1923年）冬天燃起的复兴之火已经蔓延至美以美会。在女子学校已有12名女生受到灵洗，我还听说有一名女传教士也与女生们一起为圣灵充满而祷告。部分中国基督徒也获得灵洗，其中一名男工人因为圣灵充满说出方言而被开除"[228]。综合考虑各方面因素，笔者有理由猜测安临来提及的美以美会的"一名女传教士"和"一名男工人"很可能分别指林美丽和敬奠瀛，理由如下：马鸿纲明确说敬奠瀛和他第一次得到灵洗经验就是在1924年泰安神召会召开的一次聚会上，时间和地点正好吻合；敬奠瀛曾被美以美会聘为传道，在济南齐鲁共合医院讲道，后在萃英中学任教过一段时间，与美以美会"工人"身份相符；敬奠瀛自传中曾提及自己正因为"说方言"不被许可，而被美以美会负责人韩丕瑞开除[229]；林美丽是引领敬奠瀛

---

224 F. P. Jones, *The Church in Communist China*, N. Y.: Friendship, 1962, p. 18.

225 Bob Whyte, *Unfinished Encounter: China and Christianity*, London: Collins, 1988, p. 177.

226 连曦：《浴火得救：现代中国民间基督教的兴起》，第47页。

227 马鸿纲：《介绍中国新兴的教派"耶稣家庭"》，《协进月刊》1948年第7卷第5期，第7页。

228 L. M. Anglin, "Taianfu, Shantung, China," *The Bridegroom's Messenger (Atlanta, Georgia)*, vol. 18, no. 253 (September to December, 1924), p. 3.

229 《敬奠瀛的检讨及其自传》，泰安县委-001-016-009-005，山东省泰安市泰山区档案馆藏。

归向耶稣的介绍人，二人虽然因为各种原因没有结婚[230]，但两个人都对激情澎湃的五旬节派崇拜仪式非常向往，敬奠瀛于1924年离开美以美会，林美丽于1934年离开美以美会，并于1936年底搬进耶稣家庭，在专门给她建造的小楼上一直住到1938年7月14日去世。上述种种迹象表明，敬奠瀛的"圣灵充满"经历是受到了美国神召会传教士安临来的直接影响，此后耶稣家庭浓重的灵恩倾向也是对"阿尼色弗孤贫院"浓重五旬节气息的仿效和延续。

英国内地会医生传教士李岱汶也记录了一次敬奠瀛被"圣灵充满"的经历。同样是在1924年，当敬奠瀛在查考圣经时，突然感到自己的良心受到责备，原因是敬奠瀛认为妻子陈氏缠足、不贞洁、配不上自己而于1919年将之休回娘家，但是圣经明白写着丈夫要爱自己的妻子。因信仰虔诚而良心不安的敬奠瀛马上去了前妻村庄去接她回家。两地相距十五里之遥，缠足的妻子自不能徒步踏上归途，又无手车可以代步，于是敬奠瀛"便做出了一件中国人所不可能做的事情来。他把她负在背上，背着她回了家"[231]，因此获得灵浸经验。这一系列宗教体验是敬奠瀛接受灵恩之初始，此后就矢志不移地走上了追求灵恩的道路。

在神召会获得灵洗经验的经历对于敬奠瀛来说是个极为重要的信仰转折，这标志着他所信仰的教义不仅是基督教的，更是五旬节主义的。而就当时来说，虽或有个别传教士以个人身份接受了五旬节主义，但主流差会及大部分传教士普遍对五旬节教义和灵恩现象嗤之以鼻，甚至将其视为"异端邪说"而与之划清界限。敬奠瀛曾经就读和任职的美以美会学校萃英中学的校长韩丕瑞就是一名坚定的"正统教义卫道士"，当他知道敬奠瀛接受了五旬节教义之后情绪非常激动，敬奠瀛回忆到，"他因我蒙了灵恩而看我是异端，有一次甚至拍着桌子大发雷霆的叱逐我出学校，我回答说我就出学校，他看我回答的干脆便又接着对我说叫我不但离开学校连教会也要离开，我又回答

---

230 有关资料显示，二人于1919年交换了订婚戒指，但因敬奠瀛系停妻再娶，林美丽与美以美会母会签有五年的单身传教合同，以及传教士中普遍存在的种族偏见等多种因素的共同作用，二人最终没能成婚。《马庄耶稣家庭的卅一年史》，泰安县委-001-016-007-001，山东省泰安市泰山区档案馆藏；连曦：《浴火得救：现代中国民间基督教的兴起》，第45页。

231 李岱汶称这事发生在1920年，但结合多种资料考证，敬奠瀛将前妻陈氏接回并改名陈新圆应是1924年筹建"桑蚕学道房"之初。李岱汶：《"耶稣家庭"印象记》，第30页。

说好，连教会我也离开，从那就离开了"[232]。敬奠瀛宁愿被美以美会除名也不愿放弃五旬节信仰，可见其对五旬节主义教义之认可、信仰之坚定，这一倾向深刻刻画了后来耶稣家庭的信仰风格。

耶稣家庭领导团队的其他成员也都有过接受灵恩的宗教经历。比如马庄"老家"四位主要负责人[233]之一、敬奠瀛巡回布道的主要追随者董恒新，入家之前先在山西卖过几年鸦片，继在军阀阎锡山部队担任铜乐队队长，后进入开封的浸信会神学院担任歌咏队指挥，并在那里结识敬奠瀛，此后加入耶稣家庭。他曾告诉英国传教士李岱汶，"他生命的重大改变的秘密，就是圣灵的充满。这无疑地也就是，他在和那恶劣的环境周旋和答复他们的问题时，所具备的智慧的来源"。[234]耶稣家庭最重要的两位女性负责人陈碧玺和左顺真也都经历了信仰上的深刻转折。陈碧玺出生于湖北武汉一个富裕的基督徒家庭，先后就读于汉阳训女书院、上海圣玛利亚女校、香港大学医学院，1931年学成之后在北平产科学校产科部从事临床医学；左顺真是左宗棠的重孙女，家庭地位极其显赫，出生于 1907 年，1923-1931 年间先后在天津南开中学、北京长老会女子学校就读，毕业后在北平产科学校医院担任护士，1933 年入教，与陈碧玺算是同事关系。1930 年代初，卫理公会武锡考牧师与美以美会的江长川牧师在北京东城朝阳胡同一户张姓基督徒家中带领为期两周的复兴培灵聚会，宣扬"圣灵充满"、献身为主等教义，[235]吸引了不少追随者，其中就有陈碧玺和左顺真。左顺真曾回忆到，在加入耶稣家庭之前，她们曾一起受邀到北京的一个小礼拜堂参加聚会，结果"她们两人都在这里悔改了，正如她（左顺真）所述说一般，她们是在眼泪里藉着圣灵受了洗的，当时她确曾感到震惊，她自己竟不能提出恰当的解释"[236]。此后二人的命运被彻底改变，开始全身心投入五旬节主义的传播。以北平妇产科学校为中心的医师、护士、教师、甚至高中生等多人发起并积极投身于西北传教运动，远赴甘肃、

---

232 《敬奠瀛的检讨及其自传》，泰安县委-001-016-009-005，山东省泰安市泰山区档案馆藏。

233 马庄"老家"有四位最重要的负责人，两位男性，两位女性：男的是敬奠瀛和董恒新；女的是左顺真和陈碧玺。

234 李岱汶：《"耶稣家庭"印象记》，第 32-33 页。

235 李但以理：《基督教对中国西北地区早期宣道记实》，《家训》2010 年第 115 期，第 15 页。

236 李岱汶：《"耶稣家庭"印象记》，第 32-33 页。

绥远、宁夏等地传扬福音并医治病人，最著名的是"北京十姐妹"。[237]这样一群出身名门、地位显赫、学有所长的年轻女性在基督的呼召下，选择舍弃一切，甘愿受苦，在当时的北京教育界引起轰动。最终她们克服重重困难到达贫瘠的塞北地区，建立了数个产妇科诊疗所。1934年她们在这里遇上了前来传道的敬奠瀛及董恒新等，并追随敬奠瀛赴西北传道，1935年正式加入耶稣家庭。因此，耶稣家庭的领导集团认同五旬节主义、重视灵恩元素是不足为奇的。

（二）组织形式方面

从组织形式上来看，耶稣家庭集宗教信仰、生产生活、教育医疗、慈善救济等一身的多部门、多功能、综合体发展模式与五旬节派传教士安临来夫妇及其创办的"阿尼色弗孤贫院"具有高度的相似性，可以认为耶稣家庭是对泰山孤贫院的扩展版和升级版。

耶稣家庭的创办人敬奠瀛与安临来及其"阿尼色弗孤贫院"之间的关系颇为密切，可谓源远流长。1924年耶稣家庭成立之前敬奠瀛即在安临来创办的"阿尼色弗孤贫院"里接受了五旬节教义，并被"圣灵充满"。1925年因接受灵恩而被美以美会开除的敬奠瀛曾在"阿尼色弗孤贫院"担任过会计和监工，[238]当时孤贫院正在安装发电机，用电灯照明，并且修建了男女浴室、图书馆、医疗所、展销部、发行部等。不久敬奠瀛因包庇孤贫院主要负责人之一、神召会主任冯洗泉[239]的不当行为而被逐出[240]，但将近一年的经历使敬奠瀛有机会近距离观察和学习孤贫院的组织架构和运作方式。1928年初，即耶稣家庭成立之后的第二年，敬奠瀛曾陪同安临来前往济南募捐，获得山东督办、山东省长、警察厅长、财政厅长捐洋近千元，回泰安稍事调整后于2月26日启赴天津、北京等处募捐，求见张作霖等京津要人。[241]受感于敬奠瀛为

---

237 "北京十姐妹"包括：陈碧玺、左顺真、左守真（左顺真的胞妹）、武思典（武锡考的姑娘）、赵太太、赵婉贞、姜续贞、吕冰芝、郭继真、侯善真。初受武锡考影响较大，后来部分加入敬奠瀛领导的耶稣家庭。《马庄耶稣家庭的卅一年史》，泰安县委-001-016-007-001，山东省泰安市泰山区档案馆藏。

238 陶飞亚：《中国的基督教乌托邦研究——以民国时期耶稣家庭为例》，第87页。

239 《神召会月刊》1928年第2卷第20号，第4页。

240 《马庄耶稣家庭的卅一年史》，泰安县委-001-016-007-001，山东省泰安市泰山区档案馆藏。

241 《会闻》，《神召会月刊》1928年第2卷第12号，第36-37页。

孤贫院筹资不辞辛苦、千里奔走的精神，泰安神召会主任冯洗泉亲切地称之为"泰安召会之柱石"。[242]敬奠瀛与五旬节派全福音会驻山东龙山的会务主任富茂禄（Olof S. Ferm）夫妇交情匪浅，这对传教士夫妇于1924年从瑞典来华布道，初时驻于济南东北七十余里的山东龙山，[243]1931年上半年分别在泰安东郊[244]和济南市区[245]开辟了两个新的传教站。富茂禄夫妇曾获得耶稣家庭邀请，在马庄"老家"[246]和泰山"小家"[247]小居数日，并被敬奠瀛和张天民等耶稣家庭主要负责人奉为上宾。长于诗词歌赋的敬奠瀛还专程为神召会作《游行布道歌》（调用苏武牧羊）一首，以示支持，该《游行布道歌》歌词为：

> 游行布道乐陶然，来往无拘束，行止不计年。席大地，幕苍天，宇宙是家园。栉风复沐雨，航海又梯山，历尽苦中苦，方登天上天。天使天军欢欢喜喜接我进迦南。

> 游子归家乡，父主喜非常，擦眼泪，换衣裳，大朋乐洋洋。金琴声细细，福音韵悠扬，灵筵极美备，爱席更馨香。圣父圣子圣灵圣徒永远欢聚在天堂。[248]

正因为敬奠瀛与神召会及"阿尼色弗孤贫院"之间长期维持的密切关系，使敬奠瀛有机会全面深刻地了解孤贫院的组织目标、内部构成、分工合作、运作方式与对外关系等多方面信息，使其日后能够以此为模板进行模仿和学习，并结合中国文化处境进行一定程度的发挥和创新。二者都生发于二十世纪上半叶的山东泰安，同样严酷的生存环境、同样艰难的生计挣扎、同样虔诚的宗教信仰、同样热烈的敬拜体验使安临来和敬奠瀛做出了很多相同的选择，他们都希望借助集体的力量，为那些虔诚而惶恐的人们提供一方庇

---

242 冯洗泉：《介绍一首适合今日召会之诗歌》，《神召会月刊》1928年第2卷第12号，第36页。

243 洗泉：《山东龙山神召会报告》，《神召会月刊》1927年第2卷第1号，第42页。

244 *The Bridegroom's Messenger* (Atlanta, Georgia), vol. 24, no. 279 (January to March 1931), p. 7.

245 Pauline and Olof Ferm, "A Great Door Opened," *The Bridegroom's Messenger* (Atlanta, Georgia), vol. 24, no. 280 (April to June 1931), p. 7.

246 山东省人民政府文化教育委员会宗教事务处：《马庄耶稣家庭"三自革新"总结报告》，1952年9月17日，A014-01-0009-02，山东省档案馆藏。

247 《泰山耶稣家庭家长张天民的罪恶事实及处理意见》，泰安县委-001-016-010-003，山东省泰安市泰山区档案馆藏。

248 冯洗泉：《介绍一首适合今日召会之诗歌》，《神召会月刊》1928年第2卷第12号，第36页。

护天地，满足人们在精神和肉体方面的双重需要。安临来及其"阿尼色弗孤贫院"虽然不是最早的践行者，却是早于敬奠瀛的先行者，因此成为后来者的学习标杆和模仿对象，正如泰山学院历史系教授蒋铁生所观察到的那样，安临来及其"阿尼色弗孤贫院"为敬奠瀛及其耶稣家庭"树立了一个基督教不仅能拯救灵魂也能解除人间痛苦的榜样"[249]，我们可以从很多方面看到其相似性。

首先，从组织性质和目标来看，二者都具有宗教信仰和物质生活双重属性。"阿尼色弗孤贫院"是安临来夫妇1916年创办的一家基督教团体组织，其基本目标是"解除人们因疾病、穷困带来的痛苦，给饭吃、给衣穿，解救那些无家可归的受难者，使他们在十字架下找到安宁和宽恕，并给予上帝的力量和爱"。[250]1927年成立的耶稣家庭也以"爱的组织""大同共产"为旗帜，解决了不少人所忧虑的生计问题。[251]以共同的五旬节主义宗教信仰和敬拜仪式为号召，以集体生活和集体生产为外在形式，为各自成员生活提供基本的物质保障，为流离失所的人们提供另外一种选择和去处，使他们在风雨飘摇的动荡年代觅得一方栖身之所，是"阿尼色弗孤贫院"和耶稣家庭的最大共性。

其次，从组织的内部分工来看，二者均是按照成员的能力集体生产、分工合作。"阿尼色弗孤贫院"分为男女两部，男部设有面粉厂、铁工厂、木工厂、布工厂、鞋工厂、电机房、建筑、农耕、牧畜等部门；女部设有缝纫、刺绣等部门。对于年长的老夫老妇也有分工，老夫抬粪扫地、守田禾、看茶炉；老妇则负责缝衣补破。[252]耶稣家庭里面亦是如此，根据性别、年龄、健康状况进行分工，各尽所能地共同生产。两个组织都是全员上下齐动员、共发动、同生产，其产出既满足自家需用，亦对外出售，多种途径扩大生产，增加收入，尽其所能实现自给自足。

再次，从组织的部门设置来看，二者均是集宗教、生产、生活、教育、医疗、养老等多种功能于一身的综合体。"阿尼色弗孤贫院"为神召会传教士

---

249 蒋铁生：《变异·禁欲·共产——"耶稣家庭"再探析》，《史学集刊》2003年第3期，第29页。

250 郑新道：《泰山孤贫院》，泰安市文史资料委员会编：《泰安文史资料》（第2辑），1987年，第89页。

251 查时杰：《中国基督教人物小传（下册）》，第223-225页。

252 冯洗泉：《山东泰安阿尼色弗孤贫院史略》，《真光》1928年第27卷第4号，第53页。

所创，是泰安地区宣讲五旬节福音的大本营，孤贫院内早晚均有聚会、查经会，周末有礼拜，院内基督徒的比例很高。除了分工合作、各司其职地从事生产之外，孤贫院还设有初级小学、高级小学、初中男女学校，所有学生半日学习、半日劳动，所有毕业生均接受与其年龄相符的文化教育和职业技术教育，有利于将来自谋生路、自力更生。1924年天花疫病过后，孤贫院内设立专门的医药部，对院内人员提供基本的医疗卫生服务。与之类似，耶稣家庭也设有学校、医院、育婴室、老人院等基本设施，规模更大，人员更多，条件更好，保障更全面。

最后，从建筑风格和添置设备来看，二者均吸收了西方社会和工业文明的部分成果，可谓"泰安现代化"的先行者。为了增强"阿尼色弗孤贫院"自立自养能力，安临来除设置了铁工、木工、建筑、农牧等传统行业以外，还花大气力设置了发电厂和磨面厂。他通过募捐的方式从美国筹得一大笔资金，并从美国定制了发电机和磨面机，将它们运到泰山孤贫院后，由年长一些的男孩们进行操作，其生产的"美瑞德"牌面粉大为畅销，成为孤贫院最主要的收入来源。全院实现了电灯照明，还配备了男女浴室、图书馆等西式装备。受其影响，耶稣家庭的马庄"老家"也赶起了时髦，盖起了农村罕见的砖瓦小楼，种田施用化肥，灌溉依靠水泵，照明用上了电灯，还办起了幼儿部、学校及西式医院等。这些充满欧美风情的配置和架构明显印着"阿尼色弗孤贫院"的影子。

虽然耶稣家庭在很多方面借鉴模仿甚至照搬了"阿尼色弗孤贫院"的组织设置和运作方式，但同时也根据自身组织特性和中国文化处境进行了很多调整和创新。比如在对待"私产"方面，"阿尼色弗孤贫院"并不禁止私产，其工作人员可以根据工作量多少获得些许报酬，虽然微薄，但允许成员以此收入来购置某些体现个性化的装备，比如衣服、装饰品等；刚刚入院的孤贫儿，如有财产可以寄存在孤贫院，将来出院时可以将原产领出。[253]但是耶稣家庭中"破产"成员即基本成员是没有收入的，也不允许有私产，甚至有爱美人士因为使用化妆品而受处罚。在教育方面，"阿尼色弗孤贫院"不仅设有初高级小学，还设有初中男女学校，人员不足之处通过外聘来解决；而耶稣家庭只有幼稚园和小学，没有初中，并且不甚鼓励家庭成员接受更高层次

---

253 冯洗泉：《山东泰安阿尼色弗孤贫院史略》,《真光》1928年第27卷第4号，第54页。

的教育，所有教员皆由家庭成员担任，内敛性和封闭性更强。在自立自养和经济来源方面，"阿尼色弗孤贫院"的成员主要是劳动能力有限的儿童、残疾人和老人，创收时间和效果都受到影响，所以外部援助对其健康稳定发展至关重要，在几次生死存亡的关键时刻都是借助外力渡过难关；耶稣家庭虽然老人和孩子的数量也比较多，抚养比例也比较高，但是一半以上都是青壮年劳动力，因此自立自养能力更强，自给自足程度更高。

第四节　耶稣家庭对中国传统文化的吸收

耶稣家庭的产生与发展一方面是基督教全球扩张和世界五旬节运动的重要表现，另一方面也受到了中国传统文化和民间信仰的深刻影响，是中外糅合、中西合璧、土洋联姻的产物。从耶稣家庭的缔造者敬奠瀛的家庭背景和成长经历可以看出，其在皈依基督教之前曾受过儒家、道家、民间信仰等多种中国文化因素的影响，善于汲取不同文化传统之精华并杂糅创新，既游离于现存任一信仰体系之外，又与各种文化传统相去不远，为困惑迷茫的中下层民众提供了一套既熟悉又新鲜的信仰产品和生活方式。

作为耶稣家庭卡里斯马型核心领袖，敬奠瀛的经历与倾向给耶稣家庭打上了深刻的个人印记。他从小深受儒家文化熏陶，后来又醉心黄老之学，22岁受洗加入基督教，后来又是民间教派"圣贤道"成员，因此他的思想是中外糅合、多元复杂的。敬奠瀛动员人们断绝俗缘，破产入家，是基督教的出世思想与道家虚无思想的有机结合；他所倡导的"无贵无贱"的平均主义生活方式，可以在孔子"民不患寡，而患不均"的大同理想中找到源头；在"家庭"中宣传孝道以及家庭成员对"家长"的服从体现出家长制管理的浓重痕迹；他们"说方言""见异象""被提"等宗教经验在中国民间宗教中颇为常见，裴士丹就指出类似"被提"的活动在义和团中就很盛行。更远一点，与太平天国领袖所借用的"耶稣附体""代天父传言"等方式也是一样的，只是角色不同而已。[254] "这种借神灵附体的行动，实际上是从道教传向民间社会的，巫婆神汉们都会来几下，所以耶稣家庭的创始者们使用起来得心应手，一般群众也不感到陌生"。[255]

---

254 Daniel H. Bays, *A New History of Christianity in China*, pp. 131-132.
255 陶飞亚、刘天路：《基督教会与近代山东社会》，第 107 页。

如果说信仰领域是一个充满竞争的刚需市场，市场上中外教义、新旧理论、各色产品均有供应，各摊主争相叫卖，使出各种推销手段，尽可能吸引顾客的话，从一定意义上来说，敬奠瀛既是一名精明的顾客，又是一名精明的销售商，具有相当高的欣赏水平和创造水平。作为"顾客"，他非常善于选购产品，能够准确判断目前市场上哪些教义元素更受欢迎，更容易被其他顾客所接受，比如五旬节主义的活泼敬拜模式，儒家的大同理想，道家的虚无思想，民间宗教中的"劫变"思想，民间歌谣中的词牌曲调等，因此不惜重金采购囤货。作为"供货商"，敬奠瀛善于博采众家之长之后进行深度再加工，将之前不同类别"旧瓶"中的美酒各取适量进行调兑，并加入一些新的添加剂、调味剂，然后装入适当包装的"新瓶"进行销售。作为"销售商"，敬奠瀛擅长利用血缘关系、地缘关系、业缘关系、趣缘关系等社会关系网络进行产品销售，通过建立组织文化、打造销售团队、建立连锁分支机构等多种方式扩大规模，增加销量。经过几十年的时间，最终打造出一个总部位于泰安马庄，分支遍布十多个省份达一百多家的大型集团。在整个生产和销售过程中，敬奠瀛使用最频、用量最大的元素就是五旬节教义、儒家文化、道家思想和民间信仰，换言之，耶稣家庭是敬奠瀛将基督教教义与中国传统文化和民间信仰融合嫁接的产物。

一、儒家文化的影响

家庭社会学认为，原生家庭对一个人的影响是终生的、全面的、难以估量的。敬奠瀛的家庭对敬奠瀛的影响也同样是持久、深远和不可忽略的，这其中最为重要的是儒家文化中以孝悌为中心的庭训家风。敬奠瀛曾回忆到，其曾祖父曾经穷得无立锥之地，与寡母靠乞讨为生，三十岁时尚未穿过鞋袜。三十岁以后靠养猪种地略有积蓄，温饱无虞。故此敬奠瀛的祖父能够念书，可惜至中年时因不堪继母虐待，竟自缢而死，年仅三十六岁。[256]敬奠瀛的父亲敬传箕自幼孤苦，与母亲相依为命，喜好读书，不谙农事，以私塾教员和中医身份谋生，家有良田一百多亩，房几十间。[257]敬奠瀛弟

---

256 《敬奠瀛的检讨及其自传》，泰安县委-001-016-009-005，山东省泰安市泰山区档案馆藏。

257 《马庄耶稣家庭的卅一年史》，泰安县委-001-016-007-001，山东省泰安市泰山区档案馆藏。

兄五个，分别为敬奠汜、敬奠润、敬奠泽、敬奠涵和敬奠瀛，因敬奠瀛排行第五，被称为"敬五叔""五叔"。敬传箕亲自给自己的五个儿子授课，传讲儒家经典和思想，治家甚严，注重礼教，不苟言笑。敬奠瀛十三岁时母亲去世，十五岁时父亲去世，由大哥敬奠汜照顾长大。总体而言，敬奠瀛生于没落地主之家的原生环境，以及该环境对于儒家正统思想的珍视和灌输对于敬奠瀛的影响极为深远。下面仅以儒家思想中的"孝"文化和大同思想为例，进行说明。

（一）"孝"文化

作为儒家文化传承人和宣讲人的敬奠瀛的父亲敬传箕，对于"孝"文化极为重视，不仅自己是远近闻名的孝子，而且一直向自己的儿子灌输孝悌思想。敬奠瀛曾说，父亲经常在私塾授课之余给自己和四个哥哥讲授二十四孝悌诗，不厌不倦，言恳辞切，形容尽致。[258]在父亲的谆谆教诲和身体力行地带动下，敬奠瀛将孝悌观念内化于心，并以此作为自己的行为标准和规范，甚至想以自己的"孝"感动天地，为父母增福添寿。敬奠瀛在自传中讲过一个感人至深的故事：

> 我幼时身体瘦弱多病，十一二岁随父读书于邻村，大学长高而骄常藐视，睡眠时与父同榻，就学习黄杏温被的行为，每晚睡下即由被筒内爬至父处先行温被，免被同学看见加以诮笑。一次父生重病，便血不止医治无效，随将父亲的血粪抿入口中咽下，并不是尝尝大便的滑涩以辨病症是否危急，实在是愿意感动天神施行救治啊！[259]

如果说十一二岁的孩子偷偷学习"黄杏温被"，给自己的父亲送温暖已经令人感动，那么，吞服父亲的血便以祈求神仙为父亲施救的举动更加撼动人心，一方面折射出敬奠瀛心理上的神秘主义和极端主义倾向，另一方面也反映了儒家"孝"文化对敬奠瀛影响之深刻。一旦将这种思想内化，并实践出一定高度，那么在日后的耶稣家庭中，"孝"文化被摆在极其重要的位置，并要求家庭成员高标准、严要求地遵守执行就不足为奇了。

---

258 《敬奠瀛的检讨及其自传》，泰安县委-001-016-009-005，山东省泰安市泰山区档案馆藏。

259 《敬奠瀛的检讨及其自传》，泰安县委-001-016-009-005，山东省泰安市泰山区档案馆藏。

"孝"文化成为耶稣家庭主流文化的提案是由敬奠瀛的外甥夏传真（后改名夏余光，比敬奠瀛大一岁）最早提出来的，他认为"耶稣家庭既是一个家，就应当讲孝道；因为家的存在，全是靠孝道来维持的"[260]。该提议与敬奠瀛自幼接受的儒家文化孝悌教育不谋而合，回应了敬奠瀛内心深处的某种珍视。作为"人家长"的敬奠瀛马上表示全力支持，此后耶稣家庭就大大提倡起孝道来了。"破产"入家以后，"血统"家庭被"灵统"家庭所取代，因此"灵统"家庭的负责人、主要是大小"家长"就成为普通家庭成员孝敬的对象，成为"孝"文化的受益人，而普通成员则要争当"孝子"。敬奠瀛要求家长要在儿女面前有绝对的权威，儿女在家长面前要没有自己，即不管"灵中父母"做的好不好、对不对，"灵中儿女"都要尽到孝顺的本分，放弃自我的不同想法，完全服从家长的意见。可见，儒家传统中的"孝"文化是耶稣家庭家长制管理的思想根源。

（二）大同理想

托名孔子的《礼运·大同篇》脍炙人口、闻名天下，是儒家经典必读篇目，令历代儒生文人和普通民众心生向往。在这一千古名篇中，孔子描绘了自己想象的理想世界应该有的样子，即天下太平，没有战乱，人人和睦，丰衣足食，安居乐业，天下大同：

> 大道之行也，天下为公。选贤举能，讲信修睦，故人不独亲其亲，不独子其子，使老有所终，壮有所用，幼有所长，鳏寡孤独废疾者皆有所养，男有分，女有归。货恶其弃于地也，不必藏于己；力恶其不出于身也，不必为己。是故谋闭而不兴，盗窃乱贼而不作，故外户而不闭，是谓大同。

虽然在中国历史上，孔子"天下大同"的乌托邦思想并没有多少实践价值，[261]但是却给了熟读儒家经典的敬奠瀛很多启发和想象，甚至成为敬奠瀛毕生追求的目标。1920年敬奠瀛筹办"圣徒信用储蓄社"即是他实现"大同社会"的第一步。在1921年"圣徒社"开幕时的骈文中，敬奠瀛说："从来商贾多利己，赔上生命赚物质。尺争分寸，秤争高低；瞒老欺少，巧言花语。

260 敬振东：《敬奠瀛的言与行》，《天风》1953年第8、9期，第12页。

261 陶飞亚：《耶稣家庭与中国的基督教乌托邦》，《历史研究》2002年第1期，第136页。

见富贵则胁肩谄笑，遇贫贱则睥睨藐视。似这般黑暗商界，实令人痛伤心肺。来来来，我们同心努力，急起直追。本耶稣舍己精神，实行利他主义；使人类无贫无富，俾市价无高无低。叫那些压死工农的资本家，永远再没有立足地。到那时，普世平等，皋皋熙熙，异口同声都说道：'奉主名来的是应当称颂的'"。[262]面对人人追求私利的社会黑暗，敬奠瀛主张用基督徒的诚实守信来克制人性的逐利本性，建立属于基督徒自己的理想世界。

耶稣家庭正式成立之后，敬奠瀛更是仿照孔子的"天下大同"的思想确立了耶稣家庭的发展目标，创作了长达12段的经典赞美诗歌《耶稣家》进行了具体描绘，不管是在词汇用语方面，还是在理想描述方面，几乎是对孔子乌托邦世界的复制对应升级版。唯一不同的是将基督教术语，比如"耶稣""神旨"等嫁接其中，实现了对西方基督教文化和中国儒家文化的双重吸收和创新。《耶稣家》的部分歌词如下：

> 耶稣家，爱充满，少者怀，老者安，鳏寡孤独也泰然，病养死葬各得所，宾至如归有余欢，残废格外感恩典，说什么大同共产，愿神旨在地如天。

> 耶稣家，信充满，不欠债，不劝捐。靠主生活不费难，男耕女织各守分，能者多劳愚者闲，舍己主义在心间，说什么平等互助，灵同胞一体相关。

> 耶稣家，乐充满，无忧苦，无愁烦，相爱自有真喜欢，朝朝暮暮常颂赞，不必丝竹吹打弹，感恩爱主味香甜，说什么美术娱乐，灵充满快乐无边。

> 耶稣家，望充满，不爱吃不爱穿，高楼大厦全不美，外体一日坏一日，内心一天新一天，今世苦难至轻暂，深盼望耶稣快来，穿义袍欢迎向前。[263]

正因为《耶稣家》所描绘的"鳏寡孤独也泰然""男耕女织各守分"的"大同共产"生活与《礼运·大同篇》所向往的"鳏寡孤独废疾者皆有所养""男有分，女有归"的"天下大同"理想具有高度的对应性，满足了古往今来中国人对理想社会的共同憧憬和向往，引起了社会大众对当下生活不满的

---

262 敬奠瀛：《民国十年"圣徒信用储蓄社"开幕时之骈文（1921年）》，《灵韵集》，耶稣家庭内部资料，第1页。

263 耶稣家庭：《耶稣家庭诗歌》，284-14-1743-34120，山东省图书馆藏，第187-188页。

共鸣，因此很多人被耶稣家庭所吸引，共逐大同梦想，共建理想家园。可惜吃苦舍己、取缔私产、平均主义等倡议与人的天性相违背，生产关系与生产力之间的内在矛盾在社会动荡、生存困难的极端时期可能被短暂压制，但终究禁受不住长期的时代考验而退出历史舞台。

二、道家思想的影响

道家思想的鼻祖老庄在世界观方面基本上持"出世"立场，比如老子讲的"法自然"、虚静、柔弱、归真等都传达出消极避世的信息，庄子讲自然、养生、避患全生也体现了超然洒脱的世界观和价值观。[264]在人生哲学方面，老子讲究"无知无欲""无为不争"，庄子在此基础上更加追求精神超脱，由齐物而逍遥，所以后世的失意者、消沉者、隐居者多半读老庄，正是出于这个原因。

耶稣家庭的创始人敬奠瀛早期经历颇为坎坷，自幼体弱多病，身心颇受折磨；十四五岁时母父相继去世，顿失精神依靠；十六岁时科举制取消，考取功名的人生理想破灭，接踵而至的一连串打击使得敬奠瀛悲观厌世，对社会现状产生强烈的不满，并试图从道家思想中寻找慰藉。

> 我幼时看傀儡戏，在唱韩湘子度林莺--别中有一句戏词是"家有黄金珠百斗，难买生死路一条"，心里很受感触，觉得世上名利无味，生命短促，因此这句戏词常萦绕在脑海里，不能忘记，是我厌世思想的根苗。又因自幼多受灾病，更增加了我悲观主义的观念，时常空想炼丹妙术出世修仙，故又敬爱老庄之学，十九岁遍游徂徕名山，探访幽楼，廿一岁得炼丹书四部，视如珍宝，遂又登泰岱，亲临诸峰，觅一仙境，修炼成道，后因信了耶稣，才打破了这个修仙的迷梦，但这种避世及悲观的消极思想，却一直潜伏在我的脑海中，有时也支配着我的人生。[265]

炼丹不成、修炼无门、成仙无望，敬奠瀛最终于1912年即中国末代皇帝宣布退位的同一年走进教会学校萃英中学的大门，开始了与基督教的第一次亲密接触，并在美以美会女教士林美丽的影响下受洗皈依。即便如此，道家

---

264 熊铁基：《秦汉新道家》，上海：上海人民出版社，2001年，第198-199页。
265 《敬奠瀛的检讨及其自传》，泰安县委-001-016-009-005，山东省泰安市泰山区档案馆藏。

消极避世、无欲不争的思想并没有消失，一直影响着敬奠瀛及其后来发起创建的耶稣家庭。比如敬奠瀛鼓励人们切断与世俗世界的一切联系，脱离亲情、友情、爱情等人间情欲的羁绊，放弃房屋地产金银珠宝的拖累，心无旁骛地投入耶稣家庭这一与世隔绝、自成体系的净土乐园，在每天与"神"近距离沟通的平安喜乐中度过一生。耶稣家庭的经典诗歌《人生最高峰》中有一句歌词"无求于世，不慕荣名富贵，道足乎充满，喜乐和平。个个爱人舍己，人人服务牺牲，生死是小事，做人为大功"[266]，亦唱出了无欲无求、看透生死的消极与洒脱。

三、民间宗教的影响

民间宗教是植根于广大民众尤其是下层民众中的信仰，其内容十分庞杂，从对形形色色的自然物和自然力的信仰，到对祖先、鬼魂的崇拜，形成了一个具有绝大影响力的亚文化系统。[267]尽管民间宗教不是中国社会的"制度性宗教"，但由于其历史悠久，传播甚广，必然会对包括基督教在内的所有外来宗教产生影响，更会对包括敬奠瀛在内的众多民间知识分子产生影响。从另一个角度来说，以西方五旬节派教义为主的基督教之所以被敬奠瀛等民间知识分子所接受，也正是因为西方五旬节主义与中国民间宗教二者具有某种程度的一致性和契合性，故而可糅合可嫁接。一方面，五旬节派被提、灵言、灵舞等宗教经验在某种程度上与山东社会的降神附体等民间信仰很相似；另一方面五旬节派的末世观也与民间宗教中的"劫变"观念相近。

敬奠瀛因早年生活的坎坷，对于天地神鬼等超自然存在心存敬畏，具有虔诚的信仰意识和坚实的心理基础，对于儒释道等传统文化和民间宗教等信仰元素具有较为开放的心态，先后尝试过多种不同的信仰实践。除早年受儒家伦理学说、道家虚无厌世思想等思想影响之外，耶稣家庭创始人敬奠瀛22岁进入教会学校学习，24岁皈依基督教，成为美以美会教友；28岁时被教会推荐到济南共合医院担任专职传道员，并在济南加入民间宗教组织"圣贤

---

266 李继璟：《马庄耶稣家庭》，山东省政协文史资料委员会编：《山东文史集粹·民族宗教卷》，第239-240页。

267 高师宁：《当代中国民间信仰对基督教的影响》，《浙江学刊》2005年第2期，第50-51页。

道"。[268]敬奠瀛的外甥夏传真亦是圣贤道的骨干成员。[269]圣贤道的"劫变"末世论思想和回到"真空家乡"的追求对敬奠瀛影响很大。曾经的中国基督教"三自"爱国运动委员会副主席、山东省神学院院长王神荫认为，"敬奠瀛的许多说教和方法，与其说是基督教，倒不如说是受圣贤道的影响"。[270]敬奠瀛及其耶稣家庭不仅吸收了民间宗教中的"劫变"思想，还借鉴了民间宗教中极其常见的神秘主义宗教体验，实现了西方基督教与中国民间宗教的有机结合。

（一）"劫变"末世观

末世论是基督教的核心教义之一，基于信徒对末世来临的不同理解，大致有后千禧年主义[271]、无千禧年主义[272]和前千禧年主义三种观点，其中五旬节运动所坚持的"前千禧年论"认为世界显现末世预兆，基督再临与信徒在地上作王千年。这种末世论常常渲染基督来临前极其恐怖的大灾难，令人在恐惧战兢中信靠上帝。

无独有偶，在中国传统民间宗教中，也存在一种儒释道混合的"劫变"末世论，对敬奠瀛影响最大是圣贤道。圣贤道又名还乡道、秘密还乡道、好好道、劝人学好道、摸摸道、娃娃道、真法圣道、天下第一道等，又因其尊崇孔孟圣贤，又称孔孟圣道，是清末民初颇有影响的秘密会道门之一。山东大学路遥教授曾对其进行过专题研究，认为圣贤道是由邵文生离卦教系统演变而来，在山东地区普遍流传有"九宫八卦圣贤道"之说，从组织渊源来看乃离卦教之演变，而离卦教则是八卦之枝杆。[273]还有人认为，"圣贤道"有可能是山东义和团运动兴起之前"义和门"教派的直接继承人。[274]圣贤道

---

268 山东省人民政府文化教育委员会宗教事务处：《马庄耶稣家庭"三自革新"总结报告》，1952 年 9 月 17 日，A014-01-0009-02，山东省档案馆藏。

269 《马庄耶稣家庭的卅一年史》，泰安县委-001-016-007-001，山东省泰安市泰山区档案馆藏。

270 王神荫：《马庄"耶稣家庭"始末》，中国人民政治协商会议山东省委员会文史资料研究委员会编：《文史资料选辑》第 17 辑（内部发行），第 111 页。

271 "后千禧年主义"认为在圣灵的帮助下，教会能够带领社会进入"千年王国"。这是一种非常乐观的末世论，随着一战的爆发，持守这种观点的信徒减少。

272 "无千禧主义"认为"千年"是一种意喻，这种末世论比较谨慎。

273 路遥：《山东民间秘密教门》，第 220 页。

274 丁庭记录，白三校注：《关于圣贤道的一些资料》，民盟天津市委员会文史资料研究小组编：《文史参考资料汇编》第三辑，1979 年，第 62 页。

的组织体制与道内职级仿效封建帝制，实行家长制统治；成员有共同的群体意识，明确的职能分工；虽经清政府的多次镇压和取缔，但仍顽强流传下来，在鲁、冀、豫、晋、苏等地广为传播。[275]与很多明清以来的秘密教门和会道门一样，圣贤道实行多神崇拜，尊崇"无生老母"，宣扬三世劫降、三佛治世、三教主宰等教义。圣贤道在山东地区流传过一本传道小册子《韩子问道》假托韩湘子向吕纯阳问道，宣传三期劫变和三佛治世思想：

> 头一期，老母命燃灯佛度化原人，道教治世，清净为本，金刚佛把守，单等原人，有合同、立凭记才可进入云门，明道日期在三月三，云城设在老王坡隐。第二期，释迦佛下凡，度化东林（即东土），由佛教治理，铁罗汉把守，不收恶人，念诵金刚经，每天焚香，明道日期在五月五，云城设在亳州，让原人请进。以上头、二两期，各度回二亿原人……第三期，是水、火、风一齐下降，旱、瘠（涝）、饥馑普遍发生。至此时，八德休，四海生灵休，三纲堕，匪乱起，无生老母命弥勒佛投凡东土，帮助收元。这时期儒教治世，弥勒佛为教主，度96亿原人同登法船，明道日期在九月九。[276]

可以看到，五旬节派的"前千禧年论"与圣贤道的"劫变"信仰非常相近，都认为世界末日即将来临，世界目前和将来的混乱即是末日的征兆，所幸有大德大能的救主出于怜悯和慈悲，愿意向即将大灾临头的凡夫俗子伸出援手，只要诚心皈依，即可免遭劫难，且都强调自己是唯一的拯救。

耶稣家庭的"家长"敬奠瀛受到基督教教义和民间宗教的双重影响，更加坚定了世界末日即将来临的信念。他将基督教的末世论用普通民众所容易接受的儒释道的语言进行包装，利用自己精湛高深的文学修养和才华横溢的创作天赋，创造了大量宣扬末世论的诗歌，比如《末日来到了》《末日景气》《时候到了》《这世界不长久》《世界快完了》《天国近了》《逃避灾难》以及《逃逃逃》[277]等数十首诗歌，并将耶稣家庭称为"末日救星""诺亚方舟""人类宝筏"，为信徒提供精神庇护和心灵归宿。来自乡村与社

---

275 陆仲伟：《圣贤道研究》，社会问题研究丛书编辑委员会编：《会党、教派与民间信仰》，北京：知识产权出版社，2012年，第35页。

276 路遥：《山东民间秘密教门》，第267-268页。

277 《耶稣家庭诗歌》，泰安：山东泰安耶稣家庭编印，1940年，山东省泰安市档案馆藏。

会底层的一般民众，是中国社会苦难最为深切的体会者与承受者，也是摆脱苦难最为热情的寻求者。他们不会过多纠缠于宗教教义的正统性与逻辑性，而是最为现实地选择能帮助他们面对现实困难、获得解脱的宗教。正是这两种末世论的内在一致性，使得五旬节主义的基督教信仰迅速被华北下层民众所接受。

（二）神秘主义的宗教体验

神秘主义的宗教体验是基督教五旬节派与中国民间宗教的共同追求。耶稣家庭所追求的"说方言"、发预言、见异象、做异梦、神迹医治等神秘主义宗教体验虽然是五旬节主义的典型特征，但同时也与中国民间宗教内部的宗派运动形成强烈共鸣。[278]敬奠瀛之所以脱离美以美会转而接受神召会的教义与实践，也是因为"在当时传入中国的基督教宗派中，该派的宗教经验最接近华北民间传统，也最具有宗教激情"[279]。耶稣家庭强调宗教激情，流行哭泣喊叫及带有许多形体动作的祈祷方式。[280]成百上千的信徒聚在一起参加奋兴会，一起大声哭喊追求"圣灵充满"，尽情宣泄对主的渴慕与虔诚，想必画面是热闹非凡的，也是神秘异常的。《耶稣家庭诗歌》中有多首描述奋兴会的唱诗，比如"奋兴会，灵风吹起，会众朦胧醒悟，良心责，觉有重罪，始而不愿认，继而想逃遁。奋兴会，灵雨普降，会众全然改良，得释放，喜乐洋洋，忽而皆跳跃，忽而皆仆倒。"[281]滕县华北神学院的朱信曾于1930年代参加过耶稣家庭的一些奋兴聚会，对于家庭成员们追求圣灵时的特殊场景感到震惊。[282]这种神秘主义的宗教体验既是包括耶稣家庭在内的五旬节派教会吸引某些信徒的重要媒介，同时也是导致另外一些信徒不愿意接受五旬节教义的重要原因。

在耶稣家庭中，"圣灵充满"的凭据是多种多样的，亦是区分为不同层次的，最低层次是"说方言"，其次分别是见异象、做异梦和发预言，层次

---

278 Daniel H. Bays, "Indigenous Protestant Churches in China, 1900-1937: A Pentecostal Case Study," Steven Kaplan ed., *Indigenous Response to Western Christianity*, New York: New York University, 1995, pp. 124-143, 138-139.

279 陶飞亚：《中国的基督教乌托邦研究——以民国时期耶稣家庭为例》，第133页。

280 陶飞亚：《耶稣家庭与中国的基督教乌托邦》，《历史研究》2002年第1期，第135页。

281 耶稣家庭：《耶稣家庭诗歌》，284-14-1743-34120，山东省图书馆藏，第9页。

282 朱信：《我所认识的耶稣家庭：介绍与评论》，《呼喊》1987年第48期，第39页。

最高的是"被提"[283]。"被提"发生的时候，基督信徒进入一种明显昏迷的状态，其灵魂离开身体升天，能够见到耶稣本人，听到耶稣的声音，直接从耶稣那里得到启示和力量。[284]在那些"被提"的人中，青少年占了大多数，其次是成年妇女，成年男子最少。耶稣家庭成员认为，只有获得"圣灵充满"的宗教经验，才能证明"主"住在了自己心里，才能得到神的眷顾而"重生"，成为摆脱此世牵挂和焦虑的"新人"[285]。

　　不少西方学者都观察到，耶稣家庭成员被"圣灵充满"的宗教体验与山东及华北其他地方的降神附体现象有惊人的相似之处。柯文和周锡瑞曾对二十世纪之交的义和团运动起源进行了探索，提出义和团宗教活动的核心仪式就是降神附体。柯文引用了山西安泽县志的一份记录来描述该过程："其法以片纸书咒语，净口诵毕，则其人忽仆。少时起立，即狂舞呓语，或称关帝下降，或言孔明附身。"[286]周锡瑞将神拳的仪式描述为："他们在习练之前先向东南方向磕头、烧香、喝清水。然后将一椅置于桌上，坐在上面'请老师下山'。他们双目紧闭，凝神运气，摇晃身体直至呼吸加速，浑身乱颤以达于降神的状态。"[287]裴士丹还注意到，义和团降神附体时有一种入门仪式叫做"上提"，它与耶稣家庭"被提"仪式中的"提"字不管是在称谓上还是意义上都是相同的。[288]

　　敬奠瀛曾经加入的民间秘密教门"圣贤道"也有降神附体的仪式。曾在解放后参与过"四清"工作的丁庭，因工作需要接触过很多圣贤道的道首和道徒，并搜集到有关圣贤道的各种仪式、灵文（经咒）资料。根据他的研究，圣贤道的大小头目有各种不同称谓，如"号士""法士""大士""贤士"

---

283 连曦：《浴火得救：现代中国民间基督教的兴起》，第49-50页。

284 裴士丹：《义和团的宗教体验与 20 世纪 20 年代山东基督教"耶稣家庭"的比较》，宋敏敏译，中国义和团研究会编：《义和团运动与近代中国社会国际学术讨论会论文集》，济南：齐鲁书社，1992 年，第 522 页。

285 冯兰馨：《历年来我从主听到的重要言语》，铅印本，第 8 页。

286 柯文：《历史三调：作为事件、经历和神话的义和团》，杜继东译，南京：江苏人民出版社，2000 年，第 83 页。

287 周锡瑞：《义和团运动的起源》，张俊义、王栋译，南京：江苏人民出版社，1998年，第 256 页。

288 裴士丹：《义和团的宗教体验与 20 世纪 20 年代山东基督教"耶稣家庭"的比较》，宋敏敏译，中国义和团研究会编：《义和团运动与近代中国社会国际学术讨论会论文集》，第 524 页。

"秋士""丁士"等，其中"号士"和"法士"是道首，也是掌管教务的神职人员；此外还有一种特殊的神职人员，名叫"明眼"，他们从小就要经受特殊训练，从道首那里专门学习技术，不依靠法器，单纯依靠嘴说来吸引群众：

> 他们常是在开坛时，事先秉承号士、法士的指示，在进行一定的仪节，如焚香、念灵文之后，就变换了人格，托称仙佛附体，能直接"看"到神、仙、佛、鬼，并传达他们的话。论他的身分是在号士、法士之下，但实际的作用，却是圣贤道全部迷信活动的真正体现者。他们不但借神仙的名义宣传讲解圣贤道的一些道理，并且能够为每个道亲去寻找他死去的亲人，为他们往返传达信息。[289]

敬奠瀛和他的外甥夏传真都曾是圣贤道的成员，对于圣贤道吸引会众最核心的仪式应该不会陌生。事实上，类似仪式在晚清民国的华北地区非常普遍和流行，不管是宗教团体的领导阶层还是普通民众都容易接受。此外，不管是义和团的"降神附体"、圣贤道的"仙佛附体"还是耶稣家庭的"被提见主"，最容易发生的群体都是青少年，柯文对此的解释是"这可能与中国古代一种观念有关，即处男和处女身心纯洁，更容易成为神灵的代言人，协助神灵与恶魔搏斗"[290]。可见，二者在很多方面都具有高度一致性。

耶稣家庭只是中国本土教会的一个缩影和代表，事实上真耶稣教会、灵恩会等众多具有灵恩倾向的自立教会都受到了西方基督教传统特别是五旬节主义和中国传统文化与民间信仰的双重影响，甚至像宋尚节、王明道等当时名震全国的奋兴布道家都像中了魔咒似地欢迎五旬节主义，原因也在于"五旬节主义信仰奇迹和超自然力量，正好与中国传统民间信仰不谋而合"。[291]连曦最后总结道，"像民间宗教一样，民间基督教无论其以基督新教或是天主教形式出现，都强调治病、神迹以及利用灵界神力的类似本领，给在生活中挣扎着的普通人助一臂之力。就像有人信妈祖、娘娘、龙王或其他民间宗

---

289 丁庭记录，白三校注：《关于圣贤道的一些资料》，民盟天津市委员会文史资料研究小组编：《文史参考资料汇编》第三辑，第 59 页。

290 柯文：《历史三调：作为事件、经历和神话的义和团》，第 100 页。

291 Deng Zhaoming, "Indigenous Chinese Pentecostal Denominations," Allan Anderson and Edmond Tang eds., *Asian and Pentecostal: The Charismatic Face of Christianity in Asia*, Baguio City, Philippines: Regnum Books International, 2005, pp. 437-466,438.

教里的神灵是为了求得佳偶、求子（而不是女儿）、求取考试成功或求消灾解厄一样，皈依基督教的信徒也强调其信仰灵验，能为人带来各种裨益。"[292]总体来说，中国本土基督教会对于奇迹、灵验、激情宗教体验的强调是对东西方宗教传统的双重借鉴和发展。

小　结

耶稣家庭是二十世纪二十年代至五十年代初出现的一个土生土生的基督教组织。它由山东泰安人氏敬奠瀛发起创办，以泰安马庄"老家"为模板，在全国十多个省份建立了一百多处规模不一的"小家"。耶稣家庭以动荡不安的社会环境为发源背景，一方面对苦难深重的中下层民众表示同情，另一方面提出一个遁世虔修的应对方案，号召基督徒们回到基督教诞生之初的使徒社会，打造一个共同信仰、共同劳动和共同生活的综合体。伴随着二十世纪上半叶中国社会的各种不稳定因素，耶稣家庭凭借顽强的生命力和灵活的适应力获得了持续发展，从穷乡僻壤的泰安马庄扩散到上海、南京、西安、济南等大中城市，汇集了数以千计的追随者。家庭成员的主体是濒临破产的社会底层，但也不乏香港大学、齐鲁大学等名校毕业的高级知识分子以及名门望族。

作为由山东人发起创办、并由山东走向全国的基督教团体，耶稣家庭具有极其显著的地方特色和组织特征。在宗教信仰上坚持属灵主义和基要主义的基本立场，并将五旬节主义的时髦教义与中国本土文化进行融合，为那些追求极端宗教体验的基督徒提供了一方几乎与世隔绝的天地；在经济生产和生活方面践行使徒时代的集体生活，共有共享共产共用，以精神方面的极大丰富来弥补物质生活的匮乏，为乱世之中在饥饿和死亡边缘挣扎的穷苦民众提供了一方安全的角落。其多种组织特色的形成，受到了多方面因素的共同影响，其中既有西方基督教差会特别是五旬节派的影响，也有中国传统文化和民间信仰的影响。耶稣家庭大本营所在地山东泰安的地方文化也深深刻画了耶稣家庭的外显特征和内在气质。在二十世纪二三十年代热热闹闹的基督教复兴运动中，貌似内敛、孤立、保守的耶稣家庭也当了一回时代"弄潮儿"，热烈欢迎五旬节的"圣灵浇灌"，不顾美以美会等主流差会的强烈反对和孤

---

292 连曦著：《浴火得救：现代中国民间基督教的兴起》，第 199 页。

立，固执追求"圣灵充满"的神秘宗教体验，将"圣灵恩赐"以"移民宣教"的方式带到自己在全国各地开辟的一百多处宣教中心，是"山东复兴"运动发展为"中国复兴"运动的重要推动力量。

结　语

　　基督教"复兴"有着悠久的历史传统，亦是时有发生的寻常现象。基督教就是在"复兴——低沉——复兴"的循环往复中得以延续并不断扩张。在整个二十世纪，基督教至少经历了八次全球范围内的复兴运动，而"山东复兴"正代表着第二次全球复兴运动在中国地区的高潮部分。

　　从全球地域化视角来看，"山东复兴"运动是世界"古典五旬节运动"的有机组成部分。世界"古典五旬节运动"兴起于十九世纪末二十世纪初的欧美国家，基本神学主张包括追求"圣灵充满"，坚持前千禧年主义，重视"说方言"、见异象、做异梦、唱灵歌、跳灵舞、发预言、医病赶鬼等神迹奇事，并且认为"说方言"是"圣灵充满"的重要（有人认为是唯一的）凭据。该运动主要发源于美国加利福尼亚州的阿苏萨街，最早流行于美国黑人和蓝领工人等社会中下层，后凭借"圣灵充满"的宗教体验逐渐扩散到更大的范围，在多个地方掀起了五旬节复兴运动。其时恰逢欧美基督教界上演"现代主义与基要主义之争"，在现代派和自由派看来，"古典五旬节运动"过于强调超自然能力和超自然现象，与日益昌盛的科学主义思潮背道而驰，即便不是不可理喻也是不值效仿；而在同一阵营的其他基要派和保守派看来，五旬节主义的部分神学教义没有足够的《圣经》依据，特别是"说方言是圣灵充满的唯一凭据"一说缺乏说服力，但也有人对五旬节主义持同情态度。在总体而言备受歧视和排斥的夹缝中，五旬节教派在欧美世界艰难立足，由此拉开了五旬节运动的帷幕。

五旬节主义具有很强的复兴属性和差传属性，是近代基督教历史上最为持久的复兴动力之一，也是基督教全球扩张的主要媒介之一。五旬节主义运动传入亚、非、拉国家后广受欢迎，制造了基督徒人数增长最多、最快的"奇观"，被某些学者称为"上帝南下""世界复魅""非世俗化"的最重要推动力。当今五旬节主义的广泛流行是多次复兴运动的产物，其中最明显、最重要的复兴运动有三次，分别是二十世纪初的"古典五旬节运动"或"旧灵恩运动"、六十年代的"新灵恩运动"或"圣灵更新运动"和七十年代中期的"葡萄园运动"或"新五旬节运动"。三次运动最大的区别在于参与主体和地位评价不同，在第一波"古典五旬节运动"阶段，五旬节派还是主要流行于社会中下层民众和边缘群体的小宗派，受尽了各大主流宗派的歧视和排挤；到了第二波"新灵恩运动"阶段时，几乎所有主流宗派都接受或部分接受了五旬节教义，其中包括卫理宗、长老宗、信义宗、圣公会以及天主教会等，五旬节派实现了与其他宗派平起平坐的历史突破；第三波"新五旬节运动"特别强调健康和财富，鼓励信徒追求和创造财富，同时吸引更多具有较高经济地位、政治地位和社会地位的基督徒加入，打破了五旬节派主要局限于社会中下层的"刻板印象"。

中国是世界"古典五旬节运动"波及较早、发展迅速的地区之一。中国作为人口众多的东方大国，一直是基督教海外传教事业的重点对象。当"古典五旬节运动"还在阿苏萨街如火如荼进行之时，以"信心传教士"为主体的五旬节派先驱开始来华传播五旬节教义，他们往往受教育程度不高，没有受过系统完整的神学训练，也没有稳定的收入来源，纯粹出于对"上帝呼召"的使命感、为神迹奇事作见证的责任感、世界末日的危机感、"耶稣快来"的紧迫感，或单枪匹马、或夫妇同行、或三五成群地来到中国，揭开了中国"古典五旬节运动"的序幕。最初五旬节派传教士以其他宗派的在华传教士和中国基督徒为主要传教对象，通过向他们展示"说方言"、见异象、做异梦、医病赶鬼等"圣灵恩赐"引人"改宗"，为此受到"异端邪说""邪教""偷羊"等各种指控。即便如此，早期五旬节派传教士依然在中国华南港澳粤、华东沪浙、华北京津冀、华西南西藏边境和华北山东等地区逐渐站稳脚跟，并发展出第一批追随者，为民国时期基督教"山东复兴"运动奠定了基础。

　　"山东复兴"运动有两个复兴中心，一个是美南浸信会掀起的"西方式"中心，另一个是中国本土教会推动的"本土式"中心。虽然美南浸信会是"山东复兴"的积极发动者和重要参与者，但是随着时间的推移，中国教会领袖和中国基督徒很快接过了复兴运动的接力棒，逐渐成为复兴运动的主力军，"山东复兴"运动中心随之由"西方式"过渡为"本土式"。由于五旬节主义本身不强调神学教义的系统性和完整性，不强调教会的组织性和建制性，不强调基督徒的身份边界性和宗派认同感，所以它容易引发教会分裂和自立门户。早期在华五旬节派教会如使徒信心会、神召会、圣洁会、五旬会等都是规模不大的基督教组织，其产生本身就是从主流教会分裂出来的产物，同时也不得不面对被再次分裂的命运。中国五旬节派教徒显然注意到了西方在华五旬节派教会的适应性与灵活性，也学习到了它们的组织特点与运作方式，并以此为榜样创办了兼具西方基督教传统和中国民间信仰特色的五旬节派教会，比如魏恩波创办的真耶稣教会、敬奠瀛创办的耶稣家庭、杨儒林等创办的灵恩会等。从某种意义上说，"山东复兴"运动的过程同时也是中国基督徒领袖登上历史舞台并日益发挥更大作用的过程。

　　"山东复兴"运动的"西方式"中心是美南浸信会华北差会。与美北长老会、美以美会等其他主流差会义正言辞地与五旬节主义划清界限并严令禁止中国信徒追求"圣灵充满"不同，大多数美南浸信会传教士对"说方言"等"圣灵恩赐"采取了包容和接纳的立场，其结果是维持了教会的统一和完整，不仅把原有的中国基督教留在了美南浸信会，而且吸引了更多的人加入教会。值得一提的是，美南浸信会在华传教士由于对五旬节主义的态度不同而产生裂隙，以柯理培、郭维弼等为首的"复兴派"对五旬节主义的暧昧态度引发了另外一些人的不满，后者向位于美国田纳西州纳什维尔的美南浸信会总部发起指控，要求总部派人前来调查取证和纠正谬误。虽然总部在调查后将其定性为"凯锡克主义"而非"五旬节主义"，并对复兴运动的成果表示肯定，但该事件也使得美南浸信会传教士对"五旬节主义"更加敏感和警惕，总是有意无意地与之撇开关系。

　　"山东复兴"运动的"本土式"中心之一是真耶稣教会，它是中国最大的五旬节派本土教会之一，由魏恩波 1917 年创建于北京。而山东潍县真耶稣教会的两位负责人张灵生和张巴拿巴早在 1910 年代初就有了"圣灵充满"和"说方言"的经历，并各自在居所处发起成立了五旬节派教会"耶稣真教会"，其信仰内容看起来像是撷取和组合了使徒信心会的方言灵浸、浸信会的浸礼、基督复临安息日会的守星期六为安息日、独一神派的独一真神论等不同宗派教义理论的大杂烩，充分表现了中国教会领袖的学习借鉴能力和融会贯通能力。魏恩波及其真耶稣教会与山东潍县的"耶稣真教会"在很多方面具有高度相似性，但也有所不同，比如魏恩波首倡"面向下"的浸礼，而"二张"与五旬节派传教士一样都是"面向上"的浸礼。魏恩波在山东布道四个月之后，"耶稣真教会"并入真耶稣教会，山东真耶稣教会发展进入新阶段。在"山东复兴"运动中，山东真耶稣教会多有参与，在潍县、济南、阳谷、聊城、青岛等多个县市都掀起了复兴运动，但受张巴拿巴分裂活动的影响，山东真耶稣教会内部两派对立、分庭抗礼，严重削弱了"山东复兴"运动的深度和广度。

"山东复兴"运动的另一个"本土式"中心是耶稣家庭，亦是新中国成立以前山东省境内规模最大的五旬节派教会。其创办人是来自山东泰安的敬奠瀛，以教会源头使徒时期的"圣徒相通"为榜样，将有共同基督教信仰的人们召集在一起，要求人们各尽所能、各取所需，以集体的力量共同应对不断恶化的社会环境。耶稣家庭有很多跟其他教会截然不同的鲜明特点，信仰上的属灵主义，政治上的超然主义，经济上的平均主义，生活上的极简主义，婚姻家庭上的禁欲主义，管理上的集权主义，对外交往上的孤立主义，驻地上的隔离主义等都使得耶稣家庭成为当时一个特立独行的存在。"破产入家"后的家庭成员对物质生活方面的需求是相对较低的，但是对精神信仰方面的需求是相当高的，每天用于祷告的时间可以与劳动时间持平。在他们的宗教生活中，"圣灵充满"的神秘体验胜过《圣经》与《论语》的总和。耶稣家庭以位于泰安马庄的"老家"为模板，以"移民传教"的方式不断对外拓展，在全国十多个省份建立了127处"小家"，发展信徒过万人，是"山东复兴"运动演变为"中国复兴"运动的重要推手。

"山东复兴"运动兴起的过程同时也是基督教本土化的过程。在复兴运动过程中，中国本土五旬节派获得同步发展，它们代表的是基督教本土化的"下层路线"。实现基督教本土化是二十世纪上半叶中国基督教界不断努力的目标。当时的中国社会等级分化相当明显，来自不同背景和阶层的基督徒在探索基督教本土化时采取了不同的策略，大致而言可归纳为两种模式，一种是"中西新教合作建制"模式，以诚静怡、余日章、赵紫宸、吴雷川等高级知识分子和基督徒精英为代表，他们从较为学术和理性的角度进行理论探索和具体实践，代表的是"上层路线"，不足之处是短期内在神学、组织和经济等各方面无法摆脱对西方差会和传教士的依附地位；另一种是"自立本土教会"模式，如魏恩波的真耶稣教会、敬奠瀛的耶稣家庭、发源于山东费县的灵恩会等，其教会创办人往往是成年后皈依基督教的民间知识分子，相对而言不那么注重教义的"正统性"和"系统性"，而是信仰的"鲜活性"和"灵验性"，其目标人群是社会贫困和边缘人群，代表的是"下层路线"。这些本土教会虽然规模有限但是发展迅速，不仅实现了自立、自传、自养，而且对当代中国基督教现状具有一定影响。

混融主义是基督教本土化"下层路线"的实现路径，也是"山东复兴"运动的动力机制。通过对真耶稣教会、耶稣家庭和灵恩会等本土教会的信仰进行追根溯源的研究可以发现，它们的信仰体系里面既有西方基督教传统，特别是五旬节主义的神学主张，同时也有中国民间宗教和传统文化的浓重痕迹。一方面，"山东复兴"运动中本土教会的五旬节特征是非常显著的，也是有迹可循的。这些五旬节派教会创始人无一不是直接或者间接受到五旬节派传教士的影响，真耶稣教会的魏恩波是受到使徒信心会贲德新的影响，潍县耶稣真教会领袖张灵生第一次求圣灵的经历是在上海使徒信心会，耶稣家庭的敬奠瀛是在泰安神召会安临来于"阿尼色弗孤贫院"带领的奋兴会上第一次被"圣灵充满"的，杨儒林和孙占尧是在南京孤儿院马兆瑞牧师在临沂费县带领的奋兴会上决定脱离美北长老会自立灵恩会的，而马兆瑞第一次接触五旬节教义可以追溯到上海使徒信心会传教士陆慕德夫人。从这个意义上来说，二十世纪二三十年代的"山东复兴"运动是二十世纪初中国"古典五旬节运动"的延续。

另外一方面，"山东复兴"运动中本土教会的中国元素也是非常醒目的，尤其是传统文化和民间宗教的影响清晰可辨。跟世界其他国家和地区的五旬节派相比，中国五旬节派聚会的一些突出特点是很多其他国家所没有或不突出的，比如非常嘈杂的集体祷告，痛哭哀嚎式的当众认罪，"被提"升天的神秘体验，集权主义的管理方式等，这些特征很容易令人联想到旧时私塾里摇头晃脑大声诵读的学童、农村地区的葬礼、巫婆神汉乩童的降神附体、经久不衰的家长制传统等。事实上，五旬节派本土教会领袖耳濡目染的生活环境决定了他们对于中国民间信仰毫不陌生，他们最终所选择的元素往往是西方基督教传统与中国民间宗教传统交叉相似的部分，比如真耶稣教会所重视的"禁食"与道教的"辟谷"、耶稣家庭对"回到早期教会"的想象与孔子对"大同社会"的设计、前千禧年主义"末世论"与民间宗教的"劫变"思想，"圣灵充满"与"降神附体"，"医病赶鬼"与"驱邪"等。魏恩波、张灵生、敬奠瀛等民间知识分子，大多是熟悉基督教、兼通儒释道的复合型宗教领袖，同时受到了中外两种信仰传统的影响。

　　需要特别指出的是，在"山东复兴"运动中，不管是美南浸信会、真耶稣教会还是耶稣家庭，在神学教义、宗教仪式和传教布道过程中都采用了"方言灵浸""医病赶鬼""灵歌灵舞"等形式吸引会众，被很多西方主流差会和中国精英基督徒视为"异端"或"迷信"，并不被广泛接受和认可。很多学者从社会学、心理学、人类学等学科角度出发，对此类宗教现象进行过研究，提出了"模仿学习说""从众心理说""较低社会阶层说""集体行为说"等理论，客观分析了为何在明显荒谬和有悖常识的情况下仍有很多人趋之若鹜、盲目追随，这也与二十世纪上半叶中国特别是山东地区中下层民众受教育水平低、认知和判断能力差、科学素养不足有关。另一方面，"山东复兴"运动并非是内发原生的，而是世界"古典五旬节运动"蔓延至中国的一个产物，从这个意义上讲，它难以摆脱"宗教渗透"和"文化侵略"的属性，是当时帝国主义在全球范围内进行经济、军事、文化全面扩张的组成部分。基督教本土化的实现路径有很多，以本土五旬节派教会为代表的"下层路线"只是在当时特定的历史时期、特定的历史条件下自然萌生出来的一种模式和尝试，它既不是唯一的，也不是必需的；对其历史地位和评价既不能因为其"复兴"表象而夸大，也不能因为其宗教性质而全盘否定，需要理性、客观、辩证看待。

参考文献

一、中文部分

（一）地方史志与资料汇编

1. 安作璋编：《山东通史·近代卷》（上下册），北京：人民出版社，2009年。

2. 费县民族宗教办公室编：《费县民族宗教志》，临沂：909文印社承印，1991年。

3. 广西壮族自治区基督教三自爱国会：《广西基督教浸信会传教史》，中国人民政治协商会议广西壮族自治区委员会文史资料研究委员会编：《广西文史资料》第十四辑（内部发行），1982年。

4. 韩德清：《我所了解的济南基督教》，济南市基督教三自爱国运动委员会、济南市基督教协会内部读物。

5. 黄光域编：《基督教传行中国纪年（1807-1949）》，桂林：广西师范大学出版社，2017年。

6. 黄光域编：《近代中国专名翻译词典》，成都：四川人民出版社，2001年。

7. 兰州市地方志编纂委员会编：《兰州市志·民族宗教志》，兰州：兰州大学出版社，2007年。

8. 临沂地区民族宗教事务局编：《临沂地区民族宗教志》，临沂：临沂地区出版办公室，1994年。

9. 《民国山东通志》编辑委员会编：《民国山东通志·宗教志》，台北：山东文献杂志社，2002 年。

10. 南京市地方志编纂委员会编：《南京民族宗教志》，南京：南京出版社，2009 年。

11. 《南阳民族宗教志》编辑室编：《南阳民族宗教志》，南阳：南阳市民族宗教志编纂办公室，1989 年。

12. 青岛市史志办公室编：《青岛市志·民族宗教志》，北京：新华出版社，1997 年。

13. 山东省地方史志编纂委员会编：《山东省志·民政志》，济南：山东人民出版社，1992 年。

14. 山东省地方史志编纂委员会编：《山东省志·少数民族志·宗教志》，济南：山东人民出版社，1998 年。

15. 山东省历史研究所编：《山东省志资料》第 4 期，济南：山东人民出版社，1962 年。

16. 山东省政协文史资料委员会编：《山东文史集粹·民族宗教卷》，济南：山东人民出版社，1993 年。

17. 山东省政协文史资料研究委员会编：《文史资料选辑》，济南：山东人民出版社，1985 年。

18. 山东省宗教志编纂工作办公室：《山东省宗教志资料选编》第 1 辑，内部资料，1987 年。

19. 山东省宗教志民族志编纂工作办公室：《山东省宗教志资料选编》第 2 辑，内部资料，1989 年。

20. 泰安地区地方史志编纂委员会编：《东岳志稿：泰安地区史志资料》第 2 辑，内部资料，1984 年。

21. 泰安市泰山区郊区地方史志编纂委员会编：《泰安市志》，济南：齐鲁书社，1996 年。

22. 王绍曾：《山东文献书目》，济南：齐鲁书社，1993 年。

23. 潍坊市地方史志编纂委员会编：《潍坊市志》（下卷），北京：中央文献出版社，1995 年。

24. 潍坊市奎文区档案局编:《老潍县宗教》,北京:中国文史出版社,2016年。

25. 烟台市人民政府民族宗教事务处编:《烟台市民族宗教志》,烟台:烟台市人民政府民族宗教事务处,1993年。

26. 禹城县人民政府民族宗教办公室编:《禹城县基督教志》,德州:禹城县人民政府民族宗教办公室,1989年。

27. 政协亳县委员会文史资料研究委员会编:《亳县文史资料》第一辑,1984年。

28. 政协山东省烟台市芝罘区委员会文史资料研究委员会编:《芝罘文史资料》第四辑(内部资料),1989年。

29. 中共山东省委党史研究室编:《中国山东编年史》第7卷,济南:山东人民出版社,2015年。

30. 中国科学院山东分院历史研究所:《山东省志资料》,济南:山东人民出版社,1962年。

31. 中国人民政治协商会议广东省委员会文史资料研究委员会编:《广东文史资料》第36辑,广州:广东人民出版社,1982年。

32. 中国人民政治协商会议历下区委员会编:《史海钩沉》,历下文史资料之一,内部资料,2008年。

33. 中国人民政治协商会议山东省委员会文史资料研究委员会编:《山东文史资料选辑》第17辑,济南:山东人民出版社,1984年。

34. 中国人民政治协商会议山东省委员会文史资料研究委员会编:《山东文史资料选辑》第21辑,济南:山东人民出版社,1986年。

35. 中国人民政治协商会议烟台市委员会文史资料研究委员会编印:《烟台文史资料》第4辑,内部资料,1985年。

36. 中国社会科学院近代史研究所翻译室:《近代来华外国人名辞典》,北京:中国社会科学出版社,1981年。

37. 中国史学会济南分会编:《山东近代史资料》第3分册,济南:山东人民出版社,1959年。

38. 中华续行委办会编:《中华基督教会年鉴》(再版)13册,1914年-1936年,台北:中华教会研究中心、橄榄文化基金会联合出版,1983年。

39. 中华续行委办会调查特委会编：《1901-1920 基督教调查资料（原《中华归主》修订版）》（上下卷），蔡永春、文庸等译，北京：中国社会科学出版社，2007 年。

（二）档案馆资料

1. 陈光藻：《真耶稣教会创立》，1998 年，真耶稣教会台湾总会图书馆藏。

2. 《对处理耶稣家庭的意见》，A014-01-0012-18，1953 年 7 月 17 日，山东省档案馆藏。

3. 《函送泰山耶稣家庭革新运动宗教报告》，A014-01-0013-8，1953 年 1 月 28 日，山东省档案馆藏。

4. 华东局宣传部：《同意逮捕"耶稣家庭"家长敬奠瀛》1952 年 9 月 2 日，A057-02-011-12，山东省档案馆藏。

5. 《关于马庄耶稣家庭革新后的情况报告》，A014-01-0009-03，1953 年 11 月 17 日，山东省档案馆藏。

6. 《关于泰安马庄、临朐冯家王舍两处耶稣家庭的调查报告》，A014-01-0037-10，1957 年 9 月 29 日，山东省档案馆藏。

7. 《归真路》，2017 年，真耶稣教会内部资料，受赠于山东省济南市。

8. 国务院宗教事务局资料组编：《王明道及其"基督徒会堂"活动情况资料》，1955 年 1 月，A014-01-0023-7，山东省档案馆藏。

9. 郭子严：《真道提要问答》，真耶稣教会内部资料，真耶稣教会台湾总会图书馆藏。

10. 《家庭书信》，1941 年 5 月，山东省泰安市档案馆藏。

11. 敬奠瀛：《灵韵集》，耶稣家庭内部材料，山东省泰安市档案馆藏。

12. 敬奠瀛：《灵韵之音》，耶稣家庭内部材料，受赠于陕西省临汾市侯马县。

13. 《敬奠瀛的检讨及其自传》，泰安县委-001-016-009-005，山东省泰安市泰山区档案馆藏。

14. 敬振东：《我对于五叔五婶结婚的报告》，1950 年，山东省泰安市档案馆藏。

15. 《接受外国津贴及外资经营之文化教育救济机关及宗教团体登记总表：泰山教养院》，0003-002-0039，山东省泰山市档案馆藏。

16. 《灵界辨正》，真耶稣教会内部资料，真耶稣教会台湾总会图书馆藏。

17. 《马庄耶稣家庭的卅一年史》，泰安县委-001-016-007-001，山东省泰安市泰山区档案馆藏。

18. 民国泰安专署：《参观神召会孤贫院记及代阿尼色弗孤贫院募捐启》，1927 年 1 月，0003-001-0065-011，山东省泰安市档案馆藏。

19. 《全国耶稣家庭系统一览表》，泰安县委-001-016-0003-001，山东省泰安市泰山区档案馆藏。

20. 《认清异端》，真耶稣教会内部资料，真耶稣教会台湾总会图书馆藏。

21. 山东分局宣传部：《为逮捕耶稣家长敬奠瀛呈批》，1952 年 8 月 27 日，A057-02-011-12，山东省档案馆藏。

22. 山东省济南市人民委员会宗教事务处：《关于济南市基督教宫扎营灵恩分会发展教徒的调查报告》，1957 年 1 月 17 日，A014-01-0037-5，山东省档案馆藏。

23. 山东省人民委员会宗教事务处：《关于历城、肥城、平阴等三县边沿地区基督教灵恩会活动情况报告》，A014-01-0047-5，山东省档案馆藏。

24. 山东省人民委员会宗教事务处：《关于山东省基督教灵恩会的情况报告》，1957 年 4 月 10 日，A014-01-0037-14，山东省档案馆藏。

25. 山东省人民委员会宗教事务处：《关于山东"耶稣家庭"目前的动态及我们的工作意见》，1957 年 10 月 22 日，0015-002-0077-027，山东省泰安市档案馆藏。

26. 山东省人民委员会宗教事务处：《关于泰安县马庄、临朐县冯家王舍两处"耶稣家庭"的调查报告》，1957 年 9 月 25 日，0015-002-0077-026，山东省泰安市档案馆藏。

27. 山东省人民委员会宗教事务处：《山东省基督教基本情况（草稿）》，1955 年 4 月 29 日，A014-01-0023-10，山东省档案馆藏。

28. 山东省人民委员会宗教事务处：《山东省三年来基督教工作概况》，1954 年 1 月 1 日，A014-01-0015-1，山东省档案馆藏。

29. 山东省人民政府文化教育委员会宗教事务处：《马庄耶稣家庭"三自革新"总结报告》，1952 年 9 月 17 日，A014-01-0009-2，山东省档案馆藏。

30. 山东省人民政府文化教育委员会宗教事务处：《马庄耶稣家庭的三十一年史》，1952 年 8 月 3 日，A014-01-0009-1，山东省档案馆藏。

31. 山东省人民政府文化教育委员会宗教事务处：《一九五三年山东基督教工作情况报告》，1953 年 11 月 16 日，A014-01-0013-9，山东省档案馆藏。

32. 山东省宗教处：《山东"耶稣家庭"目前的动态及我们的工作意见》，1957 年 10 月 22 日，A014-01-0035-12，山东省档案馆藏。

33. 《上海总部致张灵生函》，1929 年，真耶稣教会台湾总会图书馆藏。

34. 《泰安耶稣家庭家长张天民的罪恶事实及处理意见》，泰安县委-001-016-010-003，山东省泰安市泰山区档案馆藏。

35. 《泰山耶稣家庭三自革新运动宗教报告》，1953 年 1 月 7 日，A014-01-0013-8，山东省档案馆藏。

36. 泰安专署公安处：《泰安县马庄耶稣家庭材料》1951 年 9 月 18 日，0003-002-0041-028，山东省泰安市档案馆。

37. 唐拿但业：《赞助北平真耶稣教会召集全国大会宣言》，1929 年 5 月 20 日，真耶稣教会台湾总会图书馆藏。

38. 孙彼得：《真耶稣教会改造大会宣言书》，1930 年，真耶稣教会台湾总会图书馆藏。

39. 王钦如：《风雨相随的归真岁月》，真耶稣教会内部资料，福建省福清市真耶稣教会藏。

40. 王钦如：《教义问答》，真耶稣教会内部资料，福建省福清市真耶稣教会藏。

41. 魏保罗：《圣灵真见证书》（上册），1917 年，真耶稣教会台湾总会图书馆藏。

42. 魏保罗：《圣灵真见证书》（下册），1918 年，真耶稣教会台湾总会图书馆藏。

43. 魏义撒：《魏义撒对于本会发源之见证》，1930 年 5 月 5 日，真耶稣教会台湾总会图书馆藏。

44. 魏以撒：《再造真——真耶稣教会宣言》，1929 年 11 月 10 日，真耶稣教会台湾总会图书馆藏。

45. 《五大教义》，真耶稣教会内部资料，真耶稣教会台湾总会图书馆藏。

46. 吴贤真：《使徒魏保罗略传》，1929 年 5 月 19 日，真耶稣教会台湾总会图书馆藏。

47. 谢顺道：《圣灵论》，1985 年 4 月 8 日，真耶稣教会内部资料，真耶稣教会台湾总会图书馆藏。

48. 谢顺道：《我亲眼看见神》，2001 年 10 月 1 日，真耶稣教会内部资料，真耶稣教会台湾总会图书馆藏。

49. 谢顺道：《五大教义释疑》，2000 年 5 月 15 日，真耶稣教会内部资料，真耶稣教会台湾总会图书馆藏。

50. 许东霖：《闪电从东方发出》，真耶稣教会内部资料，真耶稣教会台湾总会图书馆藏。

51. 杨约翰：《圣经要道》，1960 年，真耶稣教会内部资料，真耶稣教会台湾总会图书馆藏。

52. 耶稣家庭：《耶稣家庭诗歌》，284-14-1743-34120，山东省图书馆藏。

53. 《耶稣家庭的概况》，003-002-0041-020，山东省泰安市档案馆藏。

54. 《耶稣家庭之缘起及其经济之因素》，泰安县委-001-010-10-006，山东省泰安市泰山区档案馆藏。

55. 张巴拿巴：《传道记》，上海：真耶稣教会总部，1929 年出版，1948 年再版。

56. 张巴拿巴：《启示录正解》，新加坡：真耶稣教会总会，1951 年。

57. 张巴拿巴：《神命万国更正教纲目》，湖南长沙真耶稣教会印，1923 年 1 月，真耶稣教会台湾总会图书馆藏。

58. 张灵生：《张灵生调查口述》，1929 年，真耶稣教会台湾总会图书馆藏。

59. 张灵生：《张灵生函复上海总部询》，1929 年 8 月 29 日，真耶稣教会台湾总会图书馆藏。

60. 张石头：《真耶稣教会历史》，真耶稣教会内部资料，1987 年，真耶稣教会台湾总会图书馆藏。

61. 《真耶稣教会基本信仰》，真耶稣教会内部资料，真耶稣教会台湾总会图书馆藏。

62. 真耶稣教会台湾总会编：《真耶稣教会的信仰》，台中：真耶稣教会台湾总会，年份不详。

63. 真耶稣教会台湾总会编：《真耶稣教会台湾传教六十年纪念刊》1986 年，真耶稣教会台湾总会图书馆藏。

64. 真耶稣教会台湾总会编：《真耶稣教会台湾传教七十年纪念刊》1996 年，真耶稣教会台湾总会图书馆藏。

65. 真耶稣教会总部编：《真耶稣教会总部十周年纪念专刊》，1937 年 4 月 1 日，真耶稣教会台湾总会图书馆藏。

66. 真耶稣教会总部编：《真耶稣教会卅年纪念专刊》，1947 年 12 月，真耶稣教会台湾总会图书馆藏。

67. 《真耶稣教会赞美诗——真耶稣教会传教百年（1917-2017）》，真耶稣教会内部资料，2017 年，河南省郑州市真耶稣教会藏。

68. 郑家政：《基督教中国化之我见》，真耶稣教会内部资料，福建省福清市真耶稣教会藏。

69. 郑家政：《认识真耶稣教会——百年灵恩世纪传承纪念专文》，2017 年 9 月，福建省福清市真耶稣教会藏。

70. 郑家政：《真耶稣教会百年历史沿革》，2017 年 3 月 20 日，福建省福清市真耶稣教会藏。

71. 郑家政：《真耶稣教会及其教义思想简介》（修订版），2017 年 7 月，福建省福清市真耶稣教会藏。

72. 郑家政：《真耶稣教会历史起源考究文集》，2016 年 12 月，福建省福清市真耶稣教会藏。

73. 中共泰安地委：《对马庄耶稣家庭副家长兼外交部长董恒新畏罪自杀的报告》，1952 年 6 月 25 日，0003-002-0065-001，山东省泰安市档案馆藏。

74. 中共泰安地委：《关于耶稣家庭三自革新运动的工作计划》，1952 年 11 月 1 日，0003-001-0065-002，山东省泰安市档案馆藏。

75. 中共泰安地委宣传部：《对敬奠瀛的处理意见》1955 年 4 月 25 日，0003-002-0086-017，山东省泰安市档案馆藏。

76. 中共泰安地委宣传部：《对山东省泰安县马庄耶稣家庭革新情况及今后意见的报告》，1952 年 5 月 15 日，0003-002-0086-017，山东省泰安市档案馆藏。

77. 中共泰安地委宣传部：《关于马庄耶稣家庭革新情况报告》，1953 年 11 月 17 日，0003-001-0088-014，山东省泰安市档案馆藏。

78. 中共泰安地委宣传部：《关于马庄耶稣家庭革新以后的情况报告》，1953 年 11 月 17 日，A014-01-0009-03，山东省档案馆藏。

79. 中共泰安地委宣传部：《关于泰安、泗水、肥城耶稣家庭三自革新运动的总结报告》，1953 年 2 月 12 日，0003-001-0088-014，山东省泰安市档案馆藏。

80. 中共泰安地委宣传部：《马庄耶稣家庭革新运动专题总结报告》，1952 年 10 月 16 日，0003-002-0086-018，山东省泰安市档案馆藏。

81. 中共泰安地委宣传部：《马庄耶稣家庭情况》，1951 年 4 月 12 日，0003-002-0041-020，山东省泰安市档案馆藏。

82. 中共泰安地委宣传部：《马庄耶稣家庭组织图》，1951 年 1 月 1 日，0003-002-0041-012，山东省泰安市档案馆藏。

83. 中国共产党中央委员会山东分局：《关于对马庄耶稣家庭的财产接受问题的指示》，1952 年 5 月 26 日，0003-001-0033-023，山东省泰安市档案馆藏。

84. 《中国耶稣家庭概况》，泰安县委-001-016-007-002，山东省泰安市泰山区档案馆藏。

（三）中文报刊

1. 《晨报》

2. 《东方杂志》

3. 《基督教丛刊》

4. 《基督徒报》

5. 《桥》

6. 《申报》

7. 《神召会月刊》

8. 《天风》

9. 《通传福音真理报》

10. 《通问报》

11. 《乡村教会》

12. 《新闻报》

13. 《信义报》

14. 《万国更正教报》

15. 《晚雨报》

16. 《五旬节真理报》

17. 《真光》

18. 《真耶稣教会江苏支会会闻》

19. 《真耶稣教会圣灵报》

20. 《真耶稣教会角声报》

21. 《中华归主》

（四）中文专著

1. 阿利斯特·麦格拉斯：《福音派与基督教的未来》，董江阳译，北京：中央编译出版社，2004 年。

2. 爱弥儿·涂尔干：《宗教生活的基本形式》，渠东、汲喆译，北京：《商务印书馆》，2011 年。

3. 艾普：《此山属我——包志理传》，香港：天道书楼有限公司，2001 年。

4. 安娜·普鲁伊特，艾达·普鲁伊特：《美国母女中国情——一个传教士家族的山东记忆》，程麻等译，程麻校，北京：中国文史出版社，2011 年。

5. 奥尔森：《基督教神学思想史》，吴瑞诚、徐成德译，北京：北京大学出版社，2003 年。

6. 鲍德威：《中国的城市变迁：1890-1949 年的山东济南的政治与发展》，张汉、金桥译，北京：北京大学出版社，2010 年。

7. 包忠杰：《包忠杰自传》，香港：宣道出版社，2006 年。

8. 彼得·伯格：《神圣的帷幕：宗教社会学理论的要素》，萧羡一译，台北：商周出版，2003 年。

9. 彼得·伯格、安东·泽德瓦尔德：《疑之颂：如何信而不狂》，曹义昆译，北京：商务印书馆，2012 年。

10. 宾路易师母：《大地觉醒——威尔斯复兴运动》，戴致进译，台北：橄榄基金会，1986 年。

11. 布歌顿：《五旬节会的教义研究》，许乾泰译，新加坡：马来西亚基督教联合会，1946 年。

12. 布莱恩莫里斯：《宗教人类学导读》，张慧端译，台北：国立编译馆，1998 年。

13. 布鲁斯·雪莱：《基督教会史》（第三版），刘平译，上海：上海人民出版社，2013 年。

14. 曹南来：《温州基督教与中国草根全球化》，香港：香港中文大学出版社，2017 年。

15. 查时杰：《中国基督教人物小传》，台北：中华福音神学院出版社，1983 年。

16. 陈福中编译：《宋尚节小传》，香港：基督徒出版社，2000 年。

17. 陈济民、赖建国等：《圣灵古今论——从圣经、历史、神学看神的同在》（二版），台北：中华福音神学院出版社，2000 年。

18. 陈智衡：《红火淬炼——近代中国基督教政教关系史（1911-1952）》，香港：建道神学院，2016 年。

19. 程麻编译：《美国镜头里的中国风情：一个传教士家族存留的山东旧影》，北京：中国文史出版社，2011 年。

20. 大卫·豪尔：《认识圣灵的能力》（第六版），台北：校园书房出版社，1992 年。

21. 邓士道：《从一本到万族：国际五旬节圣洁会百年宣教史》，香港：五旬节圣洁会法团，2007 年。

22. 狄德满：《华北的暴力与恐慌：义和团运动前夕基督教传播与社会冲突》，崔华杰译，南京：江苏人民出版社，2011 年。

23. 狄乐播：《中华育英才：狄邦就烈传》，郭大松译，北京：中国文史出版社，2009 年。

24. 丁光训、金鲁贤编：《基督教大辞典》，上海：上海辞书出版社，2010 年。

25. 董江阳：《"好消息"里的"更新"：现代基督教福音派思想研究》，北京：中国社会学科出版社，2004 年。

26. 杜圣恩：《中国基督教信义会史略：挪威信义差会来华百年宣教史略 1891-1991》，台北：中国基督教信义会，1994 年。

27. 段琦：《奋进的历程：中国基督教的本色化》，北京：商务印书馆，2004 年。

28. 法兰克·巴特曼：《火浪涌来——艾苏萨街复兴始末》，朱東译，台北：橄榄文化基金会，1989 年。

29. 法思远：《圣省山东》，郭大松译，待出版稿。原著为：Robert C. Forsyth, *Shantung, the Sacred Province of China in Some of Its Aspects*, Shanghai: Shanghai Christian Literature Society, 1912.

30. 菲尔·朱克曼：《宗教社会学的邀请》，曹义昆译，北京：北京大学出版社，2012 年。

31. 菲立浦·詹金斯：《下一个基督王国》，梁永安译，台北：立绪文化事业有限公司，2003 年。

32. 蒲慕州：《墓葬与生死：中国古代宗教之省思》，台北：联经出版事业公司，1993 年。

33. 费正清编：《剑桥中华民国史：1912-1949 年》（上下卷），北京：中国社会科学出版社，1994 年。

34. 甘陵敦：《属灵恩赐》，王一平译，香港：天道书楼有限公司，1984 年。

35. 高福德：《山东复兴》，王长泰译，上海：美华浸会书局，1934 年。

36. 顾长声：《传教士与近代中国》，上海：上海人民出版社，1983 年。

37. 顾卫民：《基督教与近代中国社会》，上海：上海人民出版社，2010 年。

38. 古约翰：《能力的彰显：教会复兴实况》，滕近辉译，香港：宣道书局，1974 年。

39. 郭大松：《中西文化交流的先驱和桥梁——近代山东早期来华基督新教传教士及其差会工作》，北京：人民日报出版社，2007年。

40. 郭大松、田海林编：《山东宗教历史与现状调查资料选》（上下册），汉城：韩国新星出版社，2005年。

41. 郭中一：《中国教会著名人物证道篇》，汉口：中国基督圣教书会，1938年。

42. 哈维·考克斯：《信仰的未来：宗教的兴衰与灵性时代的复苏》，郭腾杰译，台北：启示出版，2016年。

43. 韩学军：《基督教与云南少数民族》，昆明：云南人民出版社，2000年。

44. 贺西纳：《灵恩运动——美国圣洁及五旬节运动史》，魏玉琴译，台北：教会更新研究发展中心，1986年。

45. 何晓东编译：《古约翰传》，台北：大光文字团契出版部，荣耀出版社，1985年。

46. Hjalmar Lindroth：《教义溯源》，康尔伯、王敬轩译，香港：中华信义会书报部，1949年。

47. 胡恩德：《灵恩运动》（增订版），香港：宣道出版社，1990年。

48. 胡卫清：《苦难与信仰：近代潮汕基督徒的宗教经验》，北京：生活·读书·新知三联书店，2013年。

49. 华尔希·蒙席：《认识天主教神恩复兴运动》，徐进夫译，台北：天主教文物服务中心，1992年。

50. 华尔希·蒙席：《认识天主教神恩复兴运动（Ⅱ）》，田毓英译，台北：台北教区神恩复兴服务小组，1996年。

51. 黄灯煌：《孤儿之父——计志文牧师传》，台北：基督教中国布道会，1996年。

52. 黄朱伦：《圣灵与初期教会——神迹、灵洗、方言、诗歌与敬拜的探讨》，香港：天道书楼有限公司，1994年。

53. 计志文：《复兴的火焰》，香港：圣道出版社，1963年。

54. 计志文：《圣灵的洗》，台北：基督教中国布道会，2001年。

55. 贾礼荣：《基督教宣教史略——从五旬节到今代宣教概览》，黄彼得译，玛琅（印度尼西亚）：印尼东南亚圣道神学院，1979 年。

56. 江守道编：《美好的证据（属灵伟人小传）》（增修版），香港：拾珍出版社，2010 年。

57. 金弥尔、赖恩融等：《倪柝声生平特辑》，香港：拾珍出版社，2010 年。

58. 金泽：《宗教人类学导论》，北京：宗教文化出版社，2001 年。

59. 酒井忠夫：《道家·道教史的研究》，济南：齐鲁书社，2017 年。

60. 康尔伯：《哈该与复兴》，吕绍端译，香港：信义宗联合出版部，1960 年。

61. 克恩斯：《荣耀进行曲——近三百年教会复兴史（上）》，杨维美译，台北：橄榄基金会，1989 年。

62. 克恩斯：《荣耀进行曲——近三百年教会复兴史（中）》，杨维美译，台北：橄榄基金会，1989 年。

63. 克恩斯：《荣耀进行曲——近三百年教会复兴史（下）》，杨维美译，台北：橄榄基金会，1990 年。

64. 柯理培：《山东大复兴》，俞敬群译，台北：台湾浸信会神学院，1999 年。

65. 柯理培：《诸圣之末——柯理培传》，刘诚、周瑞芳译，香港：浸信会出版社（国际）有限公司，2012 年。

66. 柯文：《历史三调：作为事件、经历和神话的义和团》，杜继东译，南京：江苏人民出版社，2000 年。

67. 赖德烈：《基督教在华传教史》，雷立柏、瞿旭彤等译，香港：道风书社，2009 年。

68. 赖恩融：《中国教会三巨人》，张林满镁、陈楷瑜等译，台北：橄榄基金会，1984 年。

69. 雷立柏编：《汉语神学术语辞典》，北京：宗教文化出版社，2007 年。

70. 雷雨田：《上帝与美国人——基督教与美国社会》，上海：上海人民出版社，1994 年。

71. 李岱汶：《"耶稣家庭"印象记》，香港：晨星书屋，1964 年。

72. 李金强：《圣道东来：近代中国基督教史之研究》，台北：宇宙光全人关怀，2006 年。

73. 李文海：《民国时期社会调查丛编》，福州：福建教育出版社，2005 年。

74. 李文海、程歗等：《中国近代十大灾荒》，上海：上海人民出版社，1994 年。

75. 李向平：《当代美国宗教社会学理论研究》，上海：中西书局，2015 年。

76. 连达杰：《灵风再起时——教会复兴与属灵操练》，香港：浸信会出版社（国际）有限公司，1999 年。

77. 连达杰：《迈向复兴》，香港：亚洲归主，1993 年。

78. 连达杰：《求复兴》，香港：复兴研究社，1989 年。

79. 连达杰：《引往复兴的动力——一个圣经及神学的观点》，香港：亚洲归主协会，1995 年。

80. 连曦：《浴火得救：现代中国民间基督教的兴起》，何开松、雷阿勇译，香港：中文大学出版社，2011 年。

81. 梁家麟：《华人传道与奋兴布道家》，香港：建道神学院基督教与中国文化研究中心，1999 年。

82. 梁少芳：《警迷醒悟看异端》，香港：种籽出版社有限公司，2014 年。

83. 廖炳堂：《灵恩运动的反思》，香港：建道神学院，2009 年。

84. 林鸿信：《圣神论》，台北：校园书房出版社，2007 年。

85. 林日峰：《21 世纪中国教会的前景、装备与福音契机》，雪兰莪（马来西亚）：马来西亚圣经神学院，2013 年。

86. 林荣洪：《曲高和寡：赵紫宸的生平及神学》，香港：中国神学研究院，1994 年。

87. 林荣洪：《王明道与中国教会》，香港：中国神学研究院，1982 年。

88. 林荣洪：《中华神学五十年：1900-1949》，香港：中国神学研究院，1998 年。

89. 林荣洪、温伟耀：《基督教与中国文化的相遇》，香港：香港中文大学崇基学院，2001 年。

90. 林治平编：《基督教与中国本色化：国际学术研讨会论文集》，台北：宇宙光出版社，1990 年。

91. 灵石出版社编：《王明道日记选辑》，香港：灵石出版社，1997 年。

92. 刘家峰：《福音与犁：在华农业传教之研究》，台北：宇宙光全人关怀，2006 年。

93. 刘翼凌：《宋尚节言行录》，香港：宣道书局，1967 年。

94. 刘翼凌：《宋尚节传》，香港：证道出版社，1975 年。

95. 林治平编：《基督教在中国本色化（论文集）》，北京：今日中国出版社，1998 年。

96. 刘澎：《当代美国宗教》，北京：社会科学文献出版社，2001 年。

97. 刘先康：《圣灵兴起》，台北：台湾浸信会出版社，1989 年。

98. 刘小枫：《圣灵降临的叙事》，北京：三联书店，2003 年。

99. 刘英杰编：《中国教育大事典：1840-1949》，杭州：浙江教育出版社，2001 年。

100. 刘粤声、冯绍荣等编：《中华浸会百周年纪念会报告书》，广州：中华浸会百周年纪念会，1936 年。

101. 路遥：《山东民间秘密教门》，北京：当代中国出版社，2000 年。

102. 罗德尼·斯达克：《基督教的兴起：一个社会学家对历史的再思》，黄剑波、高民贵译，上海：上海古籍出版社，2005 年。

103. 罗杰·奥尔森：《基督教神学思想史》，吴瑞诚、徐成德译，上海：上海人民出版社，2014 年。

104. 罗金声：《东方教会史》，上海：广学会，1941 年。

105. 罗伟虹编：《中国基督教（新教）史》，上海：上海人民出版社，2014 年。

106. 吕伟俊：《山东区域现代化研究（1840-1949）》，济南：齐鲁书社，2002 年。

107. 马克斯·韦伯：《经济与社会》（上卷），林荣远译，北京：商务印书馆，1997 年。

108. 玛丽·孟森：《中国大复兴》，柯美玲译，台北：大光书房出版社，1990 年。

109. 马若孟：《中国农民经济：河北和山东的农民发展，1890-1949》，史建云译，南京：江苏人民出版社，2013 年。

110. 马斯丹：《解构基要主义与福音主义》，宋继杰译，香港：天道书楼有限公司，2004 年。

111. 马西沙撰：《民间宗教志》，上海：上海人民出版社，1998 年。

112. 麦格夫：《基督教的未来》，董江阳译，香港：道风书社，2005 年。

113. 美国平信徒调查团编：《宣教事业平议》，徐宝谦、缪秋笙等译，上海：商务印书馆，1934 年。

114. 明灯报社编：《古约翰生平》，上海：广学会：1940 年。

115. 默里：《真正的复兴》，张宇栋译，北京：团结出版社，2012 年。

116. 欧伊文：《东亚教会大复兴》，司徒焯正等译，香港：基督教中国布道会总会文字部，1981 年。

117. 欧伊文：《再研究教会复兴及复兴运动》，许尚武译，香港：福音证主协会，1991 年。

118. 潘嘉乐：《灵风爱火：再思圣灵论》，杨子江译，香港：基道出版社，2002 年。

119. 乔治·马斯登：《认识美国基要派与福音派》，宋继杰译，北京：中央编译出版社，2004 年。

120. 沈德溶：《在三自工作五十年》，上海：中国基督教三自爱国运动委员会，中国基督教协会，2000 年。

121. 史保罗：《复兴火焰》，古乐人译，香港：基督教新生命团契，1958 年。

122. 史伯诚：《孟逊教士传——中国教会复兴的见证人》，卡尔弗城（美国）：美国见证出版社，1998 年。

123. 施尔勒：《近代教会奋兴史》（增订版），包忠杰译，香港：宣道出版社，1989 年。

124. 斯达克：《信仰的法则：解释宗教之人的方面》，杨凤岗译，北京：中国人民大学出版社，2003 年。

125. 宋尚节：《奋兴集》，香港：晨星出版社，1989 年。

126. 宋尚节：《我的见证》，香港：弘道出版社，1973 年。

127. 宋天真编：《失而复得的日记》，北京：团结出版社，2011 年。

128. 苏里文：《圣神的时代》，刘顺德译，台北：真福出版社，1992 年。

129. 孙金富编：《上海宗教志》，上海：上海社会科学院出版社，2001 年。

130. 唐红飚:《真耶稣教会历史史迹考》,北京:中国文化出版社,2006 年。

131. 唐佑之:《复兴的能源》,香港:福音证主协会出版部,1976 年。

132. 陶飞亚:《中国的基督教乌托邦研究——以民国时期耶稣家庭为例》,北京:人民出版社,2012 年。

133. 陶飞亚、刘天路:《基督教会与近代山东社会》,济南:山东大学出版社,1994 年。

134. 滕近辉:《饮于能力之源》,香港:宣道书局,1974 年。

135. 王美秀、段琦等:《基督教史》,南京:江苏人民出版社,2008 年。

136. 王勉斋:《山东大复兴补志》,台湾:台湾浸信会编印,1969 年。

137. 王明道:《重生真义》,北京:灵食季刊社,1935 年初版,1940 年再版。

138. 王明道:《角声》,北京:灵食季刊社,1930 年初版,1935 年再版。

139. 王明道:《神的七个见证》,北京:灵食季刊社,1954 年。

140. 王明道:《圣经光亮中的灵恩运动》(增订版),香港:灵石出版社,1995 年。

141. 王明道:《五十年来》,香港:晨星书屋,1971 年。

142. 王明道:《真伪福音辨》,北京:灵食季刊社,1936 年。

143. 王守中、郭大松:《近代山东城市变迁史》,济南:山东教育出版社,2001 年。

144. 王约瑟:《王明道见证》,香港:中国福音事工促进会,1991 年。

145. 王治心:《中国基督教史纲》,上海:上海古籍出版社,2004 年。

146. 王忠欣:《多元化的中国与基督教》,斯卡伯勒(加拿大安大略省):加拿大恩福协会,2001 年。

147. 王祖祥:《五旬节再临!》,吉隆坡(马来西亚):文化传播中心有限公司,2014 年。

148. 威利斯顿·沃尔克:《基督教会史》,孙善玲、段琦等译,北京:中国社会科学出版社,1992 年。

149. 魏外扬:《中国教会的使徒行传:来华宣教士列传》,台北:宇宙光全人关怀,2006 年。

150. 韦约翰：《当代灵恩现象》，程长泰等译，台北：校园书房出版社，2000年。

151. 香港浸信会联会：《浸信会在华一百五十周年纪念特刊》，香港：香港浸信会联会，1986年。

152. 吴恩溥：《辨别真灵恩与假灵恩》，台北：呼喊杂志社，1995年。

153. 吴恩溥：《评今日的方言运动》，香港：圣文社，1964年。

154. 吴雷川：《基督教与中国文化》，上海：上海古籍出版社，2008年。

155. 吴立乐编：《浸会在华布道百年略史》，上海：美华浸会书局，1936年。

156. 吴宁：《没有终点的到达：美南浸信会在华南地区的传教活动（1836-1912）》，北京：宗教文化出版社，2013年。

157. 吴主光：《灵恩运动全面研究》，香港：角声出版社有限公司，1991年。

158. 吴梓明、陶飞亚、赵兴胜：《圣山下的十字架——宗教与社会互动个案研究》，香港：香港道风书社，2005年。

159. 奠尔勒·约翰：《世界大奋兴》，包忠杰译，香港：宣道书局，1948年。

160. 萧楚辉：《奋兴主教会——中国教会奋兴布道运动初探（1928年至1937年）》，香港：福音证主协会证道出版社，1989年。

161. 谢成光：《成踪光影》，香港：牧职神学院有限公司，2017年。

162. 谢扶雅编：《丁立美牧师纪念册》，上海：广学会，1939年。

163. 谢和耐：《中国文化与基督教的冲撞》，于硕、红涛等译，沈阳：辽宁人民出版社，1989年。

164. 邢福增：《中国基要主义者的实践与困境——陈崇桂的神学思想与时代》，香港：建道神学院，2001年。

165. 熊铁基：《秦汉新道家》，上海：上海人民出版社，2001年。

166. 许乾泰：《论新五旬节主义》，香港：中国布道会圣道出版社，1965年。

167. 徐松石：《中国本色教会的建立》，香港：浸信会出版部，1975年。

168. 杨凤岗：《皈信·同化·叠合身份认同：北美华人基督徒研究》，默言译，北京：民族出版社，2008年。

169. 杨牧谷：《狂飙后的微声——华人灵恩运动的历史回顾的神学反思》（修订版），香港：明风出版，2003年。

170. 杨庆球：《灵风起舞：圣灵教义与灵恩现象剖析》，香港：宣道出版社，2007年。

171. 杨森富编：《中国基督教史》，台北：台湾商务印书馆，1984年。

172. 杨森富：《中华基督教本色化论文集》，台北：宇宙光全人关怀，2006年。

173. 姚明全、罗伟虹：《中国基督教简史》，北京：宗教文化出版社，2000年。

174. 姚民权：《上海基督教史（1843-1949）》，上海：上海市基督教三自爱国运动委员会、上海市基督教教务委员会出版，1994年。

175. 姚西伊：《为真道争辩——在华基督新教传教士基要主义运动（1920-1937）》，香港：宣道出版社，2008年。

176. 叶淑清编：《宋尚节博士与新马教会》，新加坡：新加坡三一神学院，2013年。

177. 叶先秦：《圣灵的洗：路加与五旬宗的圣灵神学》，台北：台湾基督教文艺，2008年。

178. 尹梦霞，李强：《民国铁路沿线经济调查报告汇编》（第5册），北京：国家图书馆出版社，2009年。

179. 于可编：《当代基督新教》，北京：东方出版社，1993年。

180. 于可编：《世界三大宗教及其流派》，长沙：湖南人民出版社，1988年。

181. 于力工：《西方宣教运动与中国教会之兴起》，台北：橄榄出版社，2006年。

182. 于力工：《夜尽天明：于力工看中国福音震撼》，台北：台北作家出版社，1998年。

183. 约翰·麦克阿瑟：《舌音运动的迷思——剖析当代灵恩现象》，台北：提比哩亚出版社，2004年。

184. 约翰·麦克阿瑟：《正视灵恩》，刘如菁译，台北：天恩出版社，2015年。

185. 章力生：《世界人类之希望——教会复兴之异象》，香港：圣道出版社，1974年。

186. 张慕皑：《近代灵恩运动——一些值得关注的问题》(增订版)，香港：建道神学院，1999 年。

187. 张玉法：《中国现代化的区域研究：山东省，1860-1916 年》，台湾：中央研究院近代史研究所，1982 年。

188. 赵上林、段琦：《基督教在中国：处境化的智慧》，北京：宗教文化出版社，2009 年。

189. 赵天恩：《灵火淬炼——中国大陆教会复兴的秘诀》，台北：中国福音会出版部，1993 年。

190. 赵天恩等：《真理异端真伪辨——透视大陆教会异端问题》，台北：中福出版有限公司基督教与中国研究中心，2000 年。

191. 赵口北：《历史光影中的华北神学院》，香港·中国国际文化出版社，2015 年。

192. 郑家政编：《真耶稣教会历史讲义》，台中：真耶稣教会国际联合总会，2015 年初版，2017 年再版。

193. 郑新道：《安临来传》，北京：中国社会出版社，2011 年。

194. 周学信：《灵恩神学与历史探讨》(第 2 版)，台北：中华福音神学院出版社，2001 年。

195. 庄飞：《五旬节信仰的根基》，台中：神召神学院，2004 年。

196. 卓新平：《基督教与中国文化的相遇、求同与存异》，香港：香港中文大学崇基学院，2007 年。

（五）中文论文

1. 毕晓莹：《近代美南浸信会在山东活动论述》，硕士学位论文，山东师范大学，2009 年。

2. 查时杰：《山东"耶稣家庭"的经济形态初探（1927-1949）》，《台大历史学报》1990 年第 15 期。

3. 陈建明：《中国地方基督教的建构——近代五旬节信仰实践模式研究》，博士学位论文，上海大学，2013 年。

4. 陈静：《改变与认同：瑞华浸信会与山东地方社会》，硕士学位论文，山东大学，2013 年。

5. 邓慧恩：《僻径的身影：1925 年前后的黄呈聪》,《台湾文学研究》2012 年第 3 期。

6. 董江阳：《现代基督教福音派思想研究》, 博士学位论文, 中国社会科学院, 2001 年。

7. 杜希英：《传教士与抗战前的山东社会经济（1860-1937）》, 硕士学位论文, 山东大学, 2010 年。

8. 方文：《群体资格：社会认同事件的新路径》,《中国农业大学学报》（社会科学版）2008 年第 1 期。

9. 黄剑波：《"四人堂"纪事——中国乡村基督教的人类学研究》, 博士学位论文, 中央民族大学, 2003 年。

10. 高师宁：《当地中国民间信仰对基督教的影响》,《浙江学刊》2005 年第 2 期。

11. 高瑜：《从本土视角理解——读〈浴火得救：现代中国民间基督教的兴起〉》,《西北民族研究》2014 年第 3 期。

12. 郭荣刚：《西方倪柝声之研究（1972-2006）》, 博士学位论文, 福建师范大学, 2014 年。

13. 胡卫清：《华北中华基督教团研究》,《文史哲》2014 年第 5 期。

14. 李但以理：《基督教对中国西北地区早期宣道记实》,《家训》2010 年第 115 期。

15. 李楠：《趁乱立足：美国公理会与山东民间秘密教门关系初探》,《宗教学研究》2018 年第 1 期。

16. 李宁：《由恐惧至接纳——山东民众对西方现代医学的认知演变探析（1860-1920）》,《民俗研究》2017 年第 6 期。

17. 李期耀：《差传教会与中西互动——美北浸礼会华南差传教会研究（1858-1903）》, 博士学位论文, 山东大学, 2014 年。

18. 刘春华：《基督教新教传教士与近代山东西医科学（1860-1937）》, 硕士学位论文, 山东师范大学, 2004 年。

19. 刘家峰：《中国基督教乡村建设运动研究（1907-1950）》, 博士学位论文, 华中师范大学, 2001 年。

20. 刘家峰：《"中外新教合作建制"与近代基督教中国化研究》，《史学月刊》2013 年第 10 期。

21. 马琰琰：《中华基督教妇女节制协会事业研究》，硕士学位论文，山东大学，2012 年。

22. 钱宁：《基督教在云南少数民族社会中的传播和影响》，《世界宗教研究》2000 年第 3 期。

23. 钱希娜：《近代美国公理会在山东活动历史考察》，硕士学位论文，山东师范大学，2013 年。

24. 沈德溶：《协助山东马庄"耶稣家庭"革新经过》，《纵横》1998 年第 1 期。

25. 孙合秀：《晚清民国时期山东移民东北问题研究》，硕士学位论文，南京师范大学，2011 年。

26. 孙善玲：《中国民间基督教》，《金陵神学志》1994 年第 2 期。

27. 孙建中：《近代山东基督教教区研究》，硕士学位论文，复旦大学，2009 年。

28. 孙晓君：《荥阳真耶稣基督教会信仰研究》，硕士学位论文，云南大学，2010 年。

29. 陶飞亚：《耶稣家庭与中国的基督教乌托邦》，《历史研究》2002 年第 1 期。

30. 陶飞亚：《中国的基督教乌托邦为什么会解体——与〈牛津基督教史〉中一个观点的商榷》，《东岳论丛》2003 年第 5 期。

31. 王聪：《从边缘到中心：山东基督教青年会历史研究》，硕士学位论文，山东大学，2013 年。

32. 王锋：《清代山东东西部接受基督教之差异研究》，硕士学位论文，山东师范大学，2009 年。

33. 王海岑：《嬗变与坚守：信义宗合一运动研究（1913-1949）》，硕士学位论文，山东大学，2012 年。

34. 王妍红：《近代美国北长老会在山东活动的历史考察》，硕士学位论文，山东师范大学，2009 年。

35. 吴宁：《美南浸信会在华南传教活动研究（1836-1912）》，博士学位论文，暨南大学，2007 年。

36. 夏红：《山东基督新教传教方式之考察——以 19 世纪后半叶至 20 世纪初的山东为研究对象》，硕士学位论文，山东大学，2007 年。

37. 涂怡超：《当代基督宗教传教运动与认同政治》，《世界经济与政治》2011 年第 9 期。

38. 杨天恩：《圣灵式基督教所缔造的中国本土教会——基督教在近代中国发展的再思》，博士学位论文，香港中文大学，2002 年。

39. 姚西伊：《本世纪二、三十年代基要派——自由派之争与新教在华传教事业》，《道风》1999 年第 10 期。

40. 叶先秦：《华北五旬节运动宣教先驱贲德新及其思想》，《建道学刊》2012 年第 38 期。

41. 尹翼婷：《近代中国妇女宣教运动研究——以东方女子教育促进会和英国圣公会女部为中心》，硕士学位论文，山东大学，2013 年。

42. 游斌、孙艳菲：《回归"大问题"意识：论现代社会与宗教——访美国著名宗教社会学家贝格尔》，《世界宗教文化》2006 年第 4 期。

43. 于建波：《近代基督教在山东的传教史研究（1860-1937）》，硕士学位论文，山东大学，2009 年。

44. 袁瑒（Sylvia Y. Yuan）[新西兰]《'中国之后何处去'——中国内地会海外基督使团（CIM-OMF）国际传教运动之全球地域化进程》，博士学位论文，复旦大学，2012 年。

45. 张丽：《基督教在曲阜：历史、现状及发展态势》，硕士学位论文，曲阜师范大学，2012 年。

46. 赵翠翠、李向平：《信仰及其秩序的构成差异——当代民间信仰与基督教的互动关系述论》，《社会科学家》2014 年第 3 期。

47. 赵慧利：《基督教中国化的个案——河南真耶稣教会研究》，硕士学位论文，中国人民大学，2017 年。

48. 赵建玲：《孟慕贞与民国基督教"山东复兴"运动》，《宗教与历史》2019 年第 11 辑。

49. 赵建玲，[德]狄德满：《中国五旬节运动的起源与组织源流探究》，《世界宗教文化》2017 年第 6 期。

50. 赵建玲，[德]狄德满：《基督教"经典五旬节运动"的全球本土化：以中国为例》，《宗教学研究》2019 年第 3 期。

51. 朱小俐：《基督教女传教士在山东活动述论（1860-1920）》，硕士学位论文，山东师范大学，2001 年。

二、英文部分

（一）英文档案

1. *Annual of the Southern Baptist Convention, 1927*, Louisville, Kentucky, May 4-7, 1927.

2. *Annual of the Southern Baptist Convention, 1928*, Chattanooga, Tennessee, May 16-20, 1928.

3. *Annual of the Southern Baptist Convention, 1929*, Memphis, Tennessee, May 9-12, 1929.

4. *Annual of the Southern Baptist Convention, 1930*, New Orleans, Louisiana, May 14-18, 1930.

5. *Annual of the Southern Baptist Convention, 1931*, Birmingham, Alabama, May 13-17, 1931.

6. *Annual of the Southern Baptist Convention, 1932*, St. Petersburg, Florida, May 13-16, 1932.

7. *Annual of the Southern Baptist Convention, 1933*, Washington, D. C., May 19-22, 1933.

8. *Annual of the Southern Baptist Convention, 1934*, Fort Worth, Texas, May 16-20, 1934.

9. *Annual of the Southern Baptist Convention, 1935*, Memphis, Tennessee, May 15-18, 1935.

10. *Annual of the Southern Baptist Convention, 1936*, Saint Louis, Missouri, May 14-18, 1936.

11. *Annual of the Southern Baptist Convention, 1937*, New Orleans, Louisiana, May 13-16, 1937.

12. *Annual of the Southern Baptist Convention, 1938*, Richmond, Virginia, May 12-15, 1938.

13. *Missionary Files: Methodist Church, 1912-1949 (China Section), Roll No. 57.*

（二）英文报刊

1. *Apostolic Faith*《使徒信心报》

2. *Baptistic Theologies*《浸信宗神学》

3. *China's Millions*《中国亿兆》

4. *Confidence*《信心报》

5. *General Council Minutes and Reports*《总部会议记录与报告》

6. *Home and Foreign Fields*《美南浸信会母会与海外事工》

7. *Latter Rain Evangel*《后雨福音报》

8. *Millard's Review/The China Weekly Review*《密勒士评论报》

9. *Peking Daily News*《北京日报》

10. *Peking Gazette*《京报》

11. *Peking Leader*《北京导报》

12. *Pentecostal Evangel*《五旬节福音报》

13. *The Bridegroom's Messenger*《新郎信使报》

14. *The Canton Times*《广州时报》

15. *The China Critic*《中国评论周报》

16. *The China Press*《大陆报》

17. *The Chinese Recorder*《教务杂志》

18. *The Chinese Repository*《中国丛报》

19. *The North-China Daily News*《字林西报》

20. *The North-China Herald*《北华捷报》

21. *The Pentecost*《五旬节报》

22. *The Shanghai Gazette*《上海新报》

23. *The Shanghai Times*《上海泰晤士报》

24. *Word and Witness*《话语与见证》

25. *Pentecostal Missionary Union*《五旬节传教士联合会》

26. *Word and Work*《话语与事工》

（三）英文专著

1. Allan Heaton Anderson, *An Introduction to Pentecostalism: Global Charismatic Christianity*, Cambridge: Cambridge University Press, 2014.

2. Allan Heaton Anderson, *Spreading Fires: The Missionary Nature of Early Pentecostalism*, London: SCM Press & Maryknoll, New York: Orbis Books, 2007.

3. Allan Heaton Anderson, *To the Ends of the Earth: Pentecostalism and the Transformation of World Christianity,* New York: Oxford University Press, 2013.

4. Allan Heaton Anderson, Michael Bergunder eds., *Studying Global Pentecostalism: Theories and Methods*, Berkeley and Los Angeles & London: University of California Press, 2010.

5. Alan Hunter and Kim-Kwong Chan, *Protestantism in Contemporary China*, Cambridge: Cambridge University Press, 1993.

6. Alex Armstrong, Shantung (China): *A General Outline of the Geography and History of the Province: A Sketch of Its Missions, and Notes of a Journey to the Tomb of Confucius*, Shanghai: Shanghai Mercury Office, 1891.

7. André Corten, *Pentecostalism in Brazil: Emotion of the Poor and Theological Romanticism*, trans. Arianne Dorval, Houndmills, Basingstoke: Macmillan Press Ltd, & New York: ST. Martin's Press, Inc., 1999.

8. Barbara Reeves-Ellington, Kathryn Kish Sklar and Connie A. Shemo, *Competing Kingdoms: Women, Mission, Nation, and the American Protestant Empire, 1812-1960*, Durham & London: Duke University Press, 2010.

9. Bertha Smith, *Go Home and Tell*, Nashville: Broadman and Holman, 1995.

10. Bertha Smith, *How the Spirit Filled My Life*, Nashville, TN: Broadman Press, 1973.

11. Brad Christerson & Richard Flory, *The Rise of Network Christianity: How Independent Leaders Are Changing the Religious Landscape*, New York: Oxford University Press, 2017.

12. Brian Edwards, *Revival: A People Saturated with God, Grange Close*, UK: Evangelical Press, 1997.

13. Brian Stanley, *The History of the Baptist Missionary Society 1792-1992*, Edinburgh: T & T Clark, 1992.

14. Bob Whyte, *Unfinished Encounter: China and Christianity*, London: Collins, 1988.

15. Candy Gunther Brown ed., *Global Pentecostal and Charismatic Healing*, New York: Oxford University Press, 2011.

16. Cecil M. Robeck Jr., *The Azusa Street Mission And Revival: The Birth Of The Global Pentecostal Movement*, Nashville, Tennessee: Thomas Nelson, 2006.

17. Chad M. Bauman, *Pentecostals, Proselytization, and Anti-Christian Violence in Contemporary India*, New York: Oxford University Press, 2015.

18. Charles Culpepper, *An Autobiographical Collection of Memories*, Self-published, 2000.

19. Charles Culpepper, *The Shantung Revival*, Atlanta, GA: Home Mission Board, 1971.

20. Charles Culpepper, *Total Abandonment to the Will of God: The Essence of Christian Living*, Kalamazoo, MI: Master's Press, 1976.

21. Collin Hansen & John Woodbridge, *A God-Sized Vision: Revival Stories That Sretch and Stir*, Grand Rapids, Michigan: Zondervan, 2010.

22. Daniel H. Bays, *A New History of Christianity in China*, Chichester: Wiley-Blackwell, 2012.

23. Daniel H. Bays, *Christianity in China: From the Eighteenth Century to the Present*, Stanford: Stanford University Press, 1996.

24. Daniel W. Fisher, Calvin Wilson Mateer, *Forty-five Years a Missionary in Shantung, China: A Biography*, Philadelphia: Westminster Press, 1911.

25. David Martin, *Pentecostalism: The World Their Parish*, Oxford UK: Blackwell Publishers Ltd & Malden, Massachusetts USA: Blackwell Publisher Inc., 2002.

26. Dena Freeman ed., *Pentecostalism and Development: Churches, NGOs and Social Change in Africa*, Houndmills & New York: Palgrave Macmillan, 2012.

27. Donald E. Miller, Tetsunao Yamamori, *Global Pentecostalism: The New Face of Christian Social Engagement*, Berkeley and Los Angeles, California & London, England: University of California Press, 2007.

28. Edith L. Blumhofer, *The Assemblies of God: A Chapter in the Story of American Pentecostalism Volume 1-To 1941*, Springfield, Missouri: Gospel Publishing House, 1989.

29. Elmer L. Towns & Douglas Porter, *The Ten Greatest Revival Ever: From Pentecost to the Present*, Virginia Beach, VA: Academx, 2005.

30. Eloise Glass Cauthen, *Higher Ground: Biography of Wiley B. Glass Missionary to China*, Nashville, Tenn.: Broadman Press, 1978.

31. Fenggang Yang ed., *Global Chinese Pentecostal and Charismatic Christianity*, Boston: Brill, 2017.

32. Fenggang Yang, *Religion in China: Survival and Revival Under Communist Rule*, New York: Oxford University Press, 2012.

33. Frederick Dale Bruner, *A Theology of the Holy Spirit: The Pentecostal Experience and the New Testament Witness*, Grand Rapids, Michigan: Eerdmans Printing Company, 1982.

34. Grant Wacker, *Heaven Below: Early Pentecostals and American Culture*, Cambridge: Harvard University Press, 2001.

35. Gustav Carlberg, *China in Revival*, Rock Island, Illinois: Augustana Book Concern, 1936.

36. Gustav Carlberg, *The Changing China Scene: The Story of the Lutheran Theological Seminary in Its Church and Political Setting over a Peirod of Forty-Five Years 1913-1958*, Hongkong: Lutheran Literature Society, 1958.

37. Harvey Cox, *Fire from Heaven: The Rise of Pentecostal Spirituality and the Reshaping of Religion in the Twenty-first Century*, Cassell Wellington House, 1994 & London, 1996.

38. Hugh Mcleod, *The Cambridge History of Christianity Volume 9, World Christianities c. 1914-c. 2000*, Cambridge: Cambridge University Press, 2008.

39. Irwin T. Hyatt, *Our Ordered Lives Confess: Three Nineteen-Century American Missionaries in East Shantung*, Cambridge: Harvard University Press, 1976.

40. James D. G. Dunn, *Baptism in the Holy Spirit: A Re-examination of the New Testament Teaching on the Gift of the Spirit in Relation to Pentecostalism Today*, Philadelphia, Pennsylvania: The Westminster Press, 1970.

41. James K. A. Smith, *Thinking in Tongues: Pentecostal Contributions to Christian Philosophy*, Grand Rapids, Mich.: William B. Eerdmans Publishing Company, 2010.

42. James K. A. Smith & Amos Yong eds., *Science and the Spirit: A Pentecostal Engagement with the Sciences*, Bloomington, Indiana: Indiana University Press, 2010.

43. John J. Heeren, *On the Shantung Front: A History of the Shantung Mission of the Presbyterian Church in the U.S.A., 1861-1940, In Its Historical, Economic, and Political Setting*, New York: The Board of Foreign Missions of the Presbyterian Church in the United State of America, 1940.

44. John T. McNeill ed., *Calvin Institutes of the Christian Religion*, trans. Ford Lewis Battles, Louisville, Kentucky: Westminster John Knox Press, 1960.

45. Jonathan Goforth, *"By My Spirit"*, London: Marshall, Morgan & Scott, 1929.

46. Joseph B. Fuiten, *Modern Pentecostal Controversies: In Light of the Early Church*, Bothell, WA: Cedar Park Assembly of God, 1996.

47. Ka-che Yip, *Religion, Nationalism and Chinese Students: The Anti-Christian Movement of 1922-1927*, Bellingham, Washington: Western Washington University, 1980.

48. Katherine Attanasi and Amos Yong eds., *Pentecostalism and Prosperity: The Socioeconomics of the Global Charismatic Movement*, New York: Palgrave Macmillan, 2012.

49. Kenneth Scott Latourette, *A History of Christian Missions in China*, New York: The Macmillan Company, 1929.

50. Kenneth Scott Latourette, *A History of the Expansion of Christianity*, Vol.7, New York: Harper & Brothers, 1945.

51. Kinnear Angus: *Against the Tide: The Story of Watchman Nee*, Fort Washington: Christian Literature Crusade, 1973.

52. Leah Payne, *Gender and Pentecostal Revivalism: Making Female Ministry in the Early Twentith Century*, New York: Palgrave Macmillan, 2015.

53. Leslie Lyall, *Three of China's Mighty Men*, London: Overseas Missionary Fellowship Book, 1973.

54. Lewis Drummond, *Miss Bertha: A Woman of Revival, Nashville*, TN: Broadman and Holman, 1996.

55. Lian Xi, *Redeemed by Fire: The Rise of Popular Christianity in Modern China*, New Haven & London: Yale University Press, 2010.

56. Lian Xi, *The Conversion of Missionaries: Liberalism in American Protestant Missions in China, 1907-1932*, University Park: Pennsylvania State University Press, 1997.

57. Luck Wesley, *The Church in China: Persecuted, Pentecostal, and Powerful*, Baguio, Philippines: APTS Press, 2004.

58. Marie Monsen, *A Present Help: Standing on the Promises of God*, London: China Inland Mission, 1960.

59. Marie Monsen, *The Awakening: Revival in China a Work of the Holy Spirit*, London: China Inland Mission, 1961.

60. Mark Shaw, *Global Awakening: How 20th-Century Revivals Triggered a Christian Revolution*, Downers Grove, Illinois: InterVarsity Press, 2010.

61. Martin Lindhardt ed., *Pentecostalism in Africa: Presence and Impact of Pneumatic Christianity in Postcolonial Societies*, Leiden & Boston: Brill, 2015.

62. Mary K. Crawford, *The Shantung Revival,* Shanghai: The China Baptist Publication Society, 1933.

63. Melissa Wei-Tsing Inouye, *China and the True Jesus: Charisma and Organization in a Chinese Christian Church*, New York: Oxford University Press, 2019.

64. Murray A. Rubinstein, *The Protestant Community on Modern Taiwan: Mission, Seminary, and Church*, Armonk, New York & London, England: M. E. Sharpe, Inc, 1991.

65. Murray W. Dempster, Byron D. Klaus eds., *Called & Empowered: Global Mission in Pentecostal Perspective*, Grand Rapids, Michigan: Baker Academic, 1991.

66. Ogbu Kalu, *African Pentecostalism: An Introduction*, New York: Oxford University Press, 2008.

67. Owen Wister, *The Pentecost of Calamity*, New York: Macmillan Company, 1925.

68. Paul A. Cohen, *China Unbound: Evolving Perspectives on the Chinese Past*, London & New York: Routledge Curzon, 2003.

69. Paul Alexander, *Signs & Wonders: Why Pentecostalism Is the World's Fastest-growing Faith*, San Francisco: Jossey Bass, 2009.

70. R. G. Robins, *Pentecostalism in America*, Santa Barbara, California & Denver, Colorado & Oxford, England: Praeger, 2010.

71. R. G. Tiedemann ed., *Handbook of Christianity in China Volume Two: 1800 to the Present*, Leiden & Boston: Brill, 2010.

72. R. G. Tiedemann, *Reference Guide to Christian Missionary Societies in China: From the Sixteenth to the Twentieth Century*, New York: M. E. Sharpe, 2009.

73. Richard Owen Roberts, *Revival*, Wheaton, IL: Richard Owen Roberts Publishers, 1993.

74. Richard Quebedeaux, *The New Charismatics: The Origins, Development, and Significance of Neo-Pentecostalism*, Garden City, New York: Doubleday & Company, Inc., 1976.

75. Robert C. Forsyth, *Shantung, the Sacred Province of China in Some of Its Aspects*, Shanghai: Shanghai Christian Literature Society, 1912.

76. Stanley M. Burgess and Eduard M. van der Maas, *The New International Dictionary of Pentecostal and Charismatic Movements* (Revised and Expanded Edition), Grand Rapids, Michigan: Zondervan Publishing House, 2002.

77. Stanley M. Burgess ed., *Encyclopedia of Pentecostal and Charismatic Christianity*, Routledge: Taylor & Francis Group; New York, NY: Berkshire Publishing Group, 2006.

78. Tan-Chow May Ling, *Pentecostal Theology for the Twenty-First Century: Engaging with Multi-Faith Singapore*, Hampshire, England: Ashgate Publishing Limited & Burlington, USA: Ashgate Publishing Company, 2007.

79. Tim Grass: *Modern Church History*, London: SCM Press, 2008.

80. Tony Lambert, *China's Christian Millions*, London: OMF/Monarch Books, 1999.

81. Tony Lambert, *The Resurrection of the Chinese Church*, Wheaton, IL: OMF/Harold Shaw Publishers, 1994.

82. Vincent Goossaert and David A. Palmer, *The Religious Question in Modern China*, Chicago & London: The University of Chicago Press, 2011.

83. Vinson Synan, *The Century of the Holy Spirit: 100 Years of Pentecostal and Charismatic Renewal*, Nashville: Thomas Nelson, 2001.

84. William and Robert Menzies, *Spirit and Power: Foundations of Pentecostal Experience*, Grand Rapids, MI: Zondervan, 2000.

85. William Edgar Geil, *Eighteen Capitals of China*, Philadelphia & London: J. B. Lippincott Company, 1911.

86. William G. McLoughlin, *Revivals, Awakenings, and Reform*, Chicago: The University of Chicago Press, 1980.

87. William J. Seymour, *The Doctrines and Discipline of the Azusa Street: Apostolic Faith Mission of Los Angeles*, California Joplin: Christian Life Books, 2000.

88. William W. Menzies & Stanley M. Horton, *Bible Doctrines: A Pentecostal Perspective*, Springfield: Logion Press, 1993.

89. Willis G. Bennett, *Pentecost, Its Scope, Power and Perpetuation*, Kansas City, Mo.: Nazarene Publishing House, 1996.

90. Xiaoxin Wu, *Christianity in China: A Scholar's Guide to Resources in the Libraries and Archieves of the United States* (Second Edition), Armonk, New York & London, England: M. E. Sharpe, 2009.

91. Young-hoon Lee, *The Holy Spirit Movement in Korea: Its Historical and Theological Development*, Oxford: Regnum Books International, 2009.

（四）英文论文

1. Chin Cheak Yu, "Uncovering Seeds for Awakening and Living in the Spirit: A Cross Cultural Study of John Sung and John Wesley," Ph.D. diss., Claremont School of theology, 2001.

2. D. H. Bays, "China (1907-49)," in Stanley Burgess and Eduard M. Van der Mass eds., *The New International Dictionary of Pentecostal and Charismatic Movement*, Grand Rapids, MI: Zondervan, 2002.

3. Daniel H. Bays, "Chinese Protestant Christanity Today," *The China Quarterly*, no. 174 (June 2003), pp. 488-494.

4. Daniel H. Bays, "Christian Revival in China, 1900-1937," in Edith L. Blumhofer and Randall Balmer eds., *Modern Christian Revivals,* Chicago: University of Illinois Press, 1993.

5. Daniel H. Bays, "Indigenous Protestant Churches in China, 1900-1937: A Pentecostal Case Study," in Stephen Kaplan ed., *Indigenous Responses to Western Christianity,* New York: New York University Press, 1995.

6. Daniel H. Bays, "The Growth of Independent Christianity in China, 1900-1937," in Daniel H. Bays ed., *Christianity in China: From the Eighteenth Century to the Present*, Stanford, Calif.: Stanford University Press, 1996.

7. Daniel H. Bays, "The Protestant Missionary Establishment and the Pentecostal Movement," in Edith L. Blumhofer & Russell P. Spittler eds., *Pentecostal Currents in American Protestantism*, Urbana and Chicago: University of Illinois Press, 1999.

8. Fenggang Yang, "The Red, Black, and Gray Markets of Religion in China," *The Sociological Quarterly*, vol. 47, no. 1 (Winter 2006), pp. 93-122.

9. John C. Plumley II, "An Analysis of Charles Culpepper Sr.'s Pneumatology and Its Relevance for Missions Today," Ph. D. diss., Mid-America Baptist Theological Seminary, 2016.

10. Jonathan T'ien-en Chao, "The Chinese Indigenous Church Movement, 1919-1927: A Protestant Response to the Anti-Christian Movements in Modern China," Ph. D. diss., University of Pennsylvania, 1986.

11. Lian Xi, "A Messianic Deliverance for Post-Dynastic China: The Launch of the True Jesus Church in the Early Twentieth Century," *Modern China*, vol. 34, no. 4 (October 2008), pp. 407-441.

12. Lian Xi, "The Search for Chinese Christianity in the Republican Period (1912-1949)," *Modern Asian Studies*, vol. 38, no. 4 (October 2004), pp. 851-898.

13. Lian Xi, "The Spiritual Gifts Movement" in War-Torn China," Online Article, The Nagel Institute and Yale University Press, 2007.

14. Lisbeth Mikaelsson, "Marie Monsen: Chrismatic Revivalist – Feminist Fight," *Scandinavian Journal of History*, vol. 28, no. 2 (November 2003), pp. 121-134.

15. Luck Wesley, "Is the Chinese Church Predominantly Pentecostal?" *Asian Journal of Pentecostal Studies*, vol. 7, no. 2 (July 2004), pp. 225-254.

16. Melissa Wei-Tsing Inouye, "Miraculous Mundane: The True Jesus Church and Chinese Christianity in the Twentieth Century," Ph. D. diss., Harvard University, 2010.

17. Norman H. Cliff, "Building the Protestant Church in Shandong, China," *International Bulletin of Missionary Research*, vol. 22, no. 2 (April 1998), pp. 62-68.

18. Norman Howard Cliff, "A History of the Protestant Movement in Shandong Province, China, 1859-1951," Ph.D. diss., The University of Buckingham, 1995.

19. Norman Howard Cliff, "The Life and Theology of Watchman Nee, including a Study of the Little Flock Movement Which He Founded," Master of Philosophy Thesis, Open University, 1983.

20. R. G. Tiedemann, "Protestant Revivals in China with Particular Reference to Shandong Province," *Studies in World Christianity*, vol. 18, no. 3 (2012), pp. 213-236.

21. R. G. Tiedemann, "The Origins and Organizational Development of the Pentecostal Missionary Enterprise in China," *Asian Journal of Pentecostal Studies*, vol. 14, no. 1 (2011), pp. 108-146.

22. Ryan Dunch, "Protestant Christianity in China Today: Fragile, Fragmented, Flourishing," in Stephen Uhalley, Jr. and Xiaoxin Wu eds., *China and Christianity: Burdened past, Hopeful Future*, London: East Gate/M.E. Sharpe, 2001.

23. Wesley L. Handy, "An Historical Analysis of the North China Mission (SBC) and Keswick Sanctification in the Shandong Revival, 1927-1937," Ph.D. diss., Southeastern Baptist Theological Seminary, 2012.

附录一　部分传教士名录

英文名	中文名	性别	所属差会	所属宗派	主要驻地
Abraham Lovalien Heidal	海道尔	男	使徒信心会	五旬宗	直隶正定，高邑
Ada Carroll Bell	钟姑娘	女	美南浸信会	浸礼宗	山东平度
Adolf Johnson	周翰逊	男	使徒信心会	五旬宗	直隶正定
Adolf Wieneke	魏理克	男	德国莱茵河布道会	五旬宗	山东济宁
Agnes Bartel（夫姓 Weineke）	包春玲	女	全福音会	五旬宗	山东济宁
Aimee Semple McPherson	麦艾美	女	四方福音会	五旬宗	上海，香港
Alfred Goodrich Garr	嘉活力	男	自养传教士	五旬宗	香港，澳门
Alfred Wolfe Yocum	于克谟	男	美南浸信会	浸礼宗	山东平度
Anna Burton Hartwell	海爱璧	女	美南浸信会	浸礼宗	山东登州
Anna Larson	利安新	女	使徒信心会	五旬宗	直隶正定
Anna Seward Pruitt	蒲安娜	女	美南浸信会	浸礼宗	山东黄县
Antoinete Moomau, Nettie	慕淑德	女	使徒信心会，济良所	五旬宗	上海
Ava Patton Anglin	安美丽	女	泰安"阿尼色弗孤贫院"，神召会	五旬宗	山东泰安

Bernt Berntsen	贲德新	男	使徒信心会	五旬宗	直隶正定
Bernt Martin Kvamme	匡玛丁	男	瑞典上帝教会	五旬宗	天津
Bertha Effie Milligan	美圣心	女	使徒信心会	五旬宗	香港
Bertha Smith	明俊德	女	美南浸信会	浸礼宗	山东莱州，济宁
Blanche Bradley	雷白兰	女	美南浸信会	浸礼宗	山东黄县，平度
Bonnie Jean Ray	费保真	女	美南浸信会	浸礼宗	山东平度
C. Norma Derby	杜姑娘	女	泰安"阿尼色弗孤贫院"，神召会	五旬宗	山东泰安
Carl Vingren	文道慎	男	瑞华浸信会	浸礼宗	山东胶县
Cicero Washington Pruitt	浦其维	男	美南浸信会	浸礼宗	山东黄县
Calvin W. Mateer	狄考文	男	美北长老会	长老宗	山东登州
Cecil Polhill Turner	宝耀庭 杜明理	男	英国及爱尔兰五旬会，英五旬会	五旬宗	云南丽江，西藏
Charles Aleander Leonard	栾马丁	男	美南浸信会	浸礼宗	山东莱州，满洲哈尔滨
Charles L. Culpepper	柯理培	男	美国浸信会	浸礼宗	山东黄县
Charles Perry Scott	史嘉乐	男	英国圣公会	圣公宗	山东烟台
Charles R. Mills	梅理士	男	美北长老会	长老宗	山东登州
Charlie Hartwell	海查理	男	美南浸信会	浸礼宗	山东黄县
Cornelia Elize Scharten	斯淑添	女	自养传教士，德国五旬会	五旬会	云南昆明，丽江
Cynthia A. Miller	米勒	女	美南浸信会	浸礼宗	山东莱州
D. W. Herring	海林	男	先美南浸信会，后福音浸信会	浸礼宗	山东泰安
D. Pederson	白姑娘	女	使徒信心会	五旬宗	直隶正定
Doris Lynn Knight	聂德佳	女	美南浸信会	浸礼宗	山东莱州
Drue Fletcher Stamps	施坦士	男	美南浸信会	浸礼宗	山东黄县
E. E. Davault	范以义	男	美南浸信会	浸礼宗	山东黄县
Earl Parker	巴尔珂	男	美南浸信会	浸礼宗	山东平度

Edgar L. Morgan	毛安仁	男	美南浸信会	浸礼宗	山东青岛
Edith Emily Gumbrell	耿义德	女	使徒信心会	五旬宗	直隶保定
Einar Johannes Christiansen	金安辛	男	使徒信心会	五旬宗	陕西榆林
Emma Bell Rednour Lawler	陆穆德	女	使徒信心会	五旬宗	上海
Estelle Beatrice Lawler	陆以平	女	使徒信心会	五旬宗	上海
Ethel Evelyn Corbitt Leonard	栾爱玲	女	美南浸信会	浸礼宗	山东莱州，哈尔滨
Fannie Winn	房丽雯	女	自养传教士	五旬宗	香港
Fay Harland Lawler	陆惠丰	男	使徒信心会	五旬宗	上海
Florence Coke Lide	恢守礼	女	美南浸信会	浸礼宗	山东蓬莱
Frank Hutchins Connely	葛纳理	男	美南浸信会	浸礼宗	山东平度，山东济宁
Frank Lide, Francis Pugh Lide	赖德	男	美南浸信会	浸礼宗	山东黄县
Frank Porter Hamill	夏之龄	女	宣道会	长老宗	广西梧州
Frank Staples Ramsey	蓝傅兰	男	使徒信心会	五旬宗	山西大同
Frank T. Cartwright	葛惠良	男	美以美会	卫理宗	福建福州
George Christian Slager	施文华	男	赫布登差会	五旬宗	上海
George Hansen	亨生	男	使徒信心会	五旬宗	上海
George Maryland Kelley/ Kelly	祈理平	男	上帝教会，神召会	五旬宗	广东花县，广州
George P. Bostick	鲍志培	男	美南浸信会	浸礼宗	山东黄县
Grace Boyd Sears	谢义集	女	美南浸信会	浸礼宗	山东平度
Grace Caroline Agar	叶淑贞	女	神召会	五旬宗	云南开远
Grace Pratt Nicholson	尼乔荪	女	泰安"阿尼色弗孤贫院"，神召会	五旬宗	山东泰安
Gustav Carlbery	康尔伯	男	北美信义会	路德宗	湖北溉口
Gustav Simeon Lundgren	林仁义	男	使徒信心会	五旬宗	直隶正定
Hatti Alda Grayson	甘爱德	女	美南浸信会	浸礼宗	山东莱州
Henry C. Bartel	包志理	男	孟那福音会	门诺宗	山东曹县

Hector McLean	马锡龄	男	自养传教士	五旬宗	上海，云南
Hilma Lavinia Gustafson	葛姑娘	女	使徒信心会	五旬宗	直隶正定
Hunter Corbett	郭显德	男	美北长老会	长老宗	山东烟台
I. V. Larson	孙约翰	男	美南浸信会	浸礼宗	山东莱阳
Ida Pruitt	蒲爱德	女	美南浸信会	浸礼宗	山东烟台
Ivan Souder Kauffman	郜馥蒙 高福明	男	神召会	五旬宗	山东青岛
J. A. Rinell	任其斐	男	瑞华浸信会	浸礼宗	山东胶州
J. Boardman Hartwell	海雅西	男	美南浸信会	浸礼宗	山东登州
J. E. Lindberg	令约翰	男	瑞华浸信会	浸礼宗	山东诸城
J. Landrum Holmes	花雅各	男	美南浸信会	浸礼宗	山东烟台
J. Lewis Shuck	叔未士	男	美南浸信会	浸礼宗	广东广州
James McFadden Gaston	傅雅各	男	美南浸信会	浸礼宗	山东莱州
James Monroe Joiner	郑雅各	男	美南浸信会	浸礼宗	山东黄县
James R. Mashburn	梅罗义	男	美南浸信会	浸礼宗	山东济宁
James Watson Moore	慕雅各	男	美南浸信会	浸礼宗	山东烟台
Jane Lide	赖崇理	女	美南浸信会	浸礼宗	山东黄县
Jeannette Ellen Beall	钟珍义	女	美南浸信会	浸礼宗	山东掖县
Jennie Brinson Rushin	辛慈爱	女	自养传教士	五旬宗	山东泰安，济南
Johannes Wieneke	魏约翰	男	全福音会	五旬宗	山东济宁
John Arch Abernathy	拿约翰	男	美南浸信会	浸礼宗	山东济南
John Daniel Fullerton	富力敦	男	滇南教会	五旬宗	云南多地
John J. Heeren	奚尔恩	男	美北长老会	长老宗	山东济南
John Livingstone Nevius	倪维思	男	美北长老会	长老宗	山东登州
John Thomas Littlejohn, Jr.	邵约翰	男	美南浸信会	浸礼宗	山东济宁
John W. Lowe	楼约翰	男	美南浸信会	浸礼宗	山东莱州
Jonathan Goforth	古约翰	男	加拿大长老会	长老宗	东北
Joseph Carey Daniels	但以理	男	美南浸信会	浸礼宗	山东莱阳

Karl Friedrich August Gutzlaff	郭士立 郭实蜡 郭实猎	男	基督教伦敦会，福汉会	路德宗	香港，澳门
Leslie M. Anglin	安临来	男	泰安"阿尼色弗孤贫院"，神召会	五旬宗	山东泰安
Lisa Florence Watson	吴立乐	女	美南浸信会	浸礼宗	山东黄县
Lillian Holmes Keyes	开丝	女	使徒信心会	五旬宗	直隶保定
Lottie B. Moon	慕拉第	女	美南浸信会	浸礼宗	山东平度
Lucy B. Wright	怀路粹 怀璐翠	女	美南浸信会	浸礼宗	山东黄县
Maria Sofia Björkman	包明辉	女	使徒信心会	五旬宗	直隶涞水
Marie Monsen，Maria Munsen	孟慕贞 孟玛丽	女	挪威路德会	路德宗	河南南阳
Martha Linda Franks	范莲德	女	美南浸信会	浸礼宗	山东黄县
Martha Ronager，Monica Rønager	阮馥兰	女	英五旬会，后滇南教会	五旬宗	云南多地
Martin Lawrence Ryan	来安之	男	使徒信心会	五旬宗	上海
Mary Alice Huey	许爱礼 许爱丽	女	美南浸信会	浸礼宗	山东莱州
Mary D. Willeford	伟丽福	女	美南浸信会	浸礼宗	山东莱州
Mary Elizabeth Lawton	陆美丽	女	美南浸信会	浸礼宗	山东黄县
Mary K. Crawford	高福德	女	美南浸信会	浸礼宗	山东济宁，济南
Matilda Florence Jones	周福隆	女	美南浸信会	浸礼宗	山东黄县
May Law	罗梅	女	使徒信心会	五旬宗	香港
Miles Greewood	林披基	男	英国圣公会	圣公宗	山东烟台
Miss Greer	芮丽莲	女	美以美会	卫理宗	山东泰安
Nelly Olsen	吴尼梨	女	使徒信心会	五旬宗	直隶正定
Nelson A. Bryan	安鼎森	男	美南浸信会	浸礼宗	山东黄县
Nils Peter Rasmussen	冉彼得	男	使徒信心会	五旬宗	直隶正定

Nora N. Dillenback	林美丽	女	美以美会	卫理宗	山东泰安
Ola Culpepper	柯藕莲	女	美南浸信会	浸礼宗	山东黄县
Olaf S. Ferm	富茂禄	男	全福音会	五旬宗	山东龙山，泰安
Pauline Ferm	富师娘	女	瑞典神召会	五旬宗	山东龙山，泰安
Pearl A. Todd	塔珍珠	女	美南浸信会	浸礼宗	山东烟台
Pearl Pauline Caldwell	高珍珠	女	美南浸信会	浸礼宗	山东莱州，平度
Perry O. Hanson	韩丕瑞	男	美以美会	卫理宗	山东泰安
Peyton Stephen	司提反	男	美南浸信会	浸礼宗	山东黄县
Rachel S. Newton	钮拉结	女	美南浸信会	浸礼宗	山东烟台
Richard E. Jenness	甄乃思	男	美北长老会	长老宗	直隶保定，顺德
Robert Augustus Jacob	郑克溥	男	美南浸信会	浸礼宗	山东掖县
Robert Conventry Forsyth	法思远	男	英国浸礼会	浸礼宗	山东青州，周村
Roberta Pearl Johnson	张宝灵	女	美南浸信会	浸礼宗	山东烟台
Rosa Alice Edwards	杨清华	女	宣道会	长老宗	广西梧州
Rosa Pittman	必姑娘	女	使徒信心会	五旬宗	香港
Stanford Emmett Ayers	艾义梅	男	美南浸信会	浸礼宗	山东平度，黄县
Stanley Peregrine Smith	司米德 司安仁	男	泽州会	五旬宗	山西泽州
T. J. League	林泰吉	男	美南浸信会	浸礼宗	山东黄县
T. L. Blalock	白泰理	男	美南浸信会，福音浸信会	浸礼宗	山东泰安
T. W. Ayers	艾体伟	男	美南浸信会	浸礼宗	山东黄县
Thomas James McIntosh	麦坚道	男	自养传教士	五旬宗	香港，澳门
Tarleton Perry Crawford	高第丕	男	美南浸信会，福音浸信会	浸礼宗	山东登州，泰安

Thomas Hindle	恩德乐	男	赫布登差会	五旬宗	上海，内蒙古
Thomas Jönck/Junk	钟参马	男	自养传教士	五旬宗	山东曹州
Thomas Oscar Hearn	衡多马	男	美南浸信会	浸礼宗	山东平度
Thornton Stearns	单覃恩	男	美长老会	长老宗	山东济南
Ullin W. Leavell	廖纪平	男	美南浸信会	浸礼宗	山东黄县，广西梧州
Victor Guy Plymire	柏立美	男	宣道会，后神召会	五旬宗	青海湟源
W. H. Sears	谢万禧	男	美南浸信会	浸礼宗	山东平度
Weldon Grant Smith	施天恩	男	信爱会	五旬宗	广西贵县
Wesley Willingham Lawton	陆德恩	男	美南浸信会	浸礼宗	河南郑州
Wiley B. Glass	郭维弼	男	美南浸信会	浸礼宗	山东黄县
William Carey Newton	纽敦	男	美南浸信会	浸礼宗	山东黄县
William Wallace Simpson	席儒珍 新普送	男	宣道会，后神召会	五旬宗	甘肃

附录二　在华五旬节派差会[1]

英文名	中文名	母国	传入年份	活动地	说明
Adullam Rescue Mission (ARM)	亚杜兰会	美国	1919 年	云南	原基督会传教士贝开文（H. A. Baker）夫妇创办
Apostolic Church-Missionary Movement	使徒会	国际性	1923 年	直隶 贵州	由丹麦女教士白姑娘（Dagny Pedersen）发起
Apostolic Faith Mission (AFM)	使徒信心会	加拿大	1910 年	江苏	尚无明确相关信息
Assemblies of God (AG)	上帝教会 神召会	美国	1914 年	华北华南多省	很多传教士 1914 年之前都是独立或自养传教士
Assembly of God-Good News Mission	神召会	美国	1915 年	直隶	由海道尔（Abraham Lovalien Heidal）夫妇创办
Church of God (Cleveland, Tennessee)	真神教会	美国	1923 年	山东	辛慈爱夫妇 1914 年来到山东泰安，后发起教会
Dutch Pentecostal Missionary Society	荷兰五旬会	荷兰	1921 年	云南	1920 年前该会隶属英五旬会；1931 年停止活动

---

[1] 主要参考资料有：R. G. Tiedemann, "The Origins and Organizational Development of the Pentecostal Missionary Enterprise in China," pp. 142-146；黄光域编：《基督教传行中国纪年（1807-1949）》，桂林：广西师范大学出版社，2017 年。

Emmanuel Church of the Foursquare Gospel (ECFG)	万国四方福音会	美国	1911 年	江苏 山东	附属于国际四方福音会（Intemational Church of the Foursquare Gospel）
Emmanuel Full Gospel Mission	全福音会	瑞典 美国	1924 年	山东	在龙山传教的一个小差会，由富茂禄夫妇成立
Finnish Free Foreign Mission (FFFM)	芬兰海外自由布道会	芬兰	1927 年	东北	因芬兰五旬节教会反对，于 1929 年解散
Finish Pentecostal Friends Mission	芬兰五旬友谊会	芬兰	1924 年	山东	1927 年停止活动
Free Church of Sweden (FCS)	瑞典自立会	瑞典	1907 年	直隶 云南	云南教区自 1922 年起改名为"瑞典神召会"
Free Evangelical Assemblies of Norway (FEFM)	挪威福音联合会	挪威	1916 年	直隶 山西	创办人是挪威人埃里克·诺德却勒（Erik Andersen Nordquelle）
Home of Onesiphorus	阿尼色弗之家	美国	1916 年	山东	由安临来夫妇创办
Home of the Nazarene (HN)	拿撒勒人之家	加拿大	1908 年	江苏	自立教会，后来与五旬节组织有联系
Norway's Free Evangelical Mission to the Heathen, NFEM	挪威福音会 挪威自由福音会	挪威	1916 年	直隶 察哈尔	很多早期传教士跟随挪威协力公会来华传教，1934 年解散
Pacific Coast Missionary Society (PCMS)	太平洋布道会	加拿大	1913 年	浙江	1942 年并入加拿大神召会
Pai Hsiang Mission (PHM)	神后会 柏乡神召会	挪威	1922 年	直隶	由原救世军挪威籍军官费瑞德（Jens Fjeld）负责
Pentecostal Assemblies of Canada (PAC)	加拿大神召会	加拿大	1914 年	广东 香港	本部安大略省伦敦
Pentecostal Assemblies of the World (PAW)	神召会福音堂	美国	1910 年	山西 广东	本部印第安纳州印第安纳波利斯
Pentecostal Church of God in America (PCG)	神的教会	美国	1916 年	香港	首位传教士是杜佐治（George Hickson Doyal）
Pentecostal Holiness Mission (PHM)	五旬节圣洁会、神召会	美国	1912 年	香港 广东	该会成立于 1909 年，本部佐治亚富兰克林斯普林斯

Pentecostal Missionary Union (PMU)	英五旬会	英国	1912 年	云南	该会成立于 1909 年, 本部英国伦敦
Pittsburgh Bible Institute (PBI)	皮斯堡圣经学校差会 华美布道会	美国	1913 年	湖北 四川	本部宾夕法尼亚州匹兹堡
Saalem Mission	撒冷会	芬兰	1929 年	辽宁 云南	本部芬兰赫尔辛基, 首位来华传教士是俞友来（Toimi Leonard Yrjl）
South Yunnan Mission (SYM)	滇南教会 南云南会	丹麦	1915 年	云南	创办人是原内地会富力敦及其丹麦籍妻子阮馥兰
Tsechow Mission	泽州会	英国	1902 年	山西	原内地会司米德大如发起创立, 有较强五旬节色彩
United Free Gospel Mission (UFGM)	自立福音会 恩典福音会	美国	1919 年	山西 广东	1916 年成立, 本部美国宾夕法尼亚州特尔克里克
United Pentecostal Church (UPC)	联合五旬会	美国	1924 年	广东 山西	它是若干五旬节派小团体的联合体
Vereinigte Missionsfreunde (VMF)	德国五旬会	德国	1931 年	云南	接手了荷兰五旬会在傈僳和纳西山寨的事工, 本部位于德国梅特曼费尔丹特

附录三 图片集

图1

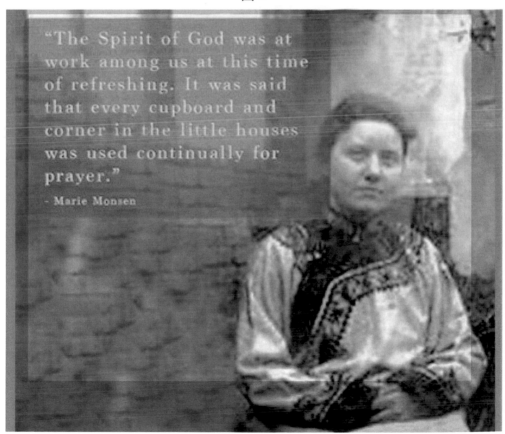

孟慕贞（Marie Monsen，1878-1962），挪威路德会女教士，拍摄年份不详[1]

---

1 http://www.sermonindex.net/modules/myalbum/photo.php?lid=4108，2019 年 6 月 20
日。

图 2

柏立美（Victor Guy Plymire，1881-1956）及其首任妻子夏桂诗（Grace
Harkless）及儿子小约翰（John David），神召会传教士，拍摄于 1927 年
之前[2]

2 李真:《"为了教会一辈子"——青海湟源秦慈哲长老离世》,《福音时报》, 2017 年
5 月 31 日, http://www.gospeltimes.cn/index.php/portal/article/index/id/41090, 2019 年
6 月 20 日。

图 3

"剑桥七杰"，内地会，宝耀庭与司米德后来改宗五旬节派，前排右二为宝耀庭（Cecil Polhill-Turner，又名杜明理，1860-1938），后排右一是司米德（Stanley Peregrine Smith，又名司安仁，1861-1931）[3]

图 4

MRS. J. A. ABERNATHY

Evangelistic work.
Tsinan, Shantung, China.

拿约翰夫人（Mrs. John Arch Abernathy），福音浸信会女教士，1925 年与美南浸信会传教士拿约翰结婚，1928 年改隶美南浸信会，拍摄于 1929 年[4]

---

3 John Pollock, *The Cambridge Seven: The True Story of Ordinary Men Used in No Ordinary Way*, London: Inter Varsity Fellowship, 1955, the front cover.

4 "Mrs. John A. Abernathy," *Home and Foreign Fields,* vol. 13, no. 2 (February 1929), p. 30.

图 5

DELEGATES AND SPEAKERS, NORTH CHINA BAPTIST CONVENTION

Number 1 is Pastor Gao, moderator; number 2, Pastor Ding, host; number 3 is Mr. Wang, teacher. The two last named are returned students from America.

华北浸信议会第 38 届年会，山东济宁，拍摄于 1930 年[5]

图 6

A PRISON FULL OF CHRISTIANS

Missionary Lowe reports that 120 of the 150 prisoners in the Number 3 Model Prison in Shantung have been converted. All are taught a trade.

山东第三模范监狱，150 名囚犯中 120 人皈依基督教，拍摄于 1931 年[6]

---

5 Rev. J. W. Lowe, "The North China Baptist Convention," *Home and Foreign Fields,* vol. 15, no. 2 (February 1931), p. 30.

6 Gan Chien Li, "A Real Testimony of a Real Chinese Christian," *Home and Foreign Fields,* vol. 15, no. 2 (February 1931), p. 31.

图 7

REV. J. E. LINDBERG
Missionary to China under the Swedish Baptist Union.

令约翰（J. E. Lindberg），瑞华浸信会传教士，山东诸城，拍摄于 1931 年[7]

图 8

A group of Canadian, Swedish, and Southern Baptists who attended the fortieth anniversary of the founding of the Swedish Baptist Mission in Shantung, China.

瑞华浸信会来华传教四十周年纪念照，拍摄于 1931 年[8]

7　Rev. K. A. Moden, "The Swedish Baptists and Their Foreign Missions," *Home and Foreign Fields,* vol. 15, no. 11 (November 1931), p. 10.

8　*Home and Foreign Fields,* vol. 16, no. 9 (September 1932), p. 31.

图 9

A KINDERGARTEN CLASS IN OUR BAPTIST MISSION, PINGTU, CHINA

平度幼稚园，美南浸信会，山东平度，拍摄于 1932 年[9]

图 10

EFFIE SEARS MEMORIAL SCHOOL FOR GIRLS, PINGTU, SHANTUNG, CHINA
Uninterrupted record of twenty-five years of definite Christian character training.

义集女校，美南浸信会，山东平度，拍摄于 1932 年[10]

9　Dr. A. W. Yocum, "The Church of Tomorrow in China," *Home and Foreign Fields,* vol. 16, no. 1 (January 1932), p. 4.

10　Dr. A. W. Yocum, "The Church of Tomorrow in China," *Home and Foreign Fields,* vol. 16, no. 1 (January 1932), p. 4.

图 11

PINGTU BAPTIST RURAL CHURCH BIBLE STUDY CLASS

平度农村教会查经班，美南浸信会，山东平度，拍摄于 1932 年[11]

图 12

The North China Baptist Association in its thirty-ninth session. Here the Pruitts, our pioneer missionaries, have spent the greater parts of their lives

华北浸信议会第 39 届年会，拍摄于 1931 年[12]

---

11 Dr. A. W. Yocum, "The Church of Tomorrow in China," *Home and Foreign Fields,* vol. 16, no. 1 (January 1932), p. 5.

12 Pearl Todd, "Rev. and Mrs. C. W. Pruitt – Shaping Chinese Souls and Destinies for Fifty Years," *Home and Foreign Fields,* vol. 16, no. 4 (April 1932), p. 3.

图 13

Evangelist Chao Dei-San, left, and Missionary John W. Lowe.

楼约翰（John W. Lowe）与赵德山，美南浸信会，拍摄于 1934 年[13]

图 14

于克谟夫妇（Dr. and Mrs. Alfred Wolfe Yocum），美南浸信会，山东平度，拍摄于 1932 年[14]

13 John W. Lowe, "Chinese Prodigal Returns," *Home and Foreign Fields,* vol. 18, no. 3 (March 1934), p. 9.
14 Blanche Sydnor White, "Persons and Personalities," *Home and Foreign Fields,* vol. 18, no. 6 (June 1934), p. 17.

图 15

The late Dr. P. C. Chu

朱康圖，美南浸信会信徒，黄县怀麟医院医生，1934 年去世[15]

图 16

黄县怀麟医院工作人员合影，美南浸信会，山东黄县，拍摄于 1935 年[16]

---

15 Mrs. W. B. Glass, "The Passing of a Good Man," *Home and Foreign Fields,* vol. 18, no. 8 (August 1934), p. 11.

16 "Staff of Warren Memorial Hospital," *Home and Foreign Fields,* vol. 19, no. 5 (May 1935), p. 16.

图 17

MRS. T. W. AYERS
Affectionately known as "Mother Ayers" to the Chinese

艾体伟夫人（Mrs. T. W. Ayers），美南浸信会，山东黄县，拍摄年份不详[17]

图 18

Evangelists, pastors and Bible women on the Tsinan, North China field

山东济南的传道人、牧师与女传道，美南浸信会，拍摄于 1935 年[18]

---

17 Louie D. Newton, "Her Heart of Love Was Great," *Home and Foreign Fields,* vol. 19, no. 8 (August 1935), p. 6.
18 John A. Abernathy, "Happy in the Master's Service," *Home and Foreign Fields,* vol. 20, no. 4 (April 1936), p. 18.

图 19

Left: Board of Deacons and others present at Tsinan Baptist Church, January 27, 1935. (Front row, left to right)—Mrs. Shang, deaconess; Mrs. Hsiang, wife of pastor who is next. Pastor Wong and wife with baby; Mrs. Yang, deaconess. Missionaries (second row, left) W. B. Glass; (right) J. A. Abernathy; (back row, left to right) J. V. Dawes, Frank H. Connely, P. S. Evans

部分美南浸信会传教士，包括郭维弼、拿约翰、葛纳理等，拍摄于 1935 年[19]

图 20

安临来夫妇（Mr. and Mrs. Leslie M. Anglin），泰安"阿尼色弗孤贫院"，神召会，拍摄年份不详[20]

19　John A. Abernathy, "Happy in the Master's Service," *Home and Foreign Fields,* vol. 20, no. 4 (April 1936), p. 18.
20　郑新道：《安临来传》，北京：中国社会出版社，2011 年。

图 21

魏恩波（又名魏保罗，1877-1919），真耶稣
教会创始人，拍摄年份不详[21]

图 22

张巴拿巴、张马利亚夫妇，中华真耶稣教会，新加坡，拍摄年份不详[22]

---

21 魏保罗监督照片，真耶稣教会台湾总会图书馆藏。
22 张巴拿巴夫妇照片，真耶稣教会台湾总会图书馆藏。

图 23

真耶稣教会，笔者 2018 年 12 月 4
日拍摄于福建福清

图 24

敬奠瀛（1890-1957），耶稣家庭创
始人，笔者 2018 年 10 月 30 日拍
摄于山西侯马敬福音家中

图 25

耶稣家庭，原马庄"老家"，笔者2018
年10月12日拍摄于山东泰安

图 26

泰安市马庄镇北新庄基督教会，笔者2019年6月14日拍摄于山东泰安

《基督教文化研究丛书》

主编：何光沪、高师宁

（1-7 编书目）

初　编　（2015 年 3 月出版）

ISBN：978-986-404-209-8　　　　　　定价（台币）\$28,000 元

册　次	作　者	书　名	学科别（／表示跨学科）
第 1 册	刘　平	灵殇：基督教与中国现代性危机	社会学／神学
第 2 册	刘　平	道在瓦器：裸露的公共广场上的呼告——书评自选集	综合
第 3 册	吕绍勋	查尔斯·泰勒与世俗化理论	历史／宗教学
第 4 册	陈　果	黑格尔"辩证法"的真正起点和秘密——青年时期黑格尔哲学思想的发展（1785 年至 1800 年）	哲学
第 5 册	冷　欣	启示与历史——潘能伯格系统神学的哲理根基	哲学／神学
第 6 册	徐　凯	信仰下的生活与认知——伊洛地区农村基督教信徒的文化社会心理研究（上）	社会学
第 7 册	徐　凯	信仰下的生活与认知——伊洛地区农村基督教信徒的文化社会心理研究（下）	社会学
第 8 册	孙晨荟	谷中百合——傈僳族与大花苗基督教音乐文化研究（上）	基督教音乐
第 9 册	孙晨荟	谷中百合——傈僳族与大花苗基督教音乐文化研究（下）	基督教音乐
第 10 册	王　媛	附魔、驱魔与皈信——乡村天主教与民间信仰关系研究	社会学
第 10 册	蔡圣晗	神谕的再造，一个城市天主教群体中的个体信仰和实践	社会学
第 10 册	孙晓舒　王修晓	基督徒的内群分化：分类主客体的互动	社会学
第 11 册	秦和平	20 世纪 50 - 90 年代川滇黔民族地区基督教调适与发展研究（上）	历史
第 12 册	秦和平	20 世纪 50 - 90 年代川滇黔民族地区基督教调适与发展研究（下）	历史
第 13 册	侯朝阳	论陀思妥耶夫斯基小说的罪与救赎思想	基督教文学
第 14 册	余　亮	《传道书》的时间观研究	圣经研究
第 15 册	汪正飞	圣约传统与美国宪政的宗教起源	历史／法学

二　编　（2016 年 3 月出版）

ISBN：978-986-404-521-1　　　　　　　　　定价（台币）$20,000 元

册　次	作　者	书　名	学科别（／表示跨学科）
第 1 册	方　耀	灵魂与自然——汤玛斯·阿奎那自然法思想新探	神学／法学
第 2 册	刘光顺	趋向至善——汤玛斯·阿奎那的伦理思想初探	神学／伦理学
第 3 册	潘明德	索洛维约夫宗教哲学思想研究	宗教哲学
第 4 册	孙　毅	转向：走在成圣的路上——加尔文《基督教要义》解读	神学
第 5 册	柏斯丁	追随论证：有神信念的知识辩护	宗教哲学
第 6 册	李向平	宗教交往与公共秩序——中国当代耶佛交往关系的社会学研究	社会学
第 7 册	张文举	基督教文化论略	综合
第 8 册	赵文娟	侯活士品格伦理与赵紫宸人格伦理的批判性比较	神学伦理学
第 9 册	孙晨荟	雪域圣咏——滇藏川交界地区天主教仪式与音乐研究（增订版）（上）	基督教音乐
第 10 册	孙晨荟	雪域圣咏——滇藏川交界地区天主教仪式与音乐研究（增订版）（下）	
第 11 册	张　欣	天地之间一出戏——20 世纪英国天主教小说	基督教文学

三　编 （2017 年 9 月出版）

ISBN：978-986-485-132-4　　　　　　　　定价（台币）$11,000 元

册　次	作　者	书　名	学科别（／表示跨学科）
第 1 册	赵　琦	回归本真的交往方式——托马斯·阿奎那论友谊	神学／哲学
第 2 册	周兰兰	论维护人性尊严——教宗若望保禄二世的神学人类学研究	神学人类学
第 3 册	熊径知	黑格尔神学思想研究	神学／哲学
第 4 册	邢　梅	《圣经》官话和合本句法研究	圣经研究
第 5 册	肖　超	早期基督教史学探析（西元 1~4 世纪初期）	史学史
第 6 册	段知壮	宗教自由的界定性研究	宗教学／法学

四　编 （2018 年 9 月出版）

ISBN：978-986-485-490-5　　　　　　　　定价（台币）$18,000 元

册　次	作　者	书　名	学科别（／表示跨学科）
第 1 册	陈卫真 高　山	基督、圣灵、人——加尔文神学中的思辨与修辞	神学
第 2 册	林庆华	当代西方天主教相称主义伦理学研究	神学／伦理学
第 3 册	田燕妮	同为异国传教人：近代在华新教传教士与天主教传教士关系研究（1807～1941）	历史
第 4 册	张德明	基督教与华北社会研究（1927～1937）（上）	社会学
第 5 册	张德明	基督教与华北社会研究（1927～1937）（下）	社会学
第 6 册	孙晨荟	天音北韵——华北地区天主教音乐研究（上）	基督教音乐
第 7 册	孙晨荟	天音北韵——华北地区天主教音乐研究（下）	基督教音乐
第 8 册	董丽慧	西洋图像的中式转译：十六十七世纪中国基督教图像研究	基督教艺术
第 9 册	张　欣	耶稣作为明镜——20 世纪欧美耶稣小说	基督教文学

五　编 （2019 年 9 月出版）

ISBN：978-986-485-809-5　　　　　　　定价（台币）$20,000 元

册　次	作　者	书　名	学科别（／表示跨学科）
第 1 册	王玉鹏	纽曼的启示理解（上）	神学
第 2 册	王玉鹏	纽曼的启示理解（下）	
第 3 册	原海成	历史、理性与信仰——克尔凯郭尔的绝对悖论思想研究	哲学
第 4 册	郭世聪	儒耶价值教育比较研究——以香港为语境	宗教比较
第 5 册	刘念业	近代在华新教传教士早期的圣经汉译活动研究（1807～1862）	历史
第 6 册	鲁静如 王宜强 编著	溺女、育婴与晚清教案研究资料汇编（上）	资料汇编
第 7 册	鲁静如 王宜强 编著	溺女、育婴与晚清教案研究资料汇编（下）	
第 8 册	翟风俭	中国基督宗教音乐史（1949 年前）（上）	基督教音乐
第 9 册	翟风俭	中国基督宗教音乐史（1949 年前）（下）	

六　编 （2020 年 3 月出版）

ISBN：978-986-518-085-0　　　　　　　定价（台币）$20,000 元

册　次	作　者	书　名	学科别（／表示跨学科）
第 1 册	陈倩	《大乘起信论》与佛耶对话	哲学
第 2 册	陈丰盛	近代温州基督教史（上）	历史
第 3 册	陈丰盛	近代温州基督教史（下）	
第 4 册	赵罗英	创造共同的善：中国城市宗教团体的社会资本研究——以 B 市 J 教会为例	人类学
第 5 册	梁振华	灵验与拯救：乡村基督徒的信仰与生活（上）	人类学
第 6 册	梁振华	灵验与拯救：乡村基督徒的信仰与生活（下）	
第 7 册	唐代虎	四川基督教社会服务研究（1877～1949）	人类学
第 8 册	薛媛元	上帝与缪斯的共舞——中国新诗中的基督性（1917～1949）	基督教文学

七 编 （2021 年 3 月出版）

ISBN：978-986-518-381-3 　　　　　　　　定价（台币）$22,000 元

册　次	作　者	书　名	学科别（／表示跨学科）
第 1 册	刘锦玲	爱德华兹的基督教德性观研究	基督教伦理学
第 2 册	黄冠乔	保尔．克洛岱尔天主教戏剧中的佛教影响研究	宗教比较
第 3 册	宾静	清代禁教时期华籍天主教徒的传教活动（1721 ～ 1846）（上）	基督教历史
第 4 册	宾静	清代禁教时期华籍天主教徒的传教活动（1721 ～ 1846）（下）	
第 5 册	赵建玲	基督教"山东复兴"运动研究（1927 ～ 1937）（上）	基督教历史
第 6 册	赵建玲	基督教"山东复兴"运动研究（1927 ～ 1937）（下）	
第 7 册	周浪	由俗入圣：教会权力实践视角下乡村基督徒的宗教虔诚及成长	基督教社会学
第 8 册	查常平	人文学的文化逻辑——形上、艺术、宗教、美学之比较（修订本）（上）	基督教艺术
第 9 册	查常平	人文学的文化逻辑——形上、艺术、宗教、美学之比较（修订本）（下）